教育支援と排除の比較社会史

「生存」をめぐる家族・労働・福祉

三時眞貴子
岩下誠
江口布由子
河合隆平
北村陽子 編

昭和堂

はじめに

本書は、「生存／生きること」に関わる教育（への／による）支援の現場で繰り広げられた、「支援に値する者」をめぐる選別と排除の構造や実態を明らかにするものである。ここで「生存」と関わる領域として設定したのは、「命や生活可能性」（第Ⅰ部）、「生活の質」（第Ⅱ部）、「生計を立てること」（第Ⅲ部）を問題にする支援の現場である。これらの教育支援が行われた現場は、家族・福祉・労働の問題が重なり合う領域でもあった。結果的に、われわれは各章で、人々が「生存」をめぐって、いくつもの論理が持ち出される中で葛藤し、生き抜こうとする姿を示すこととなった。

本書を執筆しているのは、教育学、歴史学、社会学をそれぞれ親学問とする「教育の歴史」に関心を持つ研究者たちである。とはいえ、それぞれの専門領域に関する個別論文を単に寄せ集めたものではない。終章で述べるように、われわれはおよそ八年間にわたって継続的に研究会を組織しつつ、議論を蓄積した。本書全体の課題および各部に共有される論点は、こうした議論を通じて何度も設定し直されつつ執筆者に共有されている。それぞれの執筆者の学問領域《ディシプリン》や対象とする地域は異なるものの、各部に収められた諸論文のあいだにも、また各部のあいだにも、読者はそれらを貫く共通の課題意識を見出すことができると信じている。

それらの課題については序章と終章で論じたので、ぜひ読んでいただければと思う。ここでは、本書を出版するにあたって、われわれが見出した本書の意義について述べたい。われわれは研究会で顔を突き合わせての議論はもちろん、メールでの議論もよくおこなった。とりわけ編者のあいだでは、学問的な議論だけではなく、われわれわれが本書を執筆し、世に問うことの意味やどのような思いを込めて執筆するかなども語り合った。たとえば、「教育を無条件に「良いもの」という前提で語ることはしたくない」という気持ちは早い段階で共有されていたが、それを踏まえて「どのようなことを質の高い教育実践と捉えるか」という議論になったことがある。その議論の中で、ある執筆者が次のように答えた。「教育には「良い結果をもたらすこと」と「悪く働いてしまうこと」（外からの評価と当事者の評価が違うことも含めて）がある。」それでも「教育は不必要だとは思わなくて、むしろ一人ひとりにとって「良いもの」になるにはどうしたらいいのだろうかと、つい考えて」しまう。それは「教育がない状態が最も悪いと捉えているからだと思う」と述べ、だからこそ、「教育現場では丁寧に対応したい」と日々思いながら大学で学生と接していることを回想しながら、「おそらく史料を読んでいて、その教育の質が「高い」か「低い」かを判断する基準もそこにあるような気がしている」と、自らが研究上で教育の質を判断する基準について述べた。個人的な見解に由来するこの評価基準に対して、別の執筆者は「実践者を調べていると、その人が政治性や党派抜きの動きを結構して」いて、「実践者はそうした多義性というか、懐の深さのようなものを必ず持つのだ」と実感した経験を述べ、しかしそうした多義性を研究の中でどのように評価していくのかは非常に迷うと吐露した。実践者の活動が不可避に孕む多義性を社会における教育の機能という点から捉えた時、それはどのような意味を持つのか、実践を評価する際にやはり教育の機能を問題にしなければ、客観的な研究にはならないのではないか。答えは出ないながらもこうした議論を重ねたのち、われわれが共有したのは、本書の中で実践者の活動を後押しできるような議論を提示したいという思いであった。われわれ研究者がどのような評価基準を用いるかにかかわらず、過去に行われた実践にはかならずそれに関わった人々がおり、彼らには彼らなりの文脈と思いがあって行動している。それが社会的機能とつながっている場合もあれば、別の文脈で読み取れる場合もあるだろうが、そのことも含めて、実践者の活動をできるだけ丁寧に描くことが、現在、支援の現場で奮闘している人々（高等教育の現場にいるわれわれも）に、課題を抱えていることも含めて自分の存在を「承認」する論拠を提供することにつながるのではないか、さらに本書で提示する課題、あるいは当時の実践者が直面した問題や利用した論理が、実践現場の中で問われていることの何らかのヒントになれば本書を出版する意味があるのではないかと考えた。支援の過程には必ず「選別と排除」の論理があるけれども、それは支援（者）が誰かを切り捨てているという文脈ではなく、そうした論理が存在する中で、支援に関わる人々が、それとどのように格闘したのかという奮闘の姿を示したいということである。それは「支援をすることは良いことだから支援者を無条件に承認しよう」ということでは決してなく、深刻な葛藤やさまざまな「選別と排除」の論理がある中で、支援者や被支援者、その家族など、そこに関わった人々が直面した「現実」から学ぼうという姿勢である。実際、本書で示された支援者たちは、常に被支援者のために「選別と排除」の論理と闘ったわけではなかったし、むしろそうした論理を利用して、被支援者を自らの思うように動かそうとした場合もある。そうしたさまざまな「奮闘」の姿がうまく描けているかどうかは、読者の皆様の判断に委ねるしかないが、少なくとも、われわれは「生存」の可能性を教育に期待して活動した／利用した人々の姿を描いたつもりである。本書で描かれた教育へのアクセスと教育による「生存」の支援の有り様の一端が、新しい研究や実践の刺激となることを期待している。

二〇一六年八月末日

編者一同

教育支援と排除の比較社会史――「生存」をめぐる家族・労働・福祉　目次

序章

教育社会史研究における教育支援／排除という視点の意義

岩下　誠

✤はじめに

本書は一九世紀末から二〇世紀半ばの福祉国家体制が形成されつつあるなかで、家族・労働・福祉という生存に関わる領域で行われた社会的弱者に対する教育支援とそれが孕む排除性に焦点を当てようとする歴史研究である。具体的な事例を扱う個々の論文に先立って、序論である本章では「教育支援と排除」という問題設定が、これまでの教育社会史研究に対してどのような新しい論点を拓く可能性を持つのかを、理論的に整理することを目的とする。(1)

第一節　教育支援／排除という枠組みの射程

✤教育史研究における支援と排除

孤児、浮浪児、虐待児童、非嫡出子、未婚の母、貧困家庭、知的障害者、身体障害者等を主たる検討の対象とすることによって、本書がまず分析の俎上に載せるのは家族・労働・福祉の狭間にある、通常の教育史研究からは「周辺的」な領域である。しかし、周辺的な領域の研究は、むしろ従来の教育史像の全体を批判的に捉え直し、書き換えることを目指して行われることによってこそ十全な意味を持ち得る、ということをまずは強調しておきたい。この意味で本書は領域だけでなく分析視角の点でも、小川利夫の研究を先駆とする「教育福祉学」と多くの点で重なり合う。周知のように、小川の教育福祉論は一九六〇年代後半という早い段階で、高度成長を迎えながらも、それゆえにややもすれば打ち捨てられかねない児童福祉対象の子どもの教育問題を改めて焦点化したが、それは同時代に精緻に練り上げられつつあった国民の教育権論に対するある種の批判的契機を含むものであった[2]。高橋正教が指摘するように、それは教育権論が——理論的にはともかく現実的には——置き忘れてきた障害児や養護施設児童の学習権の保障という問題提起をすることを通じて、むしろ教育権論の批判的拡張と具体的内実の充填へと接続することを目指していた[3]。本書もまた、こうした周辺的事例の検討を通じて、教育支援／排除という問題系を教育史の全体像のなかへと投入することによって、従来の教育史を批判的に書き換えていくことを目指すものである。本書においては、「教育支援」といういささか耳慣れない概念が、二重の意味を込めて使用される。一つは、教育「への」支援である。教育の無償化を始め、物質的・非物質的双方を含む支援が含意されており、従来「就学支援」として概念化されてきたサービスを拡張したもの（必ずしも「学校教育（schooling）」への援助に限定されてはいない）と理解することができる。もう一つは、教育「による」支援である。教育という手段を通じて、被支援者が物質的、政治的、経済的、社会的、文化的に「よりよく生きること」を支援する営みという意味であり、近年の社会福祉政策における「社会的包摂」のような概念と響き合うであろう。理念的にはこのように区別し得る二つの意味が「教育支援」という用語に同時に込められる理由は、端的に、現実には両者が切り離せない一体のものとして現れるということによる。そしてそのことは、単に記述概念としての利便性を求めたという理由には留まらない。教育を受けるために、単に物質的援助のみならずさまざまな社会関係的な支援が必要であるとするならば、教育「への」支援はそれ自体のうちに教育「による」支援を含むことになる。逆に、「よく生きること」の内実が単に物質的な欠如を満たすというだけでなく、アマルティア・センの言うケイパビリティまで拡張して理解されなければならないとするならば、教育「による」支援は、同時に教育「への」支援へと常に接続されていく必要がある。家族・労働・福祉との接触領域において本書が「教育支援」という用語で記述しようとするのは、「生きること」と「学ぶこと」のこうした絡み合いであり、しかし他方で、この二つをともに満たすことの困難さに、歴史のなかで支援者と被支援者たちが直面し、それと格闘する姿である。

もっとも、教育への支援と排除という問題設定それ自体は、教育史研究史上において何ら新奇なものではなく、むしろ教育史研究の中心的な主題であり続けてきたとも言い得る。とりわけ主要な検討の対象とされてきたのは、一九世紀以降のヨーロッパ社会における、社会階級に基づく選別と排除のシステムであった。無論、近世以前のヨーロッパ社会においても、宗派や身分を中核とした差別と排除のシステムが機能していたことは確かであるが、一九世紀に徐々にかたちが整えられていく近代国民国家と、一九世紀末から展開する現代福祉国家において、教育への支援と教育からの排除という問題は、教育や学習を基本的人権、とりわけそれが公的に保障されるべき社会権の一つであると把握する権利論の視点と、教育を階級間支配関係の再生産を説明する重要な要因の一つとして注目する構造的な視点の双方から、注目を集めてきた。たとえば日本の文脈においては、一九五〇年代から七〇年代半ばまでの政治的対立を背景として、「公教育」概念をどのように規定するかという議論が展開されたが、そこで打ち上げられた「世俗・義務・無償」というメルクマールや、「私事の組織化」としての公教育といった概念は、フランス革命期の教育思想を近代教育の理念的なモデルとするという啓蒙主義的な側面とともに、基本的人権の一つである――さらには、他の基本的人権を実質化するための条件としてとりわけ重要な、いわば「人権中の人権」であるところの――学習権を保障し、教育からの排除を克服するという観点から公教育を概念化しようとした思潮の具体化であった(4)。同時に、こうした市民社会論的な観点を組み込んだ革新派教育学は、公共の福祉を標榜する福祉国家のもとで公教育概念が国家的中立性へと読み替えられ、教育への国家介入を正統化する構造を生じさせたという批判を含んでいた。したがって、一九世紀末以降に展開する福祉国家形成とその下での公教育制度の整備は、労働者階級にとって教育を受ける権利の実質化というよりもむしろ、支配階級によるイデオロギー的教化として、またその結果生じる真理や教育からの排除として把握されることになった。

こうした市民社会論的な議論と、日本においてはある種の親和性を持ちながら受容されたのが、社会階級を主たる分析枠組みに据え、教育における制度的排除を問題とする教育史研究であった。一九六〇年代から七〇年代にかけて左派教育史家が主要な関心を寄せたのは、一九世紀を通じて存続した基礎教育／中等教育の断絶であり、中等教育以上の教育階梯からの労働者階級の排除であった(5)。さらに後の時代には、ヨーロッパの中等教育および中等教育と高等教育の接続を特徴づける複線分岐型教育システムの形成過程とその機能が分析の俎上に載せられた。これらの研究は、身分制から能力主義へと近代における社会編成の原理が転換した一方で、社会階級がやはり世代を超えて再生産されること、それを正当化する装置の一つとして、階級ごとに人々を選抜配分する教育システムの機能を明るみに出した。さらに、こうした歴史研究は、同時代の複線型中等教育制度の改革を求める運動と結びついていた。イギリスにおけるコンプリヘンシブ・スクール運動の主要な担い手のひとりが、マルクス主義教育史研究の泰斗ブライアン・サイモンであったことを想起しておこう(6)。日本においては戦後単線型の教育階梯が整備されたとはいえ、その複線化を目指す四六答申などの能力主義的教育改革への批判や高校全入運動が、こうしたヨーロッパの教育改革動向と軌を一にしていた。

もっとも、教育における排除は、マクロな制度や構造だけに関わる問題として認識されたのではない。もともと複線型教育システムを持たなかったアメリカや、総合制中等教育が導入されたのちのヨーロッパ諸国においても、教育による階級・階層の再生産は続いていたからである。福祉国家の成熟と教育機会の形式的な平等の達成、中等教育システムの拡大が生じても、なお残るこうした不平等に関して、制度的な構造と並行的に分析の対象とされるようになったのが、文化的排除の問題であった。ピエール・ブルデューを嚆矢とする文化的アプローチは、中学校教育が始まる以前から家庭において蓄積され、子どもに継承される文化が階層別に異なっており、それが中等・高等教育機関のアカデミックな文化と親和的か否かによって学業達成の階級的不平等を説明するという、洗練された文化的再生産論を生み出した。これを受けて、デートレフ・ミューラーやフリッツ・リンガー、日本では望田幸男、村岡健次らが、中等教育を中心とした教育社会史研究に新しい地平を拓くことになる(7)。教育における排除を文化という側面から説明するこうしたアプローチは、中等教育がユニヴァーサル化した「豊かな社会」における排除のメカニズムを照射した点で、七〇年代以降の先進諸国の状況に適合的なものであったと言うこともできよう。

⚜文化的排除・民衆世界・不就学

文化的再生産論は、主として中等・高等教育のエリート部門を主要な分析対象とした研究であったが、本書の内容と関わって重要なのは、ブルデューが「自発的撤退」と呼ぶメカニズムである。中産下層階級や労働者階級の文化は、大学入学を中核とするアカデミックな文化的選別に対して不利に働くというだけではない。中産下層階級や労働者、あるいは女性といった属性は、アカデミズムにおいて威信の高い部門を文化的に疎遠なものと感じさせ、応用的・実学的——アカデミズムにおいて威信の低い——分野へと自らを「放逐する」傾向を生じさせる。こうした教育からの自発的撤退という側面を、具体的なレベルでより鮮やかに描き出したのが、ブルデュー的な研究のカウンターパートである、ポール・ウィリスのエスノグラフィー研究であった[8]。よく指摘されているように、ウィリスの描く反学校的な「野郎ども」は、学業達成をめぐる競争に負けて肉体労働の世界へと放逐されるのではない。彼らは学業達成をめぐるメリトクラシーに乗ることそのものを自発的・主体的に拒否しているのであり、肉体労働者としての将来を自ら選び取っていく。さらにそうした拒否は単なる個人的な傾向ではなく、家庭に浸潤している労働者階級文化を「反学校文化」として身につけた結果である——こうした文化獲得は、当然のことながら彼らの階級意識や自尊心の形成と表裏一体の過程を成す。

教育からの「自発的撤退」や「抵抗」という問題は、教育を受ける側の主体性を、民衆の教育要求とは別の角度から照射する。実際、こうした視点は八〇年代以降の教育社会史研究において無視しえないプレゼンスを持ちつつ、現在に至っている。その最も先鋭な形態をイギリス教育社会史に求めるならば、おそらくスティーヴン・ハンフリーズの『大英帝国の子どもたち』[9]であろう。一九世紀末から二〇世紀初頭の学校生活を聞き取ったこのオーラル・ヒストリーは、当時の学校におけるさまざまな非行や逸脱を、一貫して階級間葛藤と解釈する視点を開いた。また、日曜学校を主たる分析の対象としたトマス・ウォルター・ラカーや、デイム・スクールの研究を行ったフィル・ガードナー、松塚俊三らの研究は、中産階級主導で組織化される「公教育」に対して、民衆世界を基盤とした「プライベート・セクター」が一九世紀を通じて執拗に存続したという事実を抉出したが[10]、これも「公教育」の希求とは別様の民衆の主体性や教育要求を描いたものと解釈することができよう。

こうした知見が教育社会史研究に対して持つ含意は、民衆の教育要求を無条件な歴史的前提とする、あるいは民衆の教育要求が法制化を中心とした公的権利保障というかたちでのみ実現するとみなすならば——それ自体否定されるべきものではないし、現在においてもきわめて重要な問題であることは確かであるとしても——、歴史的現実の一面しか捉えることができないということである。「教育を（受けたいが）受けられない者への支援と排除」という従来の想定に対して、「教育を受けない」ことも自発的選択の一つである／あったということを前提としたとき、「世俗・無償・義務」といった教育機会の保障や、複線分節型から総合制中等教育への制度改革などを主要なイメージとする教育への支援と排除の理解も、見直しを迫られることになるはずである。「主体的抵抗」と呼ぶのはためらわれるものの、本書では、職業センターと「精神薄弱者」家族との緊張関係を明らかにする第四章（大谷誠）や、母子ホームによる保護に抵抗する未婚の母を描く第二章（岩下誠）が、そうした側面を部分的に照射する。

⚜インターフェイスの解明

もっとも、このように述べると、すぐに次のような反論が予想されよう。すなわち従来の教育史研究、とりわけ講座派マルクス主義的なそれは、現代福祉国家における公教育の制度的展開を「私事の組織化」としての公共性から国家的公共性への変質として、言い換えるならばいわば「偽りの公共性」として批判してきた。また、中産階級主導の社会統制機能として公教育を捉える視点もかねてより有していたし、そうした社会統制と対置して「労働者階級の自己教育」の歴史的存在を指摘し、「真の公共性」として位置づけてきたではないか、と。

確かに従来の、とりわけマルクス主義的な教育史研究は、一九世紀以降整備・展開される「国家教育」に対して、急進主義者や労働者階級によって創られた自己教育組織や教育思想の存在を明らかにし、それを「真の公教育」として対置した。民衆、労働者階級による対抗的な（公）教育の存在を指摘するこうした研究がきわめて重要な事実を明らかにしているのは否定すべくもないが、しかしにもかかわらず、こうした議論は次の点を説明するのに不十分であると思われる。すなわち、対抗的な教育運動の存在を指摘するだけでは、こうした運動が一九世紀末においてほぼ消滅し、国家教育に代替されたことが説明できないということである。こうした事態を、一九世紀後半から伸長する国家権力に民衆世界が押しつぶされた結果であると単純に解釈するのであれば、個々の歴史家の意図とは裏腹に、これはむしろ民衆世界の脆弱性と現代福祉国家の歴史的必然性や正統性を含意してしまうことにすらなろう。

このことを具体的な課題として言い換えるならば、仮に一九世紀、二〇世紀を通じた教育保障が、労働者階級やマイノリティへの部分的な譲歩を含みつつ社会統制を主たる目的とした「上からの」ものであったとしても、問題はそれが実際にどう機能したか、どのように「下からの」同意を調達したのかという問題が残されているということである。教育機会の開放、教育費の無償化、教育年限の延長といった取り組みを、労働者階級の権利の実質化と把握するのであれ、労働者階級への部分的な譲歩と体制内馴致として解釈するのであれ、こうした制度的・法制的枠組みを検討するだけでは、「下からの」同意形成の局面が十分に明らかにされ得ない。この問題に教育支援と排除に関わる教育社会史的なアプローチが寄与することができるとすれば、それはより具体的な文脈を明らかにすることを通じてであろう。本書に収められた諸論考は、ソーシャルワーカーや福祉教員、就学督促官といった人々をはじめ、国家と民衆のインターフェイスで活動するアクターに焦点を当て、教育支援の具体的な様相を明らかにしようとしている。その際に留意すべきは、たとえば就学という例を一つ取ってみても、実際に就学を普及させていくためには単に教育費の無償化や就学義務の法制化だけではなく、そうした国家レベルの施策を具体化し同意を調達していく媒介者の存在が欠かせないということである。さらに付言するならば、こうした媒介者は、単純に国家的なレベルの政策意図を忠実に実現するエージェントに留まるものではなかった。コラム２（内山由理）が示すように、国家の意思をそのまま代理するはずの就学督促官ですら、その活動にはソーシャルワーカーに類似した福祉的な要素を取り込まざるを得なかったし、不就学児・怠学児をめぐる他の関係諸機関との連携や調整をせざるを得なかった。媒介者たちは地方行政、専門職集団、地域社会、家族、各種任意団体といったさまざまなアクターたちが織り成す具体的な文脈のなかで戦略的に活動を行っていたのであり、必ずしも「上からの」意図をそのまま実現したのではなかった。現代福祉国家による労働者階級の包摂と馴致という命題は、こうした具体的な局面の分析を通じて同意形成の説明が補完されるべきであると同時に、部分的な批判と修正がなされる必要がある。[11]

第二節　複合体モデルの可能性と限界

⚜教育の複合体

インターフェイスに注目することと関連するが、国家を独占的なアクターと考えないということは、教育支援と排除に関わる多層的なアクターの存在を前提とする、複合体モデルを採用することを意味する。この視点は、すでに社会福祉史の領域で「福祉の複合体」論として提唱され、研究が進められている。たとえば、福祉の複合体論を唱える歴史家たちは、一九世紀のイギリスが、慈善団体、アソシエーション、クラブ、教会、地縁・血縁、近隣関係といったさまざまな関係性の網の目からなる社会であり、これらの中間領域がさまざまな福祉サービスを担うセーフティネットとして機能していたという事実を明らかにした。[12]この視点からするならば、教育も、まずはこのような中間団体によって担われる福祉ないしチャリティの一部として捉えられるし、同時代的にも教育はチャリティの中核を占める領域であった。[13]教育支援（と排除）を担ったアクターの複合性を照射しようとする本書全体もまた、こうした研究視角を教育領域へと応用したものである、とひとまずは言うことができる。[14]

インターフェイスに注目すること、複合体モデルを採用することは、就学強制法や教育年限の延長、無償化といった国家介入と教育支援とを等置する単線的な歴史像を修正するという点で、重要な意味がある。しかし、教育社会史研究の課題は、アクターの多様性を確認することに留まってはならないだろう。複合体モデルを前提としたうえで問題となるのは、各アクターの「支援と排除」にはどのような差異があったのか、またアクター相互の関係性の変容は、「支援と排除」という観点からどのように描かれるのか、ということであるように思われる。

こうした点を考えるうえで、本書とほぼ同じ時代や領域を扱う『英国福祉ボランタリズムの起源』[15]は示唆に富む。そこに収められたすべての論考に一貫しているのは、福祉ボランタリズムそのもの（だけ）ではなく、福祉ボランタリズムが実際の歴史のなかで機能するための社会的条件や枠組みを描き出そうとする姿勢である。こうした社会的枠組みは、同書が主として扱う一九世紀から二〇世紀初頭までの時期において、福祉資本主義や地域社会から介入的自由主義国家へと移っていくが、しかし留意すべきは、国家介入の進展は必ずしも福祉ボランタリズムを縮小させたのではなく、むしろ国家福祉の拡大と並行して福祉ボランタリズムも拡大して福祉の総量が増大したこと、さらに国家と福祉ボランタリズムの関係はむしろ緊密化し、有機的結合が強まることになった、ということである。こうして戦間期までに福祉ボランタリズムは相対的に自律的なものではなくなり、国家福祉を前提とした力学のなかで作動するようになる。さらに、国家は福祉のミニマムな部分を担い、ボランタリズムは福祉のオプティマム水準を目指すというかたちで役割分担をすると同時に、相互補完的に機能するようになったという。この説明は、「福祉ボランタリズム」を「教育ボランタリズム」と入れ替えても多くの場合妥当するように思われる。

こうした指摘を引き取るならば、解明すべきはボランタリズムから国家による教育保障や教育支援への転換がどのようにして生じたのか、またその功罪とはどのようなものだったかを解明するということだけではないということになる。本書の大きな特徴の一つである「排除性」への注目は、このことと関わっている。もし歴史上のある局面で国家による教育支援とボランタリズム――具体的には個々のチャリティ団体や任意団体――が対立するのではなく併存したり、相互補完的に機能していたとするならば、たとえば教育振興任意団体の本質を宗派主義と把握し、宗派主義が当然帰結するところの宗派的排除を乗り越えるために国家介入や国家教育の整備が「公教育」として展開されたとする従来の説明は、大幅な修正がなされなければならないことになるからである。とりわけ本書の第七章（三時眞貴子）は、マンチェスタ認定インダストリアル・スクールというおそらくは稀有な「成功事例」の分析を通じて、二〇世紀型福祉国家の編成過程となる、国家、地方自治体と市民社会三者の関係性の再編を描いている。フランスの青少年支援事業「パトロナージュ」を扱うコラム３（岡部造史）も、こうした文脈に位置付けることができよう。

⚜市民社会における権力と排除

もっとも、マクロな構造という視点から見て個々のチャリティ団体や任意団体が国家とは別の層での活動を行っていたからといって、それらがより包摂性の高い教育への支援を行っていたというわけではない。従来の教育史研究が指摘してきたように、むしろ事態は逆であって、個々の団体は限りある資源を振り向けるために、「救済に値する者」を選別する独自の基準を有しており、その選別基準には特定のイデオロギーと排除の論理が内包されていた。しかし改めて指摘しておくべき重要な点だと思われるのは、こうした恣意的な選別・選択は、一九世紀以降には、単に特定のイデオロギーや宗派的理念によってのみ正当化されていたのではないということである。たとえば、任意団体が持つこうした選別基準は、任意団体が拠って立つ「寄付者民主主義」と切り離しがたく結びついていた。寄付者民主主義は、寄付金を支払う者のあいだで平等な資格と権利を保障する一方で、寄付者の意向という回路から排除を正当化するロジックを導き出すことができた。筆者の研究に引きつけて一例を挙げるならば、一九世紀初頭に結成されたイングランド国教会系教育振興任意団体である国民協会は、傘下の学校に通う生徒に対して国教会カテキズムの使用を強制したり、国教会礼拝への出席を義務付けるなどの宗派教育を行おうとした。当然マイノリティである非国教徒や急進主義者たちは、こうした協会の方針は非国教徒の排除をもたらすがゆえに国民教育としての要件を欠いていると批判したが、こうした批判に対して国民協会の支持者は次のように反論している。

一つの党派の教義を貧民に教育するためにその党派から寄付金が集められた場合、その教義に従うことを拒否する人々が、このような基金に対していかなる権利も持っていないことは明らかである。この理屈はどの協会にも当てはまる。それは国教徒と非国教徒のいずれにも当てはまる。排除という用語が、不愉快なことに国民協会に対して当てはめられてきたが、これは国民協会のみに当てはまることではない。どの協会も、市民的なものであれ宗教的なものであれ、メンバーが入会するためにはある種の適格性を求めるのであり（これはほとんどの協会でもそうだ）、必然的にその適格性を持っていない候補者を排除することになる。[16]

ここでの主張が、「法定宗教」としての国教会の制度的特権性から即自的に宗派主義による排除を正当化するという、いわば近世信教国家的な論理ではないという点に注意しなければならない。ここで主張されているのは、イングランド国教会の宗派教育という目的に賛同して集められた基金によって協会が運営されている以上、結果的に非国教徒を排除することになったとしても、非宗派教育を行ったり、非国教徒に国教会カテキズムの使用や日曜礼拝に対する免除を行うことはできないということである。寄付者民主主義という近代的な組織原理は、自身の選別と排除の正統性を、寄付者の意向から導き出すことができた。換言すれば、寄付者民主主義は、法定宗教としての国教会という制度的な根拠とは別の回路で、教育機会の国教徒子弟への限定を正当化する論理となり得たのである。

こうした事実は、歴史のなかに国家教育とは別の公共圏として市民社会や民主主義を発見し、それを再評価しようとする近年の議論に対して、根本的な批判と修正を迫るものである。八〇年代以降の教育批判やポストモダンの潮流に棹差す研究は、国家教育の進展によって見失われてきた民衆世界や市民社会の領域の存在を強調し、そうした領域への介入と統制・規律化を行う福祉国家を批判するという視点を提示してきた。しかし、福祉国家と同じように、市民社会や任意団体もまた独自の排除の構造を持つことは、改めて銘記されてよい[17]。単純な複合体モデルや、「新しい公共」論もしくは市民社会の復権論が見落としているのは、こうした「民主主義的排除」の側面である。

複合体モデルの問題提起を踏まえてさらに議論を展開させるならば、教育支援と排除が切り離しがたく結びついているという事実を確認するだけではなく、各アクターがどのような独自の排除の構造を持っていたのか、また各アクターの関係性の変容がどのような排除の構造の変容をもたらしたのか、ということを明らかにする必要がある。一九世紀末から二〇世紀初頭における古典的自由主義国家から現代的な介入国家への転換が、一方的な国家権力の伸長ではなく、国家（政府）と市場、任意団体との関係の再編成でもあった（国家による市場への介入・規制と、任意団体の行政機構化）とするならば、明らかにされるべきは支援と排除の「存在」や「総量」だけではなく、一九世紀的な支援と排除から二〇世紀的なそれへの構造の変容である。人種福祉国家という枠組みからハンガリーの社会政策を分析する第三章（姉川雄大）は、在地社会の伝統的でパターナリスティックな権力と、専門知に裏付けられた現代的な国家介入が、社会福祉領域において相互補完的に再編されると同時に、むしろそうした領域において人種差別と抑圧が産み出される具体的な側面を抉出する。類似した構造は、中野耕太郎による近年の研究によっても、二〇世紀初頭アメリカにおける社会福祉政策の進展とカラーラインの構築の相互促進的な展開というかたちで非常に鮮やかに叙述されると同時に、国家と地域社会双方で制度的に具体化された暴力を中核的な要素としてナショナリズムを把握するという重要な視点が打ち出されている[18]。このことは、従来の教育社会史研究におけるナショナリズム理解に反省を迫る論点でもある。言い換えるならば、権力――極限的には剥き出しの暴力を含む――を軸として地域社会と国家との関係性の再編を読み解く複合体史の展開は、国民意識の涵養（国民化）という国民国家論的なナショナリズム把握に対して、国民内部における分断・序列化とそれを支える制度的暴力としてナショナリズムを把握し、それと教育との関係を改めて考察すべきであるという示唆を含んでいる。

第三節　構造と機能

⚜教育・福祉・雇用システムの関係性

誰が教育支援を受け、誰がそこから排除されてきたのかという問題と並んで本書が注目するもう一つの論点は、教育が、他の社会領域との関係において、歴史的にどのような意味を持ってきたのか、ということである。より具体的に言い換えるならば、特定の社会問題や社会集団を教育へと「包摂する／排除する」ことが、隣接する社会システムにどのような影響を与えたのかを明らかにしようとする。これは、教育システムと福祉システム・雇用システムの相互関係の構造と変容において支援と排除の問題を捉えるということである。

通例、教育支援や教育保障は、他の社会領域への包摂と結びつくと想定されている。前述したように、七〇年代までに組み上げられた教育権論において、教育を受ける権利＝学習権は、「人権中の人権」としてあらゆる基本的人権のなかでも最も重要なものの一つとして位置づけられた。それは学習権が、人間が自らの生存と幸福追求のため、憲法上保障されている他のさまざまな基本的人権を実質化していくために必要な、より基底的な人権であるという洞察に基づいている。こうした権利論の展開とは異なる系譜であるが、現在ＥＵを中心に社会政策のなかで議論されている「社会的排除」という文脈においても、教育はきわめて重要な政策課題の一つとして位置づけられている。所得をベースとした従来の貧困概念に対して、社会的排除という概念は経済的貧困を惹き起こす多元的なプロセスを問題化しようとする。具体的には雇用、住居、諸制度へのアクセス、文化資本、社会関係資本のような、人々が社会参加をすることを可能にするさまざまな条件の欠如が連鎖的・重層的に蓄積することによって、社会参加が阻害されていくプロセスが焦点化されている。このように理解される社会的排除に対して、教育は重要な対抗策（社会的包摂）の一つとして位置づけられる。複合的で動態的なプロセスとしての社会的排除に対して所得の再分配が限定的な意味しか持ちえないとするならば、社会――労働市場であれ、あるいは家族やコミュニティであれ――への包摂は、単に保護の対象とするのではなく、人々の自立を促進し他の人々の相互的な関係を形成していくことが要請されるからであり、教育はそうした「事前的」「能動的」福祉政策の重要な構成要素となるからである。

しかし歴史的にみるならば、教育を受けることが、他の社会領域への参加や包摂に寄与してきたと単純に言うことはできない。前述したように、一九世紀において労働者階級の一部は――少なくともパブリック・セクターが提供する教育――に対する忌避や抵抗の感情を持っていた。もちろん、この時代に自己改良を目指す多くの労働者階級独学者がいたことは確かだが、勉学に励む労働者は、家族や友人、コミュニティから奇異の眼差しを受け、孤立し、場合によっては深刻な対立や葛藤を経験しなければならなかった。このような事実は、教育を受ける・学習を行うという行為が、家族やコミュニティへの参加や包摂というよりもむしろ、家族やコミュニティからの疎外や排除として機能することがあるということを意味している。

本書では、児童保護を扱う第Ⅰ部が家族の問題を集中的に扱っている。そこでは、ほとんどの論考が一九世紀後半から二〇世紀初頭の、福祉国家の家族への介入と強化が行われたとされる時代を対象としている。しかし、むしろ第一章（江口布由子）や第二章は、国家が教育と児童福祉の名のもとで、「弱い」家族を強化するだけでなく新しく編成し直したり、極限においては既存の家族を解体して自らそれを代替する、あるいは最悪の場合、彼らの生死に無関心に社会から放逐するという局面の存在を明らかにする。揺籃期の福祉国家が個人ではなく家族を基本的な単位として政策を展開したことはよく知られているが、「弱い」家族のなかでさらに「弱い」立場に置かれる児童の保護を検討の対象とすることによって、家族を基本単位とする福祉国家の戦略の臨界点とそこに作動する力学が、より詳細に明らかにされるだろう。こうした事実が通説に対するどのような修正を含むのかは今後の検討課題となる。

逆に、教育への支援や包摂が、他の支援領域や支援機能の総量を増やしたり、生存の水準を引き上げる作用を果たすというケースも存在する。一九世紀を通じて、あらゆる子どもを包摂すべく漸進的に組織化された学校は、二〇世紀初頭に至り、学校給食や健康診断といった福祉・医療サービスの拠点としても機能した。たとえば学校給食は、児童の欠食という慈善事業の領域で取り扱われていた問題を、教育の論理を梃子《てこ》として救貧法制の領域から切断した上で、教育を実効的なものにするための「障害の除去」を目的とする公的介入の端緒を開いたという画期性が評価されてきた。特定の歴史的社会的条件のもとでは、教育と福祉が相互促進的に機能することがあり得るということ、さらに教育の論理から福祉供給構造の変化や再編の動きが起こり得るということは、改めて注目されてよい。本書に収められた就学支援に関する論考も、教育と福祉のあいだで成立するこうした関係性を抉り出すものである。

もっとも、個別具体的な文脈での短期的な戦略と、それがより広い社会的文脈や、長期的な観点からどのような意味を持ったのかは、別の問題として存在する。給食の事例で言えば、こうした政策の背景に帝国主義的利害関心や専門職・官僚制支配の拡大を見出すことは容易いし、当初の学校給食が有償かつ親義務の遂行不能事例に限って公的介入を認めたに留まり、普遍的無償サービスとはなっていなかったという限界を指摘することもできる[19]。問題は、本来福祉国家のなかでは無条件で保障されるべき生存権や子どもの権利の問題として対処されるべき事柄が、「教育のため」というかたちでしか保障がなされないという事態にある。第四章が論じているように、障害者への支援が、彼らを「生産者」になるよう方向づけることを前提にしなければその充実が図られなかったとするならば、また第五章（倉石一郎）が論じているように、福祉教員の導入が、貧困一般ではなく同和地区の貧困のみが公的支援が正当化される「公共性」を有しているものと想定されていたという時代状況と密接に関係していたとすれば（コラム1〔中村勝美〕が扱う原爆孤児は、逆にそうした「公共性」が付与されなかった事例である）、教育と福祉の相互促進という現象は、単に「幸福なカップリング」の事例というだけではなく、その分析を通じて福祉国家の作動原理とその限界や、戦後国民国家の再編といった、排除と包摂のポリティクスを照射するであろう。

⚜教育の社会化機能の再審

最後に、社会的弱者への教育支援を考える場合に避けて通れない問いとして、はたして教育支援が人々の生存や幸福に寄与したのか、という問題がある。もっともここで問題としているのは、教育によって市場価値を高める何らかの知識やスキルを獲得して生計を立てることを支援する、というようなレベルだけではない。排除の複合性という社会的排除概念の問題提起を引き取るとすれば、人間が生きるということは、労働市場に参入する以前に、自己の尊厳や社会的承認が不可欠であり、それを得ることに教育がいかに寄与したのか、というレベルを含んでなされるべきである。社会的弱者の経験や体験を示す史料は限定的であるため、本書に収められた個々の論文が必ずしもこうした問いに充分に答えるものになっているとは限らないが、このことは、教育の社会的機能のうち、とりわけ社会化の機能をどのように描くかという教育社会史の課題として重要である。

従来の教育社会史研究が教育の社会化機能を扱う場合、国民意識の涵養を中核とする国民化と、資本主義的生産様式に適合的な規格化や馴致を中核とする規律化のふたつに焦点が当てられてきた。しかし、こうした研究は、「上からの」アプローチである点である種の制約をともなっている。「どのように・どの程度国民化されたか／規律化されたか」という視点からは、人々の生の営みにとって教育がどのような意味を持っていたのかを明らかにすることは難しい。そもそも、教育とアイデンティティ形成が一対一で結びつくという想定は、きわめて単純化された社会化モデルである。前述したように、ウィリスが描き出したのは、教育の成功ではなく、むしろ「教育の失敗」こそが「野郎ども」の階級文化やアイデンティティ形成と結びつく、という事態であった[20]。もちろん、オーラル・ヒストリー研究が明らかにしたように、教育やリテラシーを獲得することで人生の意味を充当した独学者たちも多く存在したとはいえ、教育や知識を追い求めることは、労働者階級独学者たちに嘲笑的な視線を向けた中産階級だけでなく、彼らの周囲の家族や仲間たちとのあいだに深刻な感情的葛藤や対立、孤立を生じさせ、彼らの階級的なアイデンティティを安定させるというよりむしろ、不安定化させる方向にも働いた[21]。教育とアイデンティティの形成、自己の尊厳や社会的承認は、歴史的に見た場合、決して順接的な関係のみを帰結するわけではない。

このことを踏まえたうえで、教育が尊厳や相互承認に対してどのように寄与してきたのかは、改めて問われるべき課題であると思われる。自己の尊厳や相互承認を育むという教育の機能は、最も基底的な生存保障につながっているからである。この点で、「生存の歴史学」を提唱する大門正克の議論は教育社会史研究にとってもきわめて示唆に富む。大門は、労働に注目するだけでは人々の存在を根源的に問うことはできないのではないかという反省のもと、労働と生活（再生産）を統一的に捉える概念として「生存」概念を提起している。この概念枠組みは、主体と構造をめぐる歴史認識論や社会経済史と文化史の乖離といった歴史学の方法論の再審にとって有効性を持つが、それだけでなく、新自由主義時代において歴史学が取り組むことが要請されているテーマでもあるという。大門は湯浅誠の貧困論、とりわけ「五重の排除」のなかの「教育課程からの排除」「自分自身からの排除」に注目しつつ、教育課程を含めて生存概念や貧困概念を構成すべきであるという問題提起を歴史学の課題として引き取り、一九六〇年代から七〇年代の大阪の夜間中学の検討を通じて、社会的に排除された人々が教育を通じて知識とともに自己の尊厳と相互承認を獲得していく様子を描き出している[22]。「生存の構成要素、あるいは労働と生活の概念を鍛えなおすためにも、教育の果たす歴史的役割の多面的な検討が欠かせない」という大門の問題提起は、主体の問題を運動と抵抗に還元してきたのではないかという反省とともに、教育社会史研究が重く受け止めるべき論点である。

本書で「生存の歴史学」が提起した問題に対して最も正面から応答しているのが、一九七〇年代の重症心身障害児の教育を事例とする第六章（河合隆平）である。制度的・医療的なケアによって生存を保障されることが、教育機会の剥奪と同義であったという同時代の状況において、あえて学習権の保障を導入しようとする施設内学級の試みは、福祉・医療的な側面に対する困難と緊張を含みながらも、「重度障害（者）」という既存の概念を、さらには「生きる」ことに対する意味づけを――障害者だけでなくその家族、施設職員、教員、さらに地域社会にいたるまで――根本的に変容させ、新たな「主体性」を構築する契機となったことが示される。もっとも、河合が描き出した経験は、決して特別支援教育という文脈に固有のものとしてのみ解釈されてはならず、より一般的な文脈に位置付けることができる。前述した大門の研究をはじめ、教育に触れることによって、自らが生きることに対する根本的な意味づけの変容を経験することとは、相対的に教育が剥奪されていた人々にとって普遍的に見られることであった。本書で特徴的なのは、児童保護や就学支援と並んで、職業教育を扱った論考がこうした側面を部分的に明らかにしているところにある。そこでは、職業教育という最も労働市場と密接にリンクするように見える領域においても、実際に技術やスキルを身につけさせることによって「労働市場での商品価値を上げる」というよりも、別の機能を果たしていたと思われるケースが取り上げられている。第八章（土井貴子）で検討されるキャドベリー社の事例では、企業内教育のなかに、狭義の職業教育には収まりきらない、いわゆる「普通教育」の存在が示される。これを労使協調を目的とする巧妙な労働者管理の技法であると解釈することもできようが、土井自身が示唆しているように、後の労働者成人教育へと連なる、より社会的な意味合いを持つ事例として把握することもできる。さらに、第九章（北村陽子）およびコラム４（中野智世）で検討される戦争障害者への職業訓練は、それを施すことで彼らの労働市場での商品価値を高めるようなものには必ずしもなっていない。職業訓練に教育投資に見合うだけの収益性が実際問題として期待されているとは言いがたく、そうした経済的合理性からは説明のつかない事態である。

こうした領域が福祉国家のなかに存在していた（している）ということに対しては、複数の解釈の仕方が可能であるように思われる。北村が同時に示しているのは、社会権や生存権を保障する福祉国家においても、生活上の必要性ではなく「労働可能性」もしくは「生産性」との観点から障害概念が定義されていたということであり、就労不可能な人々を残余カテゴリーとするか、あるいは例え実効性が伴わなくとも「就労可能性」の方へと引きつけて初めて公的保障の対象とすることが可能になるという、福祉国家の生産中心主義とジェンダー・バイアスである。第四章（大谷）の問題提起とも通底するが、この場合、職業教育は経済的合理性や効率性ではなく、社会保障を作動させる正当性を付与するための、いわば象徴的な機能を果たしているということになろう。

しかし他方で、われわれが想起しておくべきは、たとえば授産施設の設置を粘り強く求め運動してきたのが、誰よりも障害者自身でありその保護者・後見者たちであったという事実である。かつて社会主義教育学において問題化されたように、「労働すること」「生産すること」は、その収益性や市場価値とは関わりなく、人間の全面的な発達や成長と切り離しがたく結びついているという人間学的な洞察がそこにはある。知識やスキルを付与して労働市場における価値を高めるという側面とは別の次元で労働や教育への希求があったとすれば、そうした希求の背後に、自己の尊厳や社会からの承認という社会的弱者の切実な要求を読み込むこともできるのではないか。特に第六章（河合）において前景化されているが、本書第Ⅱ部・第Ⅲ部に収められたいずれの論考も、濃淡の差はあれ、こうした切実な要求を歴史のなかから掘り起こし救い出そうとする試みであると言える。

もっとも、こうした要求や希求が、特定の時代状況や文脈のもとでは、ジェンダー的な差別構造を再生産したり、まったく就労不可能な人々を残余カテゴリー化しスティグマ化することで教育から排除するという機能をも果たしてしまうところに、事態の複雑さや難しさがある。一方で当事者たちの主体性や切実さに寄り添いながら、他方でそれが果たした機能を歴史的に検証するという、両面的で慎重な作業が必要である。

⚜おわりに

本書で検討の対象となるのは、マジョリティではなく社会的弱者への、教育そのものというよりも教育への／による支援である。冒頭で述べたように、こうした問題設定の仕方はある意味で周辺的であるかもしれない。しかし本書が目指しているのは、「これまで検討されてこなかった領域を新たに対象とする」という、いわば穴埋め的な研究ではないということを改めて強調しておきたい。むしろ、児童保護、就学支援、職業教育は――教育史全体のなかでは周辺的な領域であったかもしれないが――、その個々の領域のなかできわめて充実した研究蓄積がなされてきた分野であり、本書に収められた論考はいずれもそうした蓄積に多くを負っている。

そのことを踏まえたうえで、個々の歴史的事実の解明と並行しつつ本書が全体として目指すのは、家族、労働、福祉がさまざまな組み合わせで接触する磁場を主要な検討の対象とすることによって、上記の個別領域で蓄積されてきた知見や成果を、教育史研究全体に、ひいてはより広く福祉国家形成史という全体史の構造へと接続していくことにある。支援と排除という概念を軸に社会的弱者への教育保障を歴史的に探究することは、単に社会政策の棲み分け・協調・背反の構造を示すだけではなく、福祉国家の下において家族、労働、福祉が相互にどのように関わりながら人々の生存を保障してきたのか／保障することができなかったのか、あるいは「生きること」と「学ぶこと」がどのように関係していたのかという内実へと迫ろうとするものである。こうした作業を通じて、現在再編が進む福祉国家を生存＝教育の視点から歴史的に再審することが射程に含まれることになろう。

もっとも、こうした「構造と機能」の解明以上に、本書に収められた個々の論文を駆動しているのは、歴史的現実のなかで葛藤と苦闘を経験しながら活動を行っていた支援者と被支援者――両者を分ける境界線は決して固定的なものではない――への共感である。本書に組み込まれた排除性という視点は、確かに個々の支援者たちの活動の歴史的規定性や限界を示すものではあるが、それは決して過去の支援者の営みのイデオロギー性や権力性を暴露し、それを否定するためにのみ導入されているのではない。終章で三時眞貴子が述べているように、さまざまな歴史的制約のなかでその多くが現実に裏切られざるを得なかったとしても、そこで支援者と被支援者の双方が、時に深刻な葛藤と苦悩を経験しながら、それでもよりよく生きることを求めて教育に託した可能性と希望を救い出すこと、それが本書の目的であるとすれば、排除性という観点は、そうした教育の可能性や希望の輪郭をより明瞭に浮かび上がらせるためにこそ組み込まれているのだと理解したい。本書が、過去の歴史的文脈と現在に至る特殊な経路を歴史的に明らかにすることによって、これからの教育支援活動をより公正で実効的なものにするための、いわば支援者への「支援」となることが執筆者全員の願いであることを明示して、論を閉じることにしよう。

注

（1）本章の内容は、岩下誠「新自由主義時代の教育社会史のあり方を考える」広田照幸・橋本伸也・岩下誠編『福祉国家と教育――比較教育社会史の新たな展開に向けて』昭和堂、二〇一三年と部分的に重複する。併せて参照いただければ幸いである。
（2）小川利夫『小川利夫社会教育論集 第五巻　社会福祉と社会教育――教育福祉論』亜紀書房、一九九四年。
（3）小川利夫・高橋正教編著『教育福祉論入門』光生館、二〇〇一年。
（4）堀尾輝久『現代教育の思想と構造』岩波書店、一九九二年（初版一九七一年）。
（5）Brian Simon, *Two Nations and the Educational Structure 1780-1870*, London, 1960, do. *Education and the Labour Movement 1870-1920*, London, 1965; John Lawson and Harold Silver, *A Social History of Education in England*, London, 1973.
（6）ブライアン・サイモン（成田克也ほか訳）『知能と心理と教育』明治図書出版、一九七四年。
（7）デートレフ・K・ミュラー／フリッツ・リンガー／ブライアン・サイモン編著（望田幸男訳）『現代教育システムの形成――構造変動と社会的再生産　一八七〇―一九二〇』晃洋書房、一九八九年、望田幸男編『国際比較・近代中等教育の構造と機能』名古屋大学出版会、一九九〇年、村岡健次『近代イギリスの社会と文化』ミネルヴァ書房、二〇〇二年。
（8）ポール・ウィリス（熊沢誠・山田潤訳）『ハマータウンの野郎ども――学校への反抗・労働への順応』筑摩書房、一九九六年。
（9）スティーヴン・ハンフリーズ（山田潤／P・ビリングズリー／呉宏明監訳）『大英帝国の子どもたち――聞き取りによる非行と抵抗の社会史』柘植書房新社、一九九〇年。
（10）Thomas Walter Laqueur, *Religion and Respectability: Sunday Schools and Working Class Culture 1780-1850*, Yale University Press, 1976; Phil W. Gardner, *The Lost Elementary Schools of Victorian England*, London, 1984; 松塚俊三『歴史のなかの教師――近代イギリスの国家と民衆文化』山川出版社、二〇〇一年。

(11) こうした視点を先駆的に示したものとして、松塚俊三・安原義仁編『国家・共同体・教師の戦略――教師の比較社会史』昭和堂、二〇〇六年を挙げることができる。

(12) Pat Thane, *Foundations of the Welfare State*, second edition, London, 1996［パット・セイン（深沢和子・深沢敦監訳）『イギリス福祉国家の社会史――経済・社会・政治・文化的背景』ミネルヴァ書房、二〇〇〇年］; Martin Dauton ed., *Charity, Self-Interest and Welfare in the English Past*, London, 1996; 高田実「「福祉国家の歴史」から「福祉の複合体」史へ――個と協同性の関係史をめざして」社会政策学会編『「福祉国家」の射程』ミネルヴァ書房、二〇〇一年、二三～四一頁、岡村東洋光・高田実・金澤周作編著『英国福祉ボランタリズムの起源――資本・コミュニティ・国家』ミネルヴァ書房、二〇一二年。

(13) 宮腰英一「二〇世紀初頭イギリスにおける学校福祉立法の成立過程とその社会的背景――「学校給食法」（一九〇六）の成立をめぐって」東北大学教育学部編『研究年報』第三四集、一九八六年。金澤周作「学びを支える社会と力――近代イギリスの教育とチャリティ」南川高志編著『知と学びのヨーロッパ史――人文学・人文主義の歴史的展開』ミネルヴァ書房、二〇〇七年、六三～八七頁、長谷川貴彦「アソシエーションの社会的起源」北海道大学文学部西洋史研究室『西洋史論集』第四号、二〇〇一年、六五～八一頁。

(14) 本書に先立って、前掲した広田ほか編『福祉国家と教育』第Ⅰ部・第Ⅱ部は、教育の複合体論にもとづく試論的な性格を持つ。

(15) 岡村ほか編著『英国福祉ボランタリズムの起源』。

(16) Anonymous, "ART. I. First annual Report of the National Society for promoting the Education of the Poor in the principles of the Established Church. With an Account of the Proceedings for the Formation of the Society, and an Appendix of Documents; together with a List of Subscribers to the Society in London, and to Societies in the Country, in Union with the National Society.", *Quarterly review*, 7 (15), 1812, p. 14.

(17) 姉川雄大「東欧近現代史から見た「市民社会」」広田ほか編『福祉国家と教育』所収。

(18) 中野耕太郎『二〇世紀アメリカ国民秩序の形成』名古屋大学出版会、二〇一五年。

(19) 宮腰「二〇世紀初頭イギリスにおける学校福祉立法の成立過程とその社会的背景」。

(20) こうした階級意識の形成それ自体は――能力主義的な社会編成に対する抵抗の拠点としての可能性が否定されるべきでないとはいえ――、過度に理想化・規範化されるべきではない。ウィリス自身が注意深く指摘しているように、「野郎ども」の反学校文化、またその原型となる労働者階級文化は、女性差別や外国人労働者に対する排外主義などをその中核的な構成要素に含んでいるからである。

（21）Jonathan Rose, *The Intellectual Life of the British Working Classes*, Yale University Press, 2002.

（22）大門正克「「生存」を問い直す歴史学の構想――「一九六〇～七〇年代の日本」と現在との往還を通じて」『歴史学研究』第八八六号、二〇一一年。

第Ⅰ部 生命を支援する
揺れ動く家族

第Ⅰ部では、制度的には児童保護あるいは家族福祉とよばれる領域が考察対象となる。従来の研究枠組みでは、これらの制度を教育の一環ととらえることに無理があるかもしれない。しかし、終章でも述べられているように、教育による家族生活の規範化という観点からも、二〇世紀的な生存権保障には必然的に学習権保障が含意されるという観点からも、われわれは、子どもの生命保護を主眼とする支援を「教育支援」のひとつとして位置づけた。

第Ⅰ部を通覧して見えてくるのは「家族」の脆さである。現代福祉国家において子どもの第一の保護主体とされる家族は決して自明の存在ではなかった。第二章（岩下）でも示されるように未婚の母と非嫡出子をめぐる歴史は、「家族とは何か」という社会的了解にはセクシズムや諸アクターの利害関心が絡み合っていることを明らかにしている。また現代福祉国家では家族補完的な制度群が構築されたが、その形成において決定的契機となる二つの総力戦こそが家族の脆さを露わにしたことにも留意する必要がある。第1部においても第一章（江口）、第三章（姉川）、コラム1（中村）はいずれも戦争を背景としている。

なかでも二つの大戦の主戦場となった二〇世紀前半のヨーロッパは家族「再建」の実験場ともいえる様相を呈した。第一章の扱う社会民主党政権下にあった戦間期ウィーンの児童福祉制度と、第三章の扱う権威主義体制下のハンガリーにおける「生産的社会政策」は、きわめて対照的な事例である。一方で、両者はともに全体（国民／人民）の生産性強化という最終目標を持ち、そのために現代的な専門知を動員しようとしたという点で共通していた。重要なのは、全体と家族の関係は一元的な支配や規範化に至ることなく、媒介者（地元名士、里親、ソーシャルワーカー、心理学者等々）によって屈折・脱臼させられ、媒介点において独自の排除と選別の論理が埋め込まれていくということである。

序論で提起されたように、支援に関わるアクターは独自の論理のみならず構造とネットワークを持つ。この点をもっとも鮮明に描き出すのが、アイルランドの未婚の母（と非嫡出子）の「支援」を扱う第二章である。主たる支援アクターとなる宗派団体は大洋をまたぐ大規模なネットワークを利用して母親と子どもの支援システムを作ったが、その宗派団体の（ナショナリズムと呼応する）抑圧を受けた被支援者＝「未婚の妊婦」たちの生存戦略が非嫡出子の社会からの放逐という結果を招くという事態が明らかにされる。

どれほど「よい」理念に裏打ちされていても支援が必ずしも被支援者の生きやすさや幸福につながるとは限らないこと、これが二〇世紀の経験から見えてくる「支援」の実態かもしれない。コラム１で描かれるように、違和を覚えた被支援者（＝原爆孤児）たちは身一つを頼りに支援の手から逃亡した。なぜ、子どもたちは逃亡したのだろうか。どうすれば逃亡せず、安心して支援のもとにいたのであろうか。第Ⅰ部の諸論考は、この反省的視点をえるためのひとつの試みだといえよう。

（江口布由子）

第一章

「福祉を通じた教育」の選別と子ども
――赤いウィーンの子ども引き取り所と里親養育

江口布由子

⚜はじめに

第一次世界大戦が終結後、サンジェルマン条約によってドイツとの合邦の道が閉ざされ、オーストリア革命も終息に向かいはじめたとき、オーストリア共和国の人々は子どもたちの姿を通して自らの行く末を見ていた。飢えでやせ細り通りで物乞いをする子どもたち、あるいはデモやストライキの渦中で走り回る少年・少女たちの姿は、大人たちに「父のいない社会」の無秩序という不安を呼び起こした(1)。子どもの保護と社会化は、鋭く対立する政治陣営、すなわちキリスト教社会党とオーストリア社会民主労働者党(以下、社会民主党)のいずれにとっても喫緊の国家的課題とみなされた。

設立当初のオーストリア共和国では保革連立政権が発足した。教育大臣には社会民主党のグレッケル(Otto Glöckel 1874-1935)が就任した。第一次世界大戦以前からオーストリアの新教育運動の中心的人物であったグレッケルは、教育改革を強力に推し進めた(2)。改革の試みは児童中心主義的なカリキュラム再編から、民主的な学校制度(統一学校)の導入、教員養成システムの再構築まで多岐にわたった。子どもへの関心は学校に留まらず、さらに全国包括的な児童福祉制度の構築も目指された。しかし、国レベルの改革は財政難と連立政権の崩壊によって頓挫した。社会民主党は一九二〇年、連邦政権を離脱し、ウィーン市へと改革の舞台を移した(3)。以後、一九三四年まで市政権を握った社会民主党は、ウィーン市の持つ州レベルの自治権を最大限に活かし広範な改革政策を展開した。すでに同時代から注目された、この時期のウィーン市およびその政策は総体として「赤いウィーン（Rotes Wien）」と呼ばれる(4)。

赤いウィーンの数々の実験的政策のなかでももっとも際立った先駆性と包括性をもっていたのが、児童福祉政策であった。福祉政策を指導したタンドラー（Julius Tandler 1869-1936）によれば、ウィーンの児童福祉は子どもを生殖の瞬間から把握する複合的な制度群でなければならなかった。そのために赤いウィーンは、あらゆる子どもをフォルク（Volk 民族／人民）の「有機的な資本（organisches Kapital）」とみなし、その最大限の包摂のために膨大な資源を投入した。また、「福祉とは個人だけでなく、すべての人民の教育（Erziehung）である」というタンドラーの言葉が示すように、赤いウィーンの福祉は社会的支援の提供を意味するだけでなく、親も含めた人々への教育の場として捉えられていた。つまり、赤いウィーンの児童福祉は子どもだけでなく、子どもに関わるあらゆる人々を教育するための場でもあったのである(5)。

赤いウィーンは内戦の末に一九三四年に終焉したが、その制度的遺産は第二次世界大戦後にも引き継がれた。こうした経緯もあり、戦後も赤いウィーンの児童福祉は近代的児童福祉制度の出発点としておおむね肯定的にとらえられてきた。しかし、この児童福祉制度をとりまく状況は一九九〇年代から大きく変化した。赤いウィーンの児童福祉は「規律化」や家族への過剰なまでの介入という点で批判されるようになったのである(6)。とりわけ赤いウィーンの象徴的制度で、本章で主たる分析対象となる「子ども引き取り所（Kinderübernahmestelle）」――要保護児童を一時的に預かり、適切な養育施設や里親に送る児童福祉の「ハブ」的施設――は、施設内での児童虐待が問題視され一九九八年に閉鎖された。二〇〇〇年代に入っても児童養護施設などでの虐待や暴力への告発が続き､その歴史についても実証に基づく批判的再検討が進んでいる。(7) 二〇一四年には『オーストリア歴史科学雑誌』において、家族社会史での業績で知られるジーダーを中心に「国家の子ども」という特集が組まれ、児童福祉施設における「過剰な暴力」が歴史的に分析されている。(8)

以上のように、赤いウィーンの児童福祉は、一九九〇年代以降、批判的な視点から再検討されてきた。一方で、この批判が福祉削減という新自由主義的な潮流に呼応していたことは否めない。実際、批判が集中したのは相対的に公的投資の必要な施設養育であったが、もう一つの主たる保護の方法であった里親養育はむしろ「家庭的」として肯定的にとらえられ（部分的であれ）再活用の動きが出てきている。(9) 本節では、この里親養育を考察対象とする。オーストリアの里親養育についての歴史研究は少なくない。(10) 後述するように一八世紀以来、それは捨て子の主たる保護方法となっていた。しかし､赤いウィーンとの関係はなお､未解明な部分が残る。後に見るように、赤いウィーンは里親を福祉ネットワークの末端に位置づけようとした。里親は子どもを養うだけではなく、教育を行うことも期待された。それゆえに里親もまた、子どもと同様に教育可能性を規準に選別された。一方で、里親側も教育できるか否かで子どもを選別することにもなった。里親養育の様相からも赤いウィーンが教育的福祉による、幾重もの包摂・選別・排除が見えてくるのである。次節では、まず選別の現場であった子ども引き取り所の来歴から見てゆく。

第一節　家族を教育するウィーン市

「赤いウィーン」の児童福祉は多岐の分野にわたっていた。タンドラーの言う「生殖の瞬間」は、主としてこれから結婚をしようというカップルへの医療相談を行う「結婚相談所（Eheberatungsstelle）」で行政により捕捉された[11]。出産ののちは「母親相談所（Mutterberatungsstelle）」が子どもと母親の保健管理を行った。ウィーン市はすべての市民に対し出産する際、乳児用のミルクや衣類などの一式を無償で支給したが、その引き換えに妊産婦は登録のために母親相談所へ赴き、感染症等に関する医療検査や講習を受けなければならなかった[12]。この事業によって、ウィーン市の新生児と母親の大部分が福祉に関わることになった。

幼児期から学齢期の福祉を統括したのは、市の「児童福祉局」であった。児童福祉局の創設は戦前の一九一六年にさかのぼるが、救貧の管轄と重なることが多く二重行政状態となっていた。これに対し、一九二五年、児童福祉局が救貧行政業務を吸収し、一元的な組織運営が可能になった。この児童福祉局の業務も多岐にわたった。家族手当の支給、市立幼稚園や保育園の運営、子ども向けの公園やスポーツ施設の管理、林間学校やキャンプなどの保養行事、学校給食の支給、あるいは学校医の派遣など、児童福祉局は子どもに関するほとんどすべての事業を統括したといえよう。これらの福祉サービスは、子どもだけでなく親に対しても「正しい養育」「正しい食事」「健康的な生活」を伝える重要な手段としても位置づけられていた[13]。

また、「赤いウィーン」において顕著なのは、児童福祉局と学校行政の連携である。連携の拠点として各区に「児童相談所（Erziehungsberatungsstelle）」が設置された。児童相談所では福祉や医療の専門員が法手続きや子どもの医療、さらに教育問題など広範なテーマについて、親からの相談に応じた。また、学校での問題行動が見られた場合にも児童相談所が応対した。児童相談所での調査や医療検査の結果が特別学級や養護施設にいれるかどうかの判断材料にもなった[14]。

以上の素描からもわかるように、広範にわたる市の児童福祉は、子どもだけではなく、家族全体を包括するものであった。冒頭でも述べたように、児童福祉の最大の目標は子どもだけでなく家族（親）を教育することだった。

その背景には「家族は人間の生物学的な生殖細胞であるだけでなく、社会の内部の社会的、倫理的な生殖細胞でもある」[15]という認識があった。

しかし、市の理念的家族像と現実の家族のあいだの溝は深かった。経済的な苦境が続くなか、市の要求に応じた教育的なケアを子どもに提供できる家族は限られていた。市にとっては、それは当該の子どもに留まる問題ではなかった。家族を通じての教育的ケアの欠如は、「悲惨」の世代間連鎖を引き起こすと考えられていた。[16]この連鎖を断ち切るための手段こそ、「子どもの引き取り」であった。

第二節　子ども引き取り所と発達テスト――最大限の包摂と選別技術の洗練

✤子ども引き取り所

赤いウィーンの児童福祉は野心的なものであった。帝政期、オーストリアの児童福祉運動の基本思想はカトリック社会思想に基づく「補完性原理」にあった。つまり、児童福祉事業の多くが、子どものケア主体としては家族を最優先し、公的な機関の介入は最小限にすべきだという発想のもとにあった。[17]だが、赤いウィーンにおいては、この基本思想が大きく転換した。市は先に述べたような広範な児童福祉のネットワークをもって、孤児や「浮浪児」だけでなく、家族のなかの「虐待」やネグレクトを見つけ出そうとした。さらには、そうした子どもを、家族から引き離すということも行った。[18]家族と離れた子どもたちがまず送られるのが市の子ども引き取り所だった。

市の子ども引き取り所の創設は一九一〇年にさかのぼる。キリスト教社会党政権下で、児童福祉局ではなく救貧制度の一環として旧修道院に設置された。第一次世界大戦の終戦直後、市民の生活状況が困窮するなか、同施設は行き場のない子どもたちで溢れかえることとなった。社会民主党員のジャーナリスト、ヴィンター（Max

Winter 1870-1937）は当時の状況を次のように描いている。

ここには、このような大都市に存在する子どもの悲惨さがすべて集まっている。孤児になった子ども、身体障害の子ども、感染症にかかった子ども、ホームレスの子ども、逮捕された子ども、道を踏み外した子ども、冷酷な親に捨てられた子ども、見捨てられた子ども、親や里親から放逐された男の子や女の子。乳児から青年まで、すべての年齢層がこの施設に一緒くたになっている。(19)

インフルエンザをはじめとする感染症も蔓延しており、子どもを一刻も早く適切な施設に収容する必要があった。開設当初には一人しかいなかった医者は四〇人まで増員されたが、それでも施設は子どもでいっぱいだった。「猩紅熱の疑いがある子ども二人が一つのベッドに寝ている(20)」過密状態のもとでは、子どもを保護するはずの施設が子どもを死に至らしめる可能性が高かった。子どもをできる限り迅速に他の施設や養育場所へ移すために、同所は市営・民間問わずに各種の収容施設や里親を探した。結果的に、子ども引き取り所は多様な福祉施設のハブと機能するようになっていった。一九二〇年代前半、終戦直後の混乱が収まるにつれ、子ども引き取り所の緊急避難場所としての機能は後退していった。しかし、子ども引き取り所の役割は終わらなかった。むしろ、市はこれに家族に代わって社会が子どもを教育的に養育する施設として積極的な意義を見いだし、赤いウィーンの提供したさまざまな児童福祉の中心軸として整備していった。一九二三年には子ども引き取り所の移設と拡張が決定され、一九二五年六月、ウィーン最大規模の小児総合医療施設カロリーネン病院に隣接した地区に、新生の子ども引き取り所がオープンした。

子どもが同所に収容される理由は多岐にわたった。図1-1「ケアの道」はタンドラーが示した子ども引き

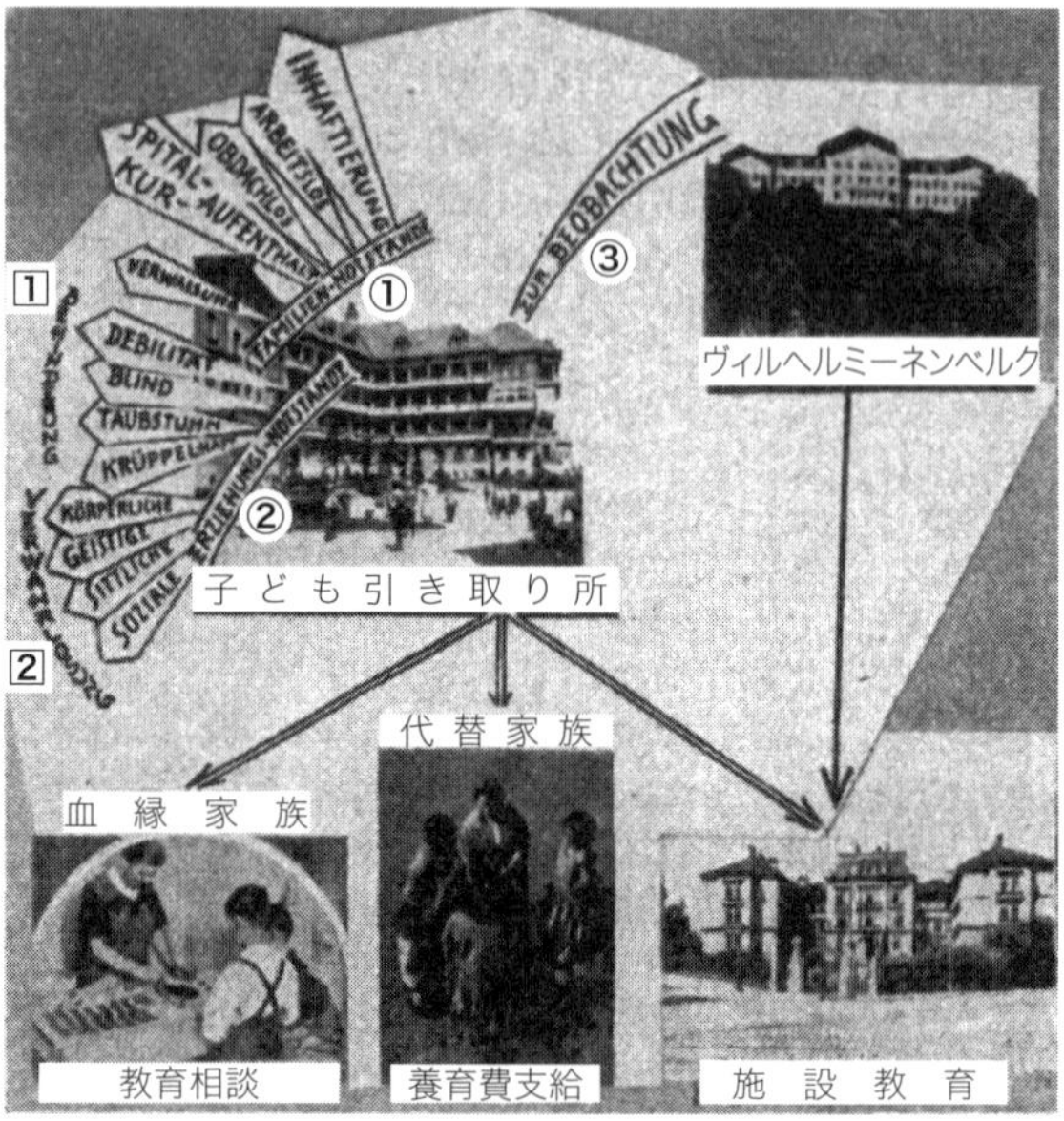

図 1-1　「ケアの道」

出典：Julius Tandler, Richtlinien für die Aanstaltsfürsorge, *Die Anstaltsfürsorge der Stadt Wien für das Kind. Tagung der Stadt Wien am 3. und 4. Mai 1930 in Wien. Sondernummer der "Eos", Zeitschrift für Heilpagogik*, Wien 1930, S. 15.

取り所の説明図である。左上にある建物が子ども引き取り所である。同所の左側には、この施設に入ってくる理由が上げられている。まず、理由は①「家族の危機的状況（Familiennotstände）」と②「教育の危機的状況（Erziehungsnotstände）」の二つに大別されている。さらに①「家族の危機的状況」は「（親の）逮捕拘留」「失業」「ホームレス」「（親の）入院」「親を失う」に区分される。②「教育の危機的状況」は、[1]「障害（Behinderung）」と[2]「非行（Verwahrlosung）」の二つのカテゴリーに分けられており、さらに[1]は「軽度の知的障害（Debilität）」「盲」「聾唖」「身体障害」、[2]は「身体的」「精神的」「道徳的」「社会的」と記されている。この理由の一覧からも、さまざまな子どもが「子ども引き取り所」に集められたことがわかるだろう。

　子どもたちを同所へ連れてくる人物もまた多様だった。なんらかの事情を抱えた親、近

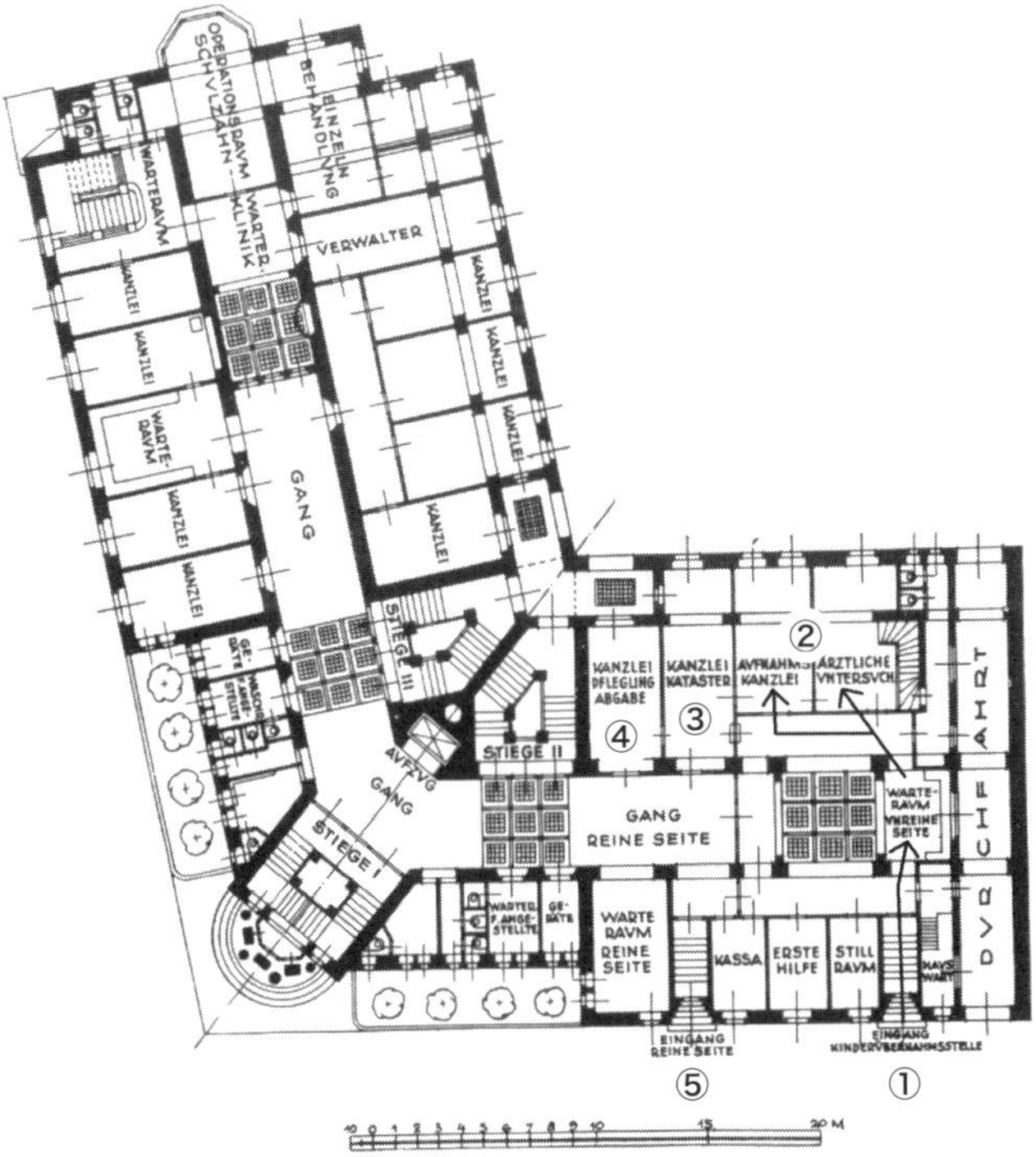

図 1-2 「子ども引き取り所」1 階平面図

出典：Wolfgruber Gudrun, *Zwischen Hilfestellung und sozialer Kontrolle: Jugendfürsorge im roten Wien, dargestellt am Beispiel der Kindesabnahme*, Wien 1997, S.207.

親者あるいは里親といった身近な人々、あるいは各地区に配属された（女性）ケースワーカーや警察が子どもを同所へ連れてくることもあった。預けられた子どもはまず感染症の有無などを調べるために「隔離エリア」に入れられた。図１‐２は子ども引き取り所の平面図である。出入り口は①と⑤の二ヵ所あったが、新しく来る子どもは必ず①から入り、②で医療検査を受けた。感染症が発覚した場合は即座に、先に述べた隣接するカロリーネン病院に収容された[21]。ここまでは『不潔な（unrein）エリア」として設定されており、医療検査に「合格」して初めて子どもは以降の「清潔な（rein）エリア」へ入ることができた。その後、③で登録手続きが行われ、④で子どもは親元を離れ同所に引き取られ、⑤の「清潔なエリア入り口」から出入りできるようになった。

子ども引き取り所に収容されてからも子どもの調査は続いた。先の図１‐１を見てほしい。同所の調査結果をもとに、子どもたちは行き先が決まった。同所だけでは判断できない場合、図１‐１③の方向にあるヴィルヘルミーネンベルクという施設で観察、調査が行われた（後述）。子ども引き取り所から下方にのびる三つの矢印が子どもの行き先を示している。「血縁家族（教育手当が支給される）」、「代替家族（養育手当が支給される）」（里親養育）、「施設養育」の三つの方法があったことがわかる。問題は、どれが子どもにとってもっとも適切な方法なのか、であった。これを選定するためには、親の状況や子どもの「身体的な苦痛」だけでなく「精神的な苦悩」をも理解しなければならなかった。[22]そのため、「子ども引き取り所」では、約二〇日間、医師と心理学者が子どもを観察し、検査し、評価した。この心理学者たちのコミットメントが、選別の技術の洗練をもたらすことになる。

⚜包摂のための選別の技法――ビューラー／ヘッツァー発達テスト

赤いウィーンの実験には同時代の多くの知識人や文化人たちが関心を持ち、実際に参加した。だが、さまざまな分野のなかでももっとも密接な関わりを持ったのは心理学だった。一九二七年の国政選挙直前、社会民主党の機関紙『アルバイター・ツァイトゥング』に掲載されたウィーン市政への支持表明文には、ウィーンの主要な三つの心理学派の指導者、すなわち、アドラー（Alfred Adler 1870-1937）、フロイト（Sigmund Freud 1856-1939）、ビューラー（Karl Bühler 1879-1963）が名を連ねている。[23]なかでも「子ども引き取り所」にもっとも強くコミットしたのは、ビューラーのグループであった。[24]

ビューラーが同じく心理学者である妻のシャルロッテを伴いドレスデンからウィーンに来たのは、一九二二年のことだった。ビューラーがウィーン市の招聘でウィーン心理学研究所（Wiener Psychologisches Institut）の所長に就任したのである。[25]ウィーン市は、新しい教育制度のなかでビューラーらの先進的な発達心理学に期待をかけており、ビューラーはウィーン大学だけでなく教員養成機関をかねるウィーン教育学研究所（Wiener Pädagogisches Institut）でも講義を行い、ウィーン市の実験的な教育カリキュラムや評価方法の案出にも協力した。

一九二六年になると、心理学研究所はさらに研究活動の場を広げた。タンドラーが、名実ともに児童福祉の中核施設となった子ども引き取り所を心理学研究所の調査研究の場とすることを認めたのである。先にも述べたように、子ども引き取り所では日常的に幾重にも選別が行われていた。ウィーン市としては、この選別を児童心理学によって裏付けし、さらに合理化したいという動機があった。[26]

一方で、心理学研究所側、特に子ども引き取り所に関わるシャルロッテ・ビューラー側にも強い動機があった。ウィーンに来て二年後の一九二四年、シャルロッテはロックフェラー財団の奨学金を得てアメリカに渡った。当時、ヨーロッパではあまり知られていなかった行動主義心理学を学ぶための留学であった。パブロフの条件反射モデルで有名な行動主義心理学は、環境による発達の可塑性を徹底して重視したことで知られる。そして、行動主義は、全体として「無意識」に働きかけるような「主観的」な治療を行う精神分析を批判し、行動観察に基づいて「問題ある」行動を把握し学習によって是正するという手法を開発していた。

シャルロッテは、こうした新しい心理学の潮流を学び、一九二五年にウィーンに戻った。この頃には、子ども引き取り所は、子どもの行動観察のために誂えたような施設となっていた。なにより有用だったのは「ボックス・システム」である。この名称は、子ども引き取り所に預けられた子どもがグループごとの部屋（「ボックス」）に入れられたことに由来する。学齢期未満の子どもは五～六人グループで四メートル×五メートルの「部屋」に入れられたが、子どもを常に観察できるようにガラスの壁になっていた。このボックス・システムは、シャルロッテにとって自らが学んだ行動観察を実践に移し、さらには若手の研究者に行動観察の手法を教えるのにも最良の場所だった。

一九二六年の一月から四月、シャルロッテは助手のヘッツァー（Hildegard Hetzer 1899-1991）らとともに最初に行動観察を行った。一歳未満の乳児を対象とし、のべ六九人の乳児（男児四〇人、女児二九人）が月齢ごとに分けられ、二四時間体制で行動をつぶさに観察され記録がとられた。さらに、シャルロッテらはこれらの子どもの行動を以下の四つの指標のもとに分類した。すなわち、「安静、均衡の状態（眠っている、覚醒しているがおとなしい）」、「個々の（相互の）反応」、「一連の行動（刺激運動、継続的な活動）」、「統一的な行動（操作的な行動）」である。この指標により乳児の行動は月齢ごとに数値化され、発達の標準形が求められた。(27)

シャルロッテの研究グループは、自らの成果をきわめて先進的な研究と自認していた。彼女によればその理由は以下の二点にあった。一つは、本場であるアメリカでも乳児に関しては断片的で個別的にしか行われていなかった行動観察を集団として組織的に行ったこと、もう一つは、「人工的な刺激」を排した「自然状態」での観察をもとにしている、ということである。ここでいう「自然状態」とは、母親や里親のような強い刺激を与えるような人物が傍につかないことを意味していた。(28)このような「自然状態」という設定によって、子どもそのものの発達が析出できるというのである。明らかに都市下層に偏っている子どもの出身階層は結果に影響ないものとされた。(29)シャルロッテたちは、さらに一歳以上の行動観察も進め、「自然状態」の行動を月齢階定ごとに整理・序列化し「本質的」な子どもの発達を見出した。そして、一九三二年には乳児から六歳未満まで包括的に適用できる「乳幼児発達検査」を発表し、国際的にも大きな反響を得ることとなった。(30)

シャルロッテらによれば「乳幼児発達検査」によって、子どもそれぞれの発達の度合いや偏差を見出すことができ、その結果は子どもの個性に応じた教育方法を導くことになるはずであった。(31)残念ながら、管見の限りでは、この検査が、どの程度子ども引き取り所での子どもの調査に用いられ、行き先の判断材料になったのかを確定することはできなかった。だが、すくなくとも赤いウィーンが内戦の末に終焉する一九三四年まで、子ども引き取り所での子どもの調査を担っていたのは心理学研究所であり、一定程度、シャルロッテらの検査方法が用いられたであろうと推測される。

赤いウィーンの児童福祉は「家族」という枠を切り崩してでも、子どもに対し適切な養育・教育の環境を提供しようとしていた。つまり、ここでは、可能な限りの教育への包摂が目指されたといえよう。だが、その包摂はただ生存を保障するだけではなく、限られた人材を「フォルク」のために最大限に活かすためのものでなければならなかった。子どもの特性を詳細に把握し、才能ある部分を延ばし、問題ある部分は是正する――そうした合理的な判断を下すために標準的発達段階という物差しが求められた。そして、これまで見てきたように、シャルロッテの行動主義的心理学はまさしく「標準」を提供した。注目すべきは、その標準は、近代家族の規範像からみれば「アブノーマル」な状態にある親と離れた子どものデータをもとに組み立てられたということ、そして、翻って、その標準が子どもたちを選別していくツールとなっていったということである。

では、子ども引き取り所で把握した子どもの特性をもとにどのような養育と教育が行われたのだろうか。心理学者や医者の指導のもと、ソーシャルワーカーなど専門家集団が担う施設であれば、組織的な養育・教育が行われた。さらに、「家族的環境に近い」という理由でもっとも推奨された里親にも、子どもの特性に応じたケアが期待された。次節では、里親養育の局面で働いた「合理化」や選別について考えてみよう。

第三節　里親の選別と合理化の限界――里親へのインタビュー調査

⚜里親の選別と合理化

子ども引き取り所は同時代の保守派から「家族の崩壊」を促進させる施設として痛烈に批判された。だが、歴史的にみれば、生物学的な親が子どもを里子や養子といった形で他人に引き渡す養育方法は珍しいものではない。むしろ、近代以降、公権力は「他人による養育」、とりわけもっとも主要な方法であった里親養育を止めるのではなく、積極的に関わり統制しようとし続けた。特にオーストリアでは、一九世紀初頭、主要都市に設置された国立捨て子院が統制の中心となった。一九世紀半ばには最大規模のウィーン捨て子院だけでも年間約一万人の子どもが預けられ、同院管理下のもとで三万人近くの子どもが里子に出されていた。[32] 近代家族の規範像が普及し始める二〇世紀初頭になると、確かに「捨て子」の数も減少しはじめ、制度改革によって捨て子院という名も姿を消したが、「他人による養育」の文化もそれを管理しようとする公権力の動きもなお生き続けた。[33] 捨て子院の名が消えたのとほぼ同時期に、自治体のなかでは救貧制度を通して地縁・血縁のネットワークを通じた「私的なルート」での里親養育を管理しようという動きも出ていた。[34]

赤いウィーンによる子どもの引き取りは、こうした「他人による養育」の統制を引き継ぎ、「有機的な資本」の維持と増強という目的のもとで合理化しようというものであった。だが、かつての捨て子院や救貧に比べ、子ども引き取り所を利用できた里親の数はきわめて少なかった。開設当初の一九二六年、子ども引き取り所は三三二四人を預かったが、そのうち四〇三人は「血縁家族」に返され、「代替家族」、つまり里親に預けられた子どもは五七九人だった。三八人は子どもの居住権地（ウィーン外）に送られ、六二人は医療施設に収容された。三分の二以上にあたる二二四二人は児童養護施設に送られたのである。[35]

里親不足の背景にはたしかに戦後の経済的苦境という事情もあったが、それ以上に里親の選別強化が強く影響としていたと考えられる。先にも述べたように里親養育に対する公権力の管理強化はすでに帝政期から主に自治体レベルで始まっていたが、これらを包括する形で終戦直後の一九年に里子保護法が施行された。これにより、一四歳以下の里子を預かる場合、里親は当局の許可が必要となった。その際、里親は、経済状況や居住空間を持っていることの他に、結婚した男女であること、里親となる女性（以下、本章では養母と呼ぶ）が就業していないこと――先行制度の捨て子院や救貧下の里親には多くの単身の女性や養育費収入を目的とする者が含まれていた――が求められた。許可が下りた後も里親には月一回の母親相談所での定期健診が義務付けられ、さらに月二回程度のソーシャルワーカーの訪問を受けた。その際、適性がないと判断された場合には里親の認可が取り消された。また、虚偽の報告や虐待などが発覚した場合には禁固刑もしくは罰金刑が課されることになった(36)。

里子保護法の運用は各自治体にまかされていたが、ウィーン市の場合、市報などの記述をみる限りでは、里親は以前の捨て子院や救貧に比べれば厳格に選別され、母親相談所や児童相談所のネットワークを介して管理されたようにみえる。「子ども引き取り所」のモノグラフを著したヴォルフグルーバーは、このような選別と管理をもって里親は「秩序」志向の「ブルジョワ家族モデル」を普及させようという市の福祉行政の末端となった、と結論付けている(37)。しかし、里親がソーシャルワーカーの末端となるほど直線的な統制は、本当に可能だったのだろうか。あるいは、末端となるとはどういうことなのだろうか(38)。最後に、この点について項を改め考えたい。

✤里親による選別

一九二八年、シャルロッテ・ビューラーの助手であったヘッツァー、ダンツィガー（Lotte Danziger 1902-1992）およびレウ‐ベーア（Helene Löw-Beer 生没年不明）は、型通りのソーシャルワーカーの家庭訪問では知り得ない里親の実情や本音、とりわけ返却の理由を探るために子ども引き取り所から里子を預かった養母へのインタビュー調査を行った。約二五〇名への調査が行われたが、半数近くには家庭訪問による追跡調査が行われた。インタビュー内容は、期間中、同所に引き取りもしくは返却に来た養母でインタビューに応じた二〇〇名への調査（以下、調査Aと略記）と、強い「教育困難」を感じている養母一四五名（うち五〇は先の調査と重複、八六が返却事例）への調査（以下、調査Bと略記）の二つのパートに分かれている。[39] 調査結果は一九三〇年に公刊されたが、現在でも里親たちの養育・教育の実態、感情、それに対する専門家たちの視線が見えてくる貴重な資料となっている。以下、この調査結果をもとに論をすすめよう。

まず、この調査から、たしかに里親の選別が確認できる。特に養母の就業禁止規定は、里親の社会階層を限定することになった。調査Aでの養父の職業別割合をみると、全体の約三分の二を占める都市部では約四〇％を熟練労働者が占め、次いで交通関係従事者が約二三％を占めた。農村部では農場主と自営業者がそれぞれ約三〇％を占めていた。一方、里子となる被保護児の父親や母親では、非熟練労働者や日雇い労働者、家内奉公人あるいは失業者が多数を占めていた。「里親家族に入ることは、子どもそれぞれにとって社会的上昇であったことは疑いない」とヘッツァーらは肯定的に評価している。[40]

しかし、社会的上昇は「福祉を通じた教育」につながっていたとは言いがたい。専門家たちの里親に対する要求は非常に高かった。専門家たちは、子どもの発達には単なる身の回りの世話や食事だけではなく、「知的な刺激、遊具、他の子どもとのコミュニケーション、教育、そして休息」が必要であり、里親はこれらを最低限のケアとして提供しなければならないと考えていた。[41] ヘッツァーらの基準では、そのような手厚いケアの提供を可能にする必須条件は里親の「犠牲心（Opferwilligkeit）」であり、逆にケア不足を招く原因は「養育費目当て」という利己心であった。だが、インタビューのうち心理学的な内容分析ができた八八名のうち、「犠牲心」の条件を十分に満たす里親は四六例に過ぎず、二九例は「子どもへのコストが養育費以上にならないよう気にかけて」おり、一三例に至っては「物質的あるいは個人的な犠牲への準備がまったくできていない」里親だった。[42]

里親の「心構え」の不足は子どもの「返却」にも現れていた。ヘッツァーらによれば調査Bの対象となった子どもの約四割が養育場所の変更を経験したという。年齢層が高いほどこの傾向は強まり、六～九歳の里子の七割は養育場所が変更され、なかには五回も変更された里子がいた。このなかには、実親の養育環境が整ったために一旦は親元に戻ったというケースも含まれるが、いずれにしても、「返却」のために子どもの養育環境が不安定であったことが推測される。(43)

「返却」は、言い換えれば里親による選別であった。里親は何に困難を感じ「返却」に至ったのであろうか。調査Bのうち「返却」をした八五例のインタビューからヘッツァーらは次のような理由を抽出した。すなわち、「（実親を含む）他人の干渉」（二七％）、「教育困難」（二三％）、「病気、身体的な弱さ」（一六％）、「不潔」（一五％）、「（里親に）うまく慣れなかった」（八％）、「知的遅れ」と「性的早熟」（それぞれ四％）、「食事の困難（食べない）」（三％）である。(44)半数の里親が、実親もしくは里子との関係性を主たる理由に返却を決断したことがわかる。(45)

実際、調査Aと調査Bともに、かなりの数の里親が実親への不満を漏らしている。なによりも里親に厭われたのは、実親が頻繁に子どもを訪問することである。子ども引き取り所の取り決めでは、実親の子どもへの面会は月に一度程度とされていた。しかし、特に引き取った直後には、毎週末、場合によっては毎日、子どもを訪問する親も珍しくはなかった。

四歳の女児を引き取った養母の例を見てみよう。彼女は夫と成人したろう者の娘とともに過ごしていた。預かった当初、女児は少し落ち着きがないが礼儀正しく良い子だった。しかし、身なりがみすぼらしく不潔であり、養母はすべてを洗い直したという。また、女児の実父が結核を患っており、預かった直後に検査を受けさせている（女児は陰性だった）。市から追加的な補助などはなく、医療費はすべて里親の負担となっていたが、里親は子どものために自己負担をしていた。それにもかかわらず、里親は――どのくらいの期間、預かっていたかは不明だが――実母との関係がうまくいかず「返却」を決断した。里親の訴えでは、実母は毎週末に里親宅を訪問し、女児を連れ出していたという。養母は自身の娘の世話もあるために同行できない。養母は実母に訪問を控えるよう求めたようだが、実母は「これは私の子どもなの、私は私がこの子にしたいことをできるんです」と団地の通路でわめき出し取り合ってもらえなかったという。近所からも好奇の目で見られるようになり、養母は子どもを返却するに至ったと説明した(46)。

この例のように、インタビュー上の養母の発言では、子どもの健康をケアし清潔や秩序に関心のある里親とそうではない実親の著しいコントラストが目立つ。「衣服もずたずた」で「不潔」のままにしている実親と、勉強机や貯金箱を与え、子どもに「学ぶ喜び」を与える里親、身体麻痺の子どもの手術費用を負担する里親と、「愛情をまったく注いでいない」ように見える実母、頻繁に子どもを連れ出し甘いものやワインを無制限に与える実親と健康によい食事を与えたい里親、規則正しい生活を送る里親家庭と男性を同居させ夜遅くまで起きている実母の家庭(47)。里親のもつこの断絶感が「返却」へとつながったといえよう。

里親と里子の関係性についても同じことがいえる。多くの場合、里親は「困難」な子どもを前にして実親の影をみていた。たとえば、三歳半と四歳半の姉妹を預かった里親の例を見てみよう。この里親が危惧しているのは里子のコミュニケーション能力の低さであった。なぜなら、「彼女たちの話すドイツ語はひどい」からである。実際、この姉妹は以前にも「ドイツ語がひどい」ために里子先の農家から「返却」されていた。この里親自身は実親のもとに帰ればドイツ語を学ぶチャンスを失ってしまうために「もう少し長く育てたい」という希望を調査員に訴えた(48)。

「ドイツ語」、おねしょ、不潔、ホームシック、性的逸脱、学校での乱暴、勉学からの逃避といったさまざまな「問題行動」を前にして、里親は里子に教育を施し変化を望んだ。しかし、その多くは失敗に終わる。問題行動そのものよりも、その問題行動を改善するために里子と関係を結べないことに、養母たちは強い困難や憤りを感じた。そのとき、多くの里親は困難の向こう側に実親、そして実親の生活環境《ミリュ》を見ていた(49)。

これに対し、ヘッツァーらは、里親の感じる「教育困難」の多くを「間違った判断」だと評価した。里親はたとえ犠牲心があり実子に抱くような母子関係の素地があったとしても、正しい発達への知識が十分ではなくそれゆえ「教育困難」に至るというのである。だが、ヘッツァーらは当局が里親により綿密な指示を出し管理することは難しいと主張した。その理由は、養母が当局の支持を踏み越え自由意志で行うケアは必ずしも悪いものではないこと、そして、養母のやり方に当局が過剰に介入することで自分の養育プランを邪魔されたと感じ反発する可能性があることにあった。処方箋は唯一、ソーシャルワーカーらを通しての地道な「啓蒙」以外ないというのが、ヘッツァーらの結論であった(50)。

たしかに、里親のもとで継続的に育てられれば、子どもは「社会的上昇」により「清潔」と「秩序」——ブルジョワ的価値規範ともいえるもの——を教え込まれたといえよう。しかし、実際には里親を介しての「福祉を通じた教育」は容易ではなかった。「困難」への訴え、そして頻発する「返却」がその証左である。むしろ、厳しい選別規準をクリアした「立派な里親」だったからこそ、子どもとの距離を強く感じ、困難のため返却を決断した。「福祉を通じた教育」は、結果的には子どもの養育環境の不安定化を招いていた。それは赤いウィーンにおける最大限の包摂の一つの帰結であったといえよう。

⚜おわりに

赤いウィーンは児童福祉を通してすべての子どもを包摂しようと試みた。ただし、それには莫大な投資が必要であった。結果として、可能な限りの合理化のために子ども引き取り所という施設が構築され、発達検査のような洗練された選別の技術が編み出された。だが、合理的な選別は「現場」（里親）の選別を前にして、いわば脱臼されたといえよう。「福祉による教育」は決して直線的な統制をもたらすことはできず、相互に矛盾する選別を抱え込んでいたのである。

ヘッツァーらは「教育困難」をもたらすもう一つの要因、すなわち子ども引き取り所に来る子どもたちの不利な養育環境がもたらす心理学的障害（Milieuschädigung）の影響も強く意識していた。彼女は里親調査と同じ時期、貧困がもたらす子どもへの心理学的研究に取り組み、貧困が子どもの発達に深刻な悪影響を及ぼすこと、そして、心理学的な手法だけでは問題の解決とならないことを主張していた。言い換えれば、貧困問題を解決するような社会経済の根本的な変化がない限り、「教育困難」な状況は続くというのである。[51]

しかし、変化は別の形で現れた。ヘッツァーらは、同時代の心理学や教育学の専門家たちと同様に、もう一つの可能性も考えていた。すなわち、「どの程度、遺伝的な負の素因が（教育困難という状況に対し）役割をもっているのか」という可能性である。インタビュー調査の際には、ヘッツァーは遺伝にはまだ不確定の要素が多いゆえに、この問いを追求しないという態度をとった。[52]しかし、結果的に見れば、一九三四年の内戦ののちファシズムの時代になると、「遺伝」という要因が選別の鍵概念となっていく。このとき、児童福祉の選別技術は包摂ではなく排除のために機能するようになった。[53]だが、これが赤いウィーンの唯一の帰結とはいえないだろう。「赤いウィーン」の実験的な包摂とその「合理性」の確保は、今日においてもまだなお問いを残している。

［付記］本研究の一部は、日本学術振興会科学研究費助成事業若手研究（B）（研究課題番号二四七二〇三四六）『戦間期オーストリアにおける優生思想の普及と展開』および基盤研究（C）（一五K〇二九六九）『二〇世紀前半東中欧における国境変動と子どもの越境的移動』（ともに研究代表者　江口布由子）の助成によるものである。

注

（1）「父のいない社会（die vaterlose Gesellschaft）」は、精神分析医フェダーン（Paul Federn 1871-1950）がオーストリア革命を分析する際に案出した概念である。戦後、深刻な食糧不足などによって経済が混乱するなか、政治上の象徴的父であった皇帝が廃位され、現実の父たちも戦死もしくは戦傷を負い、伝統的な家父長的権威が失墜を目の当たりにした人々の心理を表している。Paul Federn, *Zur Psychologie der Revolution: die vaterlose Gesellschaft: nach vorträgen in der Wiener psychoanalytischen Vereinigung und im Monistenbund*, Wien 1919. アメリカの歴史家ヒーリーは、この概念を戦中、特に戦況が悪化しフランツ・ヨーゼフが死去した一九一六年以後の状況にも適用し、第一次世界大戦中のウィーンにおける社会状況を分析している。Maureen Healy, *Vienna and the fall of the Habsburg Empire: total war and everyday life in World War I(Studies in the social and cultural history of modern warfare 17)*, Cambridge, 2004. 二〇世紀ヨーロッパを「暗黒の大陸」と評したマゾワーは、戦間期ヨーロッパの全般状況として言及し、戦間期ヨーロッパの福祉政策の照準が「家父長制の再建」にあったと指摘している。Mark Mazower, *Dark Continent: Europe's twentieth century*, New York, 1999, pp. 77-105［マーク・マゾワー（中田瑞穂・網谷龍介訳）『暗黒の大陸――ヨーロッパの二〇世紀』未来社、二〇一五年、一〇八～一三九頁］,「父のいない社会」に関しては、特に以下を参照。pp. 80-81［『暗黒の大陸』三～一三頁］.

（2）教育改革については、さしあたり以下を参照。伊藤実歩子『戦間期オーストリアの学校改革――労作教育の理論と実践』東信堂、二〇一〇年。

（3）第一次世界大戦後、ウィーンは州レベルの財政権限を得た。社会民主党市政権は奢侈税や固定資産税を大幅に引き上げ、財源を創出し、改革を断行した。

（4）赤いウィーンについてはさしあたり、以下を参照。以下の文献でコンラートは赤いウィーンの知的空間を一九～二〇世紀転換期のいわゆる「世紀末ウィーン」との連続性で捉えている。Helmut Konrad, Das Rote Wien, in: Wolfgang Maderthaner/ Helmut Konrad (Hg.), ... *der Rest ist Österreich: Das Werden der 1. Republik*, 2 Bd. Wien 2008.

（5）Julius Tandler, Richtlinien für die Anstaltfürsorge, *Die Anstaltsfürsorge der Stadt Wien für das Kind. Tagung der Stadt Wien am 3. und 4. Mai 1930 in Wien. Sondernummer der "Eos", Zeitschrift für Heilpädagogik*, Wien 1930, S.7.

（6）こうした批判的視点からの歴史研究としては以下を参照。Gudrun Wolfgruber, *Zwischen Hilfestellung und sozialer Kontrolle:*

Jugendfürsorge im roten Wien, dargestellt am Beispiel der Kindesabnahme, Wien 1997.

（7）公立の施設だけでなくカトリック系施設もまた批判の対象となった。オーストリア国内で大きな反響を呼んだルポルタージュとして以下を参照。Hans Weiss, *Tatort Kiderheim. Ein Untersuhungsbericht*, Wien 2012.

（8）Michael Ralser/ Reinhard Sieder (Hg.), *Die Kinder des Staates. Children of the State. Österreichiche Zeitschrift für Geschichtswissenschaften* 1+2 (25), Innsbruck/ Wien/ Bozen 2014.

（9）オーストリアでは、育児中の母親が自宅で他人の子どもを預かる、いわゆる「保育ママ」が広がりつつあり、行政もこれを後押ししている（なお「保育ママ」は行政上「保育親（Tageseltern）」と呼ばれるが、従事者の九〇％以上が母親である）。Margareta Kreimer, Familienpolitische Maßnahmen in Österreich: Paradigmenwechsel auf halbem Weg, in: Kreimer/ Richard Sturm/ Rudolf Dujmotivs (Hg.), *Paradigmenwechsel in der Familienpolitik*, Wien 2011, S. 102.

（10）里子の経験については、オーラル・ヒストリーに基づく以下の回想集が編まれている。Eva Ziss (Hg.), *Ziehkinder*, Wein 1994; Elisabeth Raab- Steiner/ Gudrun Wolfgruber (Hg.), *Wiener Pflegekinder in der Nachkriegszeit (1955-1970)*, Wien 2014.

（11）Britta McEwen, *Sexual Knowledge: Feeling, Fact, and Social Reform in Vienna, 1900-1934 (Austrian and Habsburg Studies)*, New York, 2012.

（12）Tandler, Richtlinien für die Anstaltfürsorge, S. 7.

（13）Wolfgruber, *Zwischen Hilfestellung und sozialer Kontrolle*, S. 49-52.

（14）Gerhard Benetka, *Psychologie in Wien: Sozial- und Theoriegeschichte des Wiener Psychologischen Instituts 1922-1938*, Wien 1995, S. 134.

（15）Tandler, Richtlinien für die Anstaltfürsorge, S. 8.

（16）*Ebenda*, S. 9.

（17）江口布由子「一九―二〇世紀転換期のオーストリアにおける児童福祉――「私的慈善事業」とその「自立性」をめぐって」『西洋史学論集』四三号、二〇〇五年、一～一九頁。

（18）Tandler, Richtlinien für die Anstaltfürsorge., S. 7.

（19）Max Winter, Das Kinderasyl der Stadt Wien, Arbeiter- Zeitung (01.19.1919), S. 8-9.

（20）Tandler, Richtlinien für die Anstaltfürsorge, S. 8.

(21) 一九世紀に結核は「ウィーン病」とも呼ばれたが、戦間期ウィーンはこの撲滅が重要な政策目標としていた。Elisabeth Dietrich-Daum, *Die "Wiener Krankheit". Eine Sozialgeschichte der Tuberkulose in Österreich*, Wien 2007. 施設の拡充だけでなく「防疫」も子ども引き取り所を医療施設近くに移転した理由の一つだった。Wolfgruber, *Zwischen Hilfestellung und sozialer Kontrolle*, S. 147-151.

(22) Tandler, Richtlinien für die Anstaltfürsorge, S. 11.

(23) この支持表明文には、法学者のケルゼン（Hans Kelsen 1888-1973）やムージル（Robert Musil 1880-1942）といった文学界やアカデミアの著名人たちも署名している。Eine Kundgebung des geistigen Wien. Ein Zeugnis für die große soziale und kulturelle Leistung der Wiener Gemeinde, *Arbeiter- Zeitung* (20.04.1927), S. 1.

(24) もう一つの赤いウィーンの目覚ましい成果として知られる住宅政策には、ロース（Adolf Loos 1870-1933）やエーン（Karl Ehn 1884-1959）など第一線の建築家が加わった。Janek Wassermann, *Black Vienna: The Radical Right in the Red City, 1918-1938*, Ithaca, 2014, p. 68.

(25) このとき、ビューラーはウィーン大学にも正教授職を得たが、大学は彼に独自の研究所を用意することはなかった。報酬面でも研究設備面でもビューラーを支えたのはウィーン市だった。こうした不安定な雇用状況の背景には、ウィーン市政権の社会民主党と国政を握るキリスト教社会党との深刻な対立があった。Benetka, *Psychologie in Wien*, S. 22.

(26) *Ebenda*, S. 125-132.

(27) Benetka, *Psychologie in Wien*, S. 139-145; Wolfgruber, *Zwischen Hilfestellung und sozialer Kontrolle*, S. 161-167; Charlotte Bühler/ Hildegard Hetzer, Inventar der Verhaltungsweisen des ersten Lebensjahres., in: Bühler/ Hetzer/ Beatrix Tudor- Hart (Hg.), *Soziologische und psychologische Studien über das erste Lebensjahr*, Jena 1927, S. 134-139.

(28) シャルロッテらはアメリカの乳児の行動観察は散発的で統合的概念がないことを批判し、新しい鍵概念として「意図的な操作 Handelung」を提起するなど行動主義的な児童心理学の発展に寄与したと自分たちの業績を位置づけた。Bühler/ Hetzer, Inventar der Verhaltungsweisen des esten Lebensjahres, S. 129-131; Benetka, *Psychologie in Wien*, S. 140.

(29) Bühler/ Hetzer, Inventar der Verhaltungsweisen des esten Lebensjahres, S. 131; Wolfgruber, *Zwischen Hilfestellung und sozialer Kontrolle*, S. 159-160.

(30) Hildegard Hetzer/ Charlotte Bühler, *Kleinkindertests. Entwicklungstests vom 1. bis 6. Lebensjahr*, Leipzig 1932.

(31) *Ebenda*, S. 137.
(32) 捨て子院については、以下を参照。Verena Pawlowsky, *Mutter ledig - Vater Staat: Das Gebär- und Findelhaus in Wien 1784-1910*, Innsbruck 2001.
(33) Maria A. Wolf, Ordnungen des Fremden - Ordnungen des Eigenen. Die elementaren Strukturen der Verwandschaft - revisited, in: Maria A. Wolf/ Elisabeth Dietrich-Daum/ Eva Fischer/ Maria Heidegger (Hg.), *Child Care: Kulturen, Konzepte und Politiken der Fremdbetreuung von Kindern*, Wien 2013, S. 9-19.
(34) アルプス山地東南部のシュタイアーマルク地方では、婚外子出生率が著しく高い地域（約四〇％に及ぶ地域もあった）を抱え里子も多かった。オーストリア帝国内でも児童福祉運動を指導したミシュラー（Ernst Mischler 1857-1912）らが中心となって、救貧制度の枠組みで里子保護法が整備された。江口布由子「近現代オーストリアにおける子どもの遺棄と保護」橋本伸也・沢山美果子編『保護と遺棄の子ども史』昭和堂、二〇一四年、一五三～一八一頁。
(35) Magistrat Wien, *Kinderübernahmestelle in Gemeinde Wien*, Wien o.J., S. 26; Wolfgruber, *Zwischen Hilfestellung und sozialer Kontrolle*, S. 168.
(36) Staatsgesetzblatt für den Staat Deutschösterreich, Jg.1919, 25 Stück, Nr.76, S.137-138, Das Ziehkindergesetz, in: *Zeitschrift für Kinderschutz und Jugendfürsorge*, Jg.11 (1919), S.72-74, Ernst Zampis, Der Schutz der Ziehkinder und unehelichen Kinder, in: *Zeitschrift für Kinderschutz und Jugendfürsorge*, Jg. 11 (1919), S.153-159.
(37) Wolfgruber, *Zwischen Hilfestellung und sozialer Kontrolle*, S. 185.
(38) 里親保護法と児童福祉専門雑誌に掲載された里子保護法の解説論文をもとに、ヴォルフグルーバーは「清潔」「秩序」などのブルジョワ的規範の子どもへの注入を里親の福祉行政の末端機能として位置づけているが、具体的に里親たちが、どのような養育・教育をしていたのかには触れていない。Wolfgruber, *Zwischen Hilfestellung und sozialer Kontrolle*, S. 179-185.
(39) 調査の直接的な目的はヘッツァーらによれば「施設か里親か」という論争に具体的なデータを提示することであった。調査Aによるインタビュー調査は一九二八年一〇月一〇日から一二月三一日まで子ども引き取り所を訪れた里親を対象に行われた。このなかには子どもを引き取るだけでなく、子どもを「返却」する里親もいた。インタビュー時間は一件につき五～二〇分程度であった。さらに追跡調査として、一九二八年一二月半ばから二九年二月末に、二〇〇人のうち八五人のウィーン在住者に対する家庭訪問調査が行われた。子ども引き取り所での調査では里親に対し（里親認可とは関係のない）調査目的を告げていたが、家庭訪問の際には同所から来たと告げるだけだったので、たいていの場合はソーシャルワーカーと誤解されていたという。しかし、調査員は「面倒な説明は誤解をうむだけ」という理由で誤解のままにしていた。調査Bについては調査Aのうち「教育困難」を表明した五〇の事例に加え、子ども引き取り所の持つデータのうち里親側の理由で「返却」に至った八六事例、著しい「教育困難」を訴えた五九事例に対する訪問インタビュー調査が元となっている。Lotte Danziger/ Hildegard Hetzer/ Helene Löw-Beer, *Pflegemutter und Pflegekind*, Leipzig 1930, S. 4-8, 100-101.

（40）*Ebenda*, S. 16-18.

（41）ヘッツァーはオーストリアの看護と福祉分野における専門職養成の制度化の立役者となったアールト（Ilse Arlt 1876-1960）のもとで学び、保育園を中心に児童福祉活動を行っていた。ヘッツァーは、アールトが示した被保護者が必要とする最低限のものをまとめた「福祉の一三原則」を里親にも求めていた。すなわち、一　住居、二　栄養、三　身体のケア、四　家族生活、五　権利保護、六　医療援助と看病、七　事故の防止と救急援助、八　衣料、九　静養、一〇　通気、一一　教育、一二　知的ケア、一三　経済的能力を獲得するための教育である。*Ebenda*, S. 96.

（42）*Ebenda*, S. 60-61.

（43）*Ebenda*, S. 106-108.

（44）*Ebenda*, S. 118.

（45）*Ebenda*, S. 46, 58, 62-63, 82. なお「身体障害」や「知的遅れ」の子どもは、「子ども引き取り所」の調査でフィルタリングされ専門施設へ送られた可能性が高い。しかし、調査Aのうち調査員が明らかに「知的遅れ」と考えた子どもが四例、身体障害（脳炎による身体麻痺）が一例含まれていたことから、必ずしも厳格なフィルタリングがされていたわけでもないようである。なお、「知的遅れ」が疑われる場合、調査員は児童相談所もしくは母親相談所での知能検査を勧めており、ソーシャルワーカーの家庭訪問の際でも同様の状況が見られた場合には検査を勧められたと考えられる。

（46）*Ebenda*, S. 10, 73.

（47）*Ebenda*, S. 43, 46, 53, 89.

（48）*Ebenda*, S. 92, 112.「返却」する里親の動機にナショナリティが関わるものとしては、捨て子院時代から集中的に里子を受けていた地区での、以下のような事例があった。里親は、児童福祉局のパンフレットで市立公園に置き去りにされた子どもの存在を知り、一歳半と三歳半の姉妹を預かった。しかし、調査員が訪問をした際に、里親は姉妹が食事を受け入れないという悩みを打ち明ける。里親によれば親が姉妹に甘いものを与えすぎたことが原因だった。里親は、里子との断絶感を調査員に訴えた上で、姉妹は父親が異なるが、妹の父親は逮捕歴のある失業者であり、姉の父親も職もなくウィーンをぶらつく「ボスニア人」であると続けた。*Ebenda*, S. 58. また、里親や実親の意図とは別に、里子が国籍問題により強制送還された事例も二例あった（子どもはそれぞれハンガリーとポーランドに強制送還された）。*Ebenda*, S. 46, 85.

（49）*Ebenda*, S. 110-112.

（50）*Ebenda*, S. 96-99, 120-121.

（51）Hildegard Hetzer, *Kindheit und Armut: psychologische Methoden in Armutsforschung und Armutsbekämpfung*, Leizig 1929. 心理学研究所では、後にメディア研究で「限定効果論」を提起するラザースフェルト（Paul Lazarsfeld 1901-1976）らが中心となって、世界恐慌によって地域全体が失業状態に陥ったマリエンタール（Marienthal）をフィールドとする貧困研究も進められていた。この研究は、失業による労働者の無気力状態を実証的に明らかにしたが、この結果は世界恐慌後に路線が定まらない社会民主党執行部への痛烈な批判でもあった。マリエンタール研究と心理学者の関係についてはさしあたり以下を参照。Wassermann, *Black Vienna*, S. 158-161.

（52）Danziger/ Hetzer/ Löw-Beer, *Pflegemutter und Pflegekind*, S. 105.

（53）ナチス政権下の一九四二年、ヘッツァーは「国民社会主義国民福祉（Nationalsozialistische Volkswohlfahrt）」のもとポーランドのポズナニ（ポーゼン）にある児童養護施設に赴任し、「ポーランドの子どものドイツ化」を目的とした「民族ドイツ人」の心理学的調査に携わった。Benetka, Hildegard Hetzer, in: Brigitta Keintzel/ Ilse Korotin (Hg.), *Wissenschafterinnen in und aus Österreich: Leben - Werk - Wirken*, Wien 2002, S. 287. 彼女自身の戦後の証言によれば、彼女はサボタージュや「混血児」の見逃しなど消極的抵抗を行ったという。Theo Herrmann, Hildegard Hetzer als NSV - Psychologin im Okkupierten Polen (1942-44), in: Herrmann/ Włodek Zeidler (Hg.), *Psychologen in autoritären Systemen*, Frankfurt a. M. 2012, S. 129-163. ここで重要なのは、同じ選別の技術が包摂にも排除にも用いうるという点である。

第二章

未婚の母の救済／非嫡出子の放逐
——二〇世紀前半アイルランド社会の「道徳性」

岩下　誠

✤はじめに

二〇一四年六月、アイルランドでショッキングなニュースが報道された。アイルランド西部コナハト地方のゴールウェイ州チュアムにある、閉鎖された母子福祉施設——「ホーム（the Home）」と呼ばれていた——に、約八〇〇人の子どもの遺体が人知れず埋められているというのである。ホームとは当時非嫡出子を秘密に出産するため未婚の母が入所した施設であり、産まれた子どもたちは施設内の孤児院で育てられるか、あるいはしばしば両親の同意を得ることなく養子に出された。他方で貧しい母親たちは出産後も施設に留め置かれ、施設入所および出産にかかった費用を支払うため、施設内の労働に従事することを強いられた。一九七五年に施設跡地で遊んでいた少年たちが偶然遺骨を発見して以来、ホームに身元不明の遺体が埋められていることは、地域の人々には知られていた。二〇一〇年、地方紙『チュアム・ヘラルド』にこの施設の存在、および施設で育てられ五歳で養子に出された男性の記事が掲載されたことを契機とし、地方史研究者たちは基金を募って精力的な調査活動を開始した。調査を担当したキャサリン・コーレスは、まず施設の活動期間である一九二五年から一九六一年ま

図2-1　母子ホーム

上：ゴールウェイ州チュアムのセント・メアリー母子ホーム（年代不明）。©Photograph Old Tuam Society

下：現在のホーム跡地。©Photograph Niall Carson/PA Wire

での三六年間にわたり、亡くなった子どもすべての死亡証明書を精査し、七九六人の子どものリストを作成した。続いて彼女はできあがったリストと近隣の墓地に埋葬された子どもの名前を照合した。その結果、リストにある子どもは一人もこれらの墓地に埋葬されていないことが判明した。さらに、施設の前身であったワークハウスの地図から、一九七五年に少年たちが遺骨を発見した場所が、かつてのワークハウスで一九三〇年まで使用されていた汚水槽の跡地であることが明らかになった。コーレスは、リストにある七九六人の行方不明の子どもたちの遺体は、ホームの元汚水槽に埋められたと結論付けた。こうして明らかにされたスキャンダルは、アイルランドに留まらず、アングロサクソン圏を中心に大きく報道されることになった(1)（図2-1）。

このような施設の存在は、一九五〇年代、六〇年代に至っても——そして程度の差はあれ現在においても——、未婚の母であることが、アイルランド社会においてきわめて重大な社会的スティグマであり続けたことを示している。もっとも、施設に入所することのみが女性たちの唯一の選択肢ではなかった。イングランドに渡って人工中絶手術を受けること——アイルランドでは現在もわずかな例外を除いて人工中絶は法的に禁止されている——は一つの選択肢であったし、現在でもそうであり続けている。二〇一三年のイギリス保健省の統計によれば、イングランドおよびウェールズの中絶クリニックに通う女性のうち、アイルランドの住所を記したのは、一九八〇年一月から二〇一三年一二月までに、少なくとも一五万九七七九人にのぼる。(2) さらに時代を遡るならば、秘密裏の出産を目的として渡英した女性たちも多数存在した。「アイルランドからやって来た妊婦（Pregnant from Ireland）」、あるいはその頭文字を採って略称ＰＦＩ（s）と呼ばれた女性たちの存在は、一九五〇年代から六〇年代に活動したソーシャルワーカーが日常的に話題にするほどよく知られた問題であった。本章では、主として二〇世紀前半のアイルランドにおける未婚の母と非嫡出子に関する研究動向を紹介しつつ、母子双方の生存を支援するための福祉実践がナショナリズムと交錯することによって、むしろ「弱い家族」を保護するのではなく解体し、さらに最も弱い立場の子どもを社会から放逐する局面の存在を考察することにしたい。

第一節　二〇世紀前半までの未婚の母の処遇

まず、近代アイルランドにおいて未婚の母が問題化される歴史的文脈を、マライア・ルディの研究を中心に確認しておきたい。一八三八年に導入された救貧法が、貧民に対するアイルランド初の包括的な救済システムであった。救貧法体制下において、困窮した未婚の母と子どもはワークハウスに収容されることが一般的であった。とりわけ、二人以上の子どもを持つ未婚の母は、売春婦もしくは将来的な売春婦予備軍と見なされ、道徳的な規律

図 2-2　1940 年ごろのマグダレン洗濯所の入所者女性
©Photograph Roz Sinclair/ Testimony Films

化の対象となった。しかし一九世紀末から二〇世紀初頭にかけて、事後的・懲罰的な対処から、「予防的」対処への力点の変化が生じる。プロテスタント・カトリック双方の博愛主義者は、未婚の母になりたての女性を対象に、彼女たちを貧困や売春から救済するための自発的結社を組織した。一九一一年に結成された「アイルランド・カトリック保護救済協会（Catholic Protection and Rescue Society of Ireland：以下、ＣＰＲＳＩと略記）」は、最も有力で長期にわたって活動を続けることになる団体であり、のちにＰＦＩの処遇にも大きな役割を果たすことになる。こうした結社と協同しながら、未婚の母の出産施設および産まれてきた子どもを寄宿させる児童保護施設が民間団体によって組織され、母子の救済を担うようになった。もっとも、こうした施設はもともと売春婦更生施設であったマグダレン・アサイラムを引き継いだものも多く、カトリック系のアサイラムでは、未婚の母と売春婦がともに同一施設に保護されていた。未婚の母と売春婦を同一視する視線は、その後も執拗に救済事業のなかに残り続けることになる(3)（図２‐２）。

アイルランド自由国が成立する一九二〇年代以降、未婚の母の問題は、国家とカトリック教会双方にとって、さらに重要度の高い課題となる。一九二三年の地方自治法は、未婚の母に対する政策的な枠組みを規定し、州保健局が、州立施設《カウンティホーム》および宗教団体が運営する施設を通じて未婚の母を支援する責任を負うことになった。カウンティホームは実質的に既存のワークハウスを名称を変えて引き継いだ公立施設であったが、この時期の政府および地方自治体は、未婚の母をできる限りこうしたカウンティホームから排除しようと試みた。というのも、ワークハウスからカウンティホームへの変化は単なる名称の問題だけではなく、従来の懲罰的な施設から福祉施設への転換を目指しており、政府は施設収容者へのスティグマを除去するべく、カウンティホームを「レスペクタブルな貧者」の避難所として再構成しようとしていたからである。未婚の母は新たな性格をもたせようとしていた施設の「恥部」であり、彼女たちの存在が、「レスペクタブルな貧者」がホームへの収容を拒否する要因となり得る、と政府側は認識していた。こうして、同時代において、未婚の母を救済するための民間施設の設立運動が活発化することになる。一九二二年以降、修道女による宗教団体が、未婚の母のみを対象とする特別なホームを設立し始める。コーク州にイエズス・マリア聖心修道女会によって設立されたベスボロ・ホームを皮切りに、ティペラリー州のショーン・ロス・アビー・ホーム、ウェストミース州のキャッスルポラード・ホームなどがそれに続いた。もっとも、政府側の意図にもかかわらず、二〇世紀全般を通じて未婚の母がカウンティホームに収容される割合はおよそ七〇％と高く、修道女が運営する民間施設への利用者はそれほど多くはなかった。これら公私双方の施設において、女性たちがどのように処遇されていたのかは、詳しく明らかにされてはいない。ベスボロ・ホームでは、一九二八年までに六五人の未婚の母が収容され、「家事、家禽の世話と庭の手入れ」の訓練を受けていたという。母親たちは、出産後、たとえ子どもが養子に出されず母親本人の手に戻った場合でさえも、その後施設に二年間にわたって収容されることが多かった。施設入所者を閉じ込めておく法的権限は存在しなかったにもかかわらず、彼女たちが退所する場合には、施設長に「正当な根拠のある退所願い」を提出しなければならなかった(4)。

未婚の母の救済＝施設への閉じ込めは、いくつもの社会的機能を果たしたとルディは述べている。未婚の母の隔離は、入所者のみならず、共同体に対しても、道徳的腐敗から免れた「レスペクタブル」な社会を提供すると同時に、母親および家族の「恥」を秘密にすることによって、彼らの評判を守り社会復帰への可能性を確保した。入所は自発的な意思で行われたとはいえ、いったん施設に入居した後は、母親たちは厳しい規律の下に置かれ行動を制限された。母親の家族たちは長期の収容を望まなかったにもかかわらず、施設を管理する修道女たちは、「二度目」の妊娠という事態に陥らない道徳性を身に付けるまで、長期にわたって入所者を施設内に留め置こうとした。施設は、未婚の母は神の恩寵を失った存在であるという宗教的および道徳的価値を強化し、社会規範を防衛する役割を果たした(5)。

第二節　イギリスへ渡航するＰＦＩ

公私双方の施設に入所する代わりに、未婚の妊婦たち（ＰＦＩ）が自ら選び取った選択が、イングランドへの渡航であった。イングランドで秘密裏に出産し、子どもを養子に出す手はずを整え、その後アイルランドに戻るというのが、最も首尾よく行った場合の「成功」であった。イングランドでもアイルランドと類似した母子保護施設はあったが、アイルランドの施設がおよそ二年にわたって半強制的に入所者を収容したのに対して、イングランドの施設は四ヵ月の入所で済んだことが、彼女たちがイングランドへと渡航した主たる要因であった。イングランドとウェールズでは一九二六年に養子縁組が合法化されたことも、未婚の母の子どもの処遇の幅を広げていた。異国の地で救済を受けるために、ＰＦＩはイングランドのチャリティ組織を頼みにした。しかし、イングランドのチャリティ組織の一部はアイルランドの組織と連携しており、両者は連絡を取り合いつつ、ＰＦＩを本国アイルランドへと送還するケースも存在した。ポール・マイケル・ギャレットは、前述したＣＰＲＳＩと、「イングランド・カトリック救済協会（English Catholic Rescue Society：以下、ＥＣＲＳと略記）」という、相互に連携したカトリック系協会の史料から、一九五〇年代のＰＦＩとケースワーカー双方の具体的な姿を浮かび上がらせている。(6)

　三六歳のシアラは、「身なりも良く、話し方もきちんとした」女性であり、ダブリン郊外の修道院付属学校で教育を受け、事務員として働いていた。臨月間近のシアラはイングランドに渡り、民宿《ビー・アンド・ビー》に滞在しつつ、出産の助けを求めてＥＣＲＳを訪れる。彼女はＥＣＲＳのケースワーカーに、夫は前年に亡くなったと話したが、ケースワーカーは彼女の話を信用せず、シアラの結婚についてＣＰＲＳＩに照会を行った。調査の結果、シアラに結婚していたという事実はないことが判明した。シアラはイングランドで病院で子どもを出産し、滞在先の市内の施設に入所。シアラはケースワーカーに、結婚についての話は虚偽であったことを認め、子どもを養子に出したいこと、そのためアイルランドのコーク州にある養子協会に頼みたいと述べた。結局、子どもはウィックロー州アークローの家庭に引き取られることになり、コーク養子協会がその手続きを行うことになった。シアラと息子は帰国しアイルランドの母子ホームに入所したが、彼女は子どもを手放した後も、施設に留まり無償労働を行わなければならなかった。イングランドでの出産から半年が経ち、息子がアークローの里親へと引き取られた後に、シアラはＥＣＲＳのケースワーカーに次のように手紙を書き送っている。「幼い哀れなスティーヴンは、私の知らない間に、私のもとから引き離されてしまいました。［帰国の］長い旅路の間じゅう、彼はとても良い子にしていたのに……自分の血肉を引きはがさなければならないというのは、なんと辛いことでしょう。これが最善だったと願うよりほかありません。神様、どうか息子の預け先が幸せな家庭でありますように」。母子ホームへの忌避を感じながらも、シアラはＥＣＲＳのケースワーカーが「非常に親切にしてくれた」ことに感謝していたようである。(7)

しかし他方で、意に沿わない帰国を経験したＰＦＩのケースも存在した。精肉店の会計をしていた一九歳のモーラは、イングランドに着いて一ヵ月後にＥＣＲＳの事務所を訪れた。「酒に酔って彼女を誘惑し」た男性との間にできた子どもは妊娠五ヵ月になっていた。モーラは「非常に気立てのよい」娘であり、彼女の両親は妊娠を知った後にも「彼女の味方であった」。彼女の母親は「モーラを家に留めて置きたがった」が、モーラは「彼女のことが近隣の人々に知られないよう……父親の助力によってイングランドへと渡航する」ことを決心した。イングランド滞在中に、モーラはアイルランドに戻り、ダブリンの母子ホームへと入所することを提案された。しかし彼女はその提案を聞くと「あやうく倒れそうになった」。なぜなら、ホームは彼女の実家のすぐ近くであり、ホームで働く女性はモーラやモーラの家族の知り合いだったからである。モーラの母はダブリンのＣＰＲＳＩと連絡をとり、ウェストミース州のキャッスルポラード・ホームへとモーラを入所させるように手はずを整えた。ダブリン市は「他地域のホーム入所者」の費用を工面する用意はなく、ＣＰＲＳＩはモーラを予定通りキャッスルポラードに送る手はずを整えたものの、週三ギニーを支払わなければならない「私費入所者」として、かつ子どもを養子に出さなければならないという条件のもとでの受け入れであった[8]。

アイルランド南部ティペラリーの小売店店員であった二一歳のカーメルは、出産予定の四ヵ月前にＥＣＲＳの事務所を訪れた。「痩せ細り、蒼白な顔でみじめな姿をした娘は、事務所に着くやすぐに号泣した」。彼女はお腹の子どもの父親とイングランドにやってきたが、父親はその後「姿をくらました」。家族は娘の妊娠を知らなかった。ＥＣＲＳのケースワーカーは通常の手続き通り本国帰国を勧め、この時点ではカーメルも「アイルランドへの帰国を望んでいた」。しかし二回目の接見で、カーメルの態度は変化する。「カーメルは決然とした様子で面接にやってきた。彼女は面接中、何度もアイルランドに戻るつもりはないと繰り返した。彼女によれば、彼女は子どもを養子に迎えたいという女性――カトリックではない――を知っているとのことであった」。カーメルは一度はアイルランドに戻ることに同意したものの、その後帰国への忌避を強め、ケースワーカーとの面会を欠席し始めたことから、ケースワーカーは次第にカーメルへの圧力を強めていく。ケースワーカーは、次のような通知をカーメルに送った。「貴女が私にも診療所にも連絡をとっていないことに非常に驚いています……もし面会の約束を守らないのであれば、私は明日の朝、貴女の大家を直接訪ね、貴女が妊娠していること、出産前に適切なケアを受けることを拒否していることを知らせ、この件について協力するよう要請することにします……火曜日に面接に来てください」

その後もカーメルは診療所に現れず、ケースワーカーは再び「適切な医療的ケアを受けることを拒否する妊婦がいる」と大家に知らせる、という手紙を送る。カーメルは二一歳であるにもかかわらず、手紙には次のような文言が加えられていた。「貴女は未成年であり、今現在われわれはあなたの福祉に対する責任があります。もしわれわれに協力しないのであれば、私は貴女の母上に手紙を書き、われわれは責任を負うことができなくなると伝えることになります」。結局カーメルは出産予定一ヵ月前にアイルランドへと帰国することになる。カーメルは母親にすべてを打ち明け、イングランドに住む姉とともにケリー州の実家へと戻ることができた(9)。

アイルランド北部の国境地帯であるダンダークの映画館で働いていたブリジッドは、「ごく平凡な知能」の娘だった。面談をしたケースワーカーは、彼女を「困難に直面したときすぐに楽な道を選んでしまうようなタイプ」であると見なしている。ブリジッドはアイルランドへと帰ることを考えることすら「非常に消極的」であった。彼女の母親はすでに亡くなっており、事実を知れば父親は「自分を殺す」だろう。他方でブリジッドは、アイルランドの母子ホームへと入所することは、「監獄」に入るのと同じことだと感じていた。ケースワーカーの記録には、以下のような記述がある。

彼女はここ［イングランド］の母子ホームに入ることができたら、赤ん坊が病院からそのまま養子に出せたら、養子に出さないで済むよう、自分が支払える程度の保育所に入れることができたら、などと考えている（ある看護婦が後者のような考えを彼女に吹き込んでしまったので、私はそうした考えが誤りであると説得するはめになった！）［中略］私は彼女に、もしここ［イングランド］に留まり続けるのであれば、彼女は病院から退去して「第三施設」に入るほかなく、われわれが赤ん坊に対してできることは、G神父に「コーク養子協会」について検討してもらうことだけだと伝えた。……私は彼女に、アイルランドの処遇を受け入れるように迫った――私は彼女に次のようにはっきりと説明した。里親や保育所などを手配するなどということをいくら話してもまったく無駄であること、そしてわれわれの助言を受け入れないのであれば、彼女自身が非常に困難な状況に陥る可能性がきわめて高いこと。彼女は、もしカトリック以外の家庭に子どもを養子に出すことを検討しているのであれば、われわれは現状を彼女の父親に知らせる権限を持っている、ということは理解していた。（［　］内は引用者、以下同じ）

ギャレットによれば、ECRSのケースワーカーはPFIが主体的な選択をすることを抑制し、彼女たちの意向にかかわらず、アイルランド本国への送還を優先させ圧力をかける傾向が認められるという。こうした方策を可能にした背景には、独り異国の地に渡り、イングランドの雇用主や大家にも、また本国の家族にも妊娠を秘密にしておかなければならなかったという、PFIの非常に弱い立場があった。しかし同時に、PFIの個別的な事情よりも本国への送還を優先するイングランドのワーカーには、反アイルランド感情とまではいかなくとも、植民地主義的な傲慢さと、同じカトリックであるにもかかわらずPFIを自分の同胞を見なさないという意識が存在したと、ギャレットは述べている。実際にはPFIはイギリスに留まり続ける法的権利があったし、またアイルランドに戻っても母子ホームに入所しなければならない法的根拠は存在しなかった。にもかかわらず、E

ＣＲＳとＣＰＲＳＩという二つの組織は共に、あたかも法的権限があるかのようにＰＦＩの処遇を行ったのであり、これはこの時期のイギリスおよびアイルランドの母子「福祉」が法的根拠を欠いた社会統制戦略に方向づけられていたことを示している。さらにアイルランド本国への送致は、宗派的な背景も存在した。ＣＰＲＳＩはＰＦＩの存在、とりわけ彼女たちが自分で子どもの里親を探し出してしまうことを危惧したが、それはイングランドの里親に引き取られた場合、子どもはカトリックではなくプロテスタントとして育てられてしまうからであった。ＣＰＲＳＩは母子の受け入れ先としてアイルランドの母子ホームと連携しつつも、他方で出産後も母親を数年間にわたって拘束するホームのやり方を全面的に支持していたわけではなく、一九五〇年代にはその期間の短縮化と母親の負担の軽減を訴えたが、それは母親への過度の規律化が母子ホームの忌避、ひいては「子どもの信仰を犠牲にして」イングランドへの養子を増加させてしまう傾向を懸念したからであった(11)。

第三節　非嫡出子の処遇——社会からの放逐

⚜アメリカへの養子縁組

ホームに入所した子どもたちには、母親以上に厳しい現実が待っていた。一九二〇年代から一九六〇年代にかけて乳幼児死亡率は徐々に改善傾向にあったが、嫡出子に比して非嫡出子の乳幼児死亡率は五倍という高い水準を示した(12)。非嫡出子の三三人のうち一〇人は一歳の誕生日を迎えることができなかった。前述したチュアムの母子ホームでは、一九二五年から一九二七年のあいだに、生後一ヵ月から三歳までの子ども五七人が亡くなった。そのうち二一人ははしかが原因であり、他の子どもたちは痙攣、胃腸炎、気管支炎、結核、髄膜炎、肺炎によって命を落とした。一九三六年一二月には再びはしかの感染が拡大し、三歳以下の子どもたち二二人の命を奪った。

図 2-3　セント・ジョセフ・インダストリアル・スクールの少年作業場、ダブリン州アルティン（年代不詳）
Cited by Commission to Inquire into Child Abuse report, vol. 1, 2009.

一九三〇年から一九六〇年までに亡くなった子どもの病因はほかに、百日咳、貧血症、インフルエンザ、腎炎、咽頭炎、先天性心臓病、腸炎、てんかん、脊椎破裂、水痘、水腫、小児脂肪便症、出産時損傷、急性循環不全と多岐にわたった。たいていの場合、病死する子どもは三歳以下であった[13]。

さらに、一番危険な時期を幸運にも乗り越えた子どもたちのすべてが、その後無事に母親のもとに戻ったわけではなかった。子どもたちの一部はインダストリアル・スクールへと送り出された。「スクール」という名称こそ冠されているが、これらは貧困のため親が養育できない子どものための保護・矯正施設であり、一八六八年から国庫補助が開始されたのを皮切りに、宗教団体が設立・運営し、国家と地方自治体が財政基盤を支え、教育省が管轄する公的施設であった。ここには、親の困窮のため養育不能な子どもたちのほか、罪を犯した子ども、孤児などが収容されたが、未婚の母がホームで出産した子どもたちも、こうした子どもたちに混じってインダストリアル・スクールへと引き取られた[14]（図２‐３）。

非嫡出子を処遇するもう一つの方策が、非合法的な養子縁組であった。多くの子どもたちが、ホームを管理する修道女によって――しばしば母親の同意を得ずに――養子に出された。一九五二年に養子法が成立するまでアイルランドには養子縁組に関する法的規定が存在しなかったが、法律施行以前にも以後にも、ホームの子どもたちは主としてアメリカのカトリック家族へと養子として送り出された。モイラ・マグワイヤの浩瀚な研究[15]によれば、独立後のアイルランドにおける嫡出子と非嫡出子の処遇の在り方には決定的な差異が存在したという。養子法成立以前から非嫡出子は非合法的にカトリック教会および養子協会によってアメリカへと送り出されたが、それは国家及び地方自治体の経済的負担を軽減するという財政上の要因が優先された結果であり、かつ養子先の状況は――カトリックであるという宗派的条件および経済的条件を除けば――精査されることはなく、養子に出された後の追跡調査も行われなかった。一九五二年に養子法が成立するが、その直接の要因は、アイルランドが国際養子縁組に関する法的規制がないことにより、ほぼ人身売買に近い縁組を行うことができる「格好の狩猟場」になっている、という同時代の海外メディアによる報道に対して国家的威信を守ろうとしたという背景が大きく、子どもの福利や権利を保障しようとする観点から出発したものではなかった。成立した養子法によっても、アメリカへの養子縁組は年齢制限が課されただけであり、しかもその理由は子どもの利益というよりも、子どもの改宗を防ぐという機能を期待してのものであった。そして、非嫡出子には養子縁組のため容易にパスポートが発券された一方で、嫡出子には、たとえ孤児であったとしても、パスポートは発券されなかった。マグワイヤによれば、未婚の母および非嫡出子には共和国憲法が保障する人権は適用されないということが、未婚の母と非嫡出子の処遇を行うエージェントが共通して持っていた前提であった。「国民すべての子どもを平等に育む」というアイルランド共和国の理念と、家族と信仰を道徳の基盤として考えるカトリック教会のあいだの矛盾が最も先鋭的に現れるのが非嫡出子の存在であり、アメリカへの養子縁組は、国内におけるこうした矛盾を国外へと持ち出すことによって、国家と教会の潜在的な緊張関係に便宜的な「解決」をもたらした。しかしこれは他方で、嫡出子と非嫡出子の差別的処遇を温存させ、子どもの福祉や権利を保障するという観点を後退させた。産みの親の権利を最大限に保証しながら、非嫡出子に関しては母親の権利と国家の養育責任の双方を実質的に放棄することで、養子をめぐる法的処遇は、「国家が「普通の」家族としてイメージするものに合致する人々の権利しか守らない」ことを容認することになったからである。(16)

⚜嬰児殺害

さらにマグワイヤの研究によれば、非嫡出子の権利や生存への軽視は、国際養子縁組という国外への「放逐」よりもさらに、嬰児殺害という社会・生存からの「放逐」という極限的なかたちでも現れた。そもそも、アイルランドは嬰児殺害に対して非常に「寛容」な社会であった。一九二三年から一九六〇年までに中央刑事裁判所および巡回裁判所で処理された嬰児殺害は五〇六件であったが、そのうちの一七%を占める八七件に関しては、一日から五年までの幅の懲役刑が下されている。二一%を占める一〇九件が、六週間から三年間までのマグダレン・アサイラムへの収監、そして全体の五六%を占める二八五件は、被疑者を免罪するという判決を下していた。一九四九年に成立した嬰児殺害法は、殺人一般と嬰児殺害の区別を導入するものであったが、それは嬰児殺害をする母親は妊娠・出産を経て「正常な精神状態にない」可能性があるため、完全に自分自身の行動に責任が持てない場合があるという前提にもとづいていた。嬰児――そのかなりの部分は非嫡出子――殺害に対するアイルランド社会の「寛容さ」の背景には、嬰児殺害に手を染めてしまうのは、貧しく、男にだまされて絶望し、パニックと羞恥に駆られ一時的な気の迷いから罪を犯してしまう若い女性である、という前提が存在し、嬰児殺害法もこうしたイメージに依拠していた。結果的に嬰児殺害に対する減刑を促進するこの法令について、生命の神聖性を主張して断固とした人工中絶反対運動を主導していたカトリック教会は、驚くべきことにほとんど公的コメントを寄せず、法案の成立および法令の施行を黙認した（その一方で、こうした嬰児殺害の「元凶」である婚前交渉を助長し性道徳を退廃させるダンス・ホールの法的規制に対して、カトリック教会は並ならぬ精力を傾けた）。嬰児殺害者の「犠牲者化」は、女性に伝統的な母親役割をあてがい続けるというジェンダーに関する社会統制の機能と、新たに建設された共和国の土台となるべきカトリック的な道徳性と純潔さという体面を維持するというナショナリズムに対する機能が期待されたがゆえに、カトリック教会と国家双方によって推進されたのであった。

しかし、実際に嬰児殺害の罪で訴追された女性の大半は、こうしたイメージに合致したわけではなかった。嬰児殺害に関する裁判記録からは、こうした想定とは異なる女性の姿が浮かび上がる。一九四三年一二月に新生児を殺害した罪で起訴されたモーリーン・グリーンは、罪を認めた上、一八歳の時から複数の男性と「関係を持った」と供述した（犯行時、彼女は二二歳）。彼女は、「過去四年の間に、四、五人の男性と関係を持っ」ており、おそらくは性的な事柄に無知であったというよりも、妊娠・出産をあり得べき帰結として十分予測しながら性交渉を行っていたことが推測される。一九三五年三月に嬰児殺害の罪で起訴されたフィリス・オニールは、当時一九歳であった。オニールは、「一九三四年の三月か四月ごろ、コーク州マローの近くで、リーヒさんという方の会社で働いていました。そこで私は何人ものハンサムな男性と付き合い、妊娠しました」。オニールは、自分の評判を守ろうとすることも、妊娠を隠そうとすることにも関心がなかった様子であった。一九三四年に同じく嬰児殺害の罪で起訴された一七歳のテス・クラークは過去二年間「ある男性と交際していた」が、殺害した子どもの父親がはたしてその男性なのかどうかはわからない、と証言している(17)。

裁判記録から浮かび上がるこうした女性たちの姿は、不運にも道徳的に過ちを犯した犠牲者、という伝統的な未婚の母および嬰児殺害を行った母親のイメージを裏切るものである。嬰児殺害は、避妊や中絶と同様バース・コントロールの一つの手段であり、しばしば女性たち自身の合理的な選択や主体的な判断の結果として行われた。

もちろん、女性たちがこうした「主体性」や「選択」を余儀なくされたのは、他の国々であればより容易に利用可能なバース・コントロールの手段を行使することが決定的に困難であったという、カトリック信仰を基盤とするアイルランドの社会状況に起因していた。一方でアメリカへの国際養子縁組を大規模に行うことと、他方で嬰児殺害の加害者を「犠牲者化」し減刑・免罪することは、ともに非嫡出子という社会の中で最も弱い存在を救済するのではなく、逆に彼らの存在を社会そのものから放逐し犠牲にすることによって、カトリック国として新たに独立したアイルランド共和国の自己イメージを守る機能を果たした[18]。

もっとも、マグワイヤはカトリック教会のみに責任を帰そうとはしてはいない。マグワイヤが強調するのは、国家内部および国家と教会、地方自治体とのあいだの葛藤や見解の差異であると同時に、それらとは相対的に独立したアイルランド社会、あるいは共同体の責任である。たとえば、嬰児殺害へと女性を向かわせたのは、国家の福祉政策の不備やカトリック・イデオロギーである以上に、未婚の母・非嫡出子のいる家族に対する近隣コミュニティの、そして場合によっては家族や親類内部からの暴力であり、差別であり、それらが帰結する、彼らの生存に関わる不都合であった。一九四三年にやはり嬰児殺害で起訴されたタラ・マーフィの事例は、未婚の母を嬰児殺害へと至らせてしまう大きな要因が家族や近隣コミュニティの存在であることを示している。タラの証言によれば、出産予定のおよそ二ヵ月前、タラの父親は、娘が妊娠しているのではないかという近隣の噂が本当であるかどうか、タラに確かめようとした。タラはその場では否定したものの、父親はもしそれが事実であれば、「お前の喉を掻き切ってやる」と娘に言い放った。出産後、タラは赤ん坊を絞殺したが、なぜ赤ん坊を殺したのかと問われると、彼女は次のように答えた。「父［と母］が怖かったんです。もし母がこのことを知ったら、父にそれを話してしまうと思ったから」。タラの母親も娘の妊娠を疑っていたが、母親は娘の不名誉を憤る以上に、それが父親に知られてしまうことを怖れていたようである[19]。望まない妊娠が生じた場合、家族がどのようにそれに対処するのかという参照枠は、法的、社会的、宗教的な基準である以上に、「近隣からどのように思われるか」であった。娘の妊娠や嬰児殺害は知らなかったとして、娘を裁判所やマグダレン・アサイラムへと差し出すことによって、コミュニティ内部での立場を守ろうとする家族もあれば、妊娠を知りつつ、また出産にも立ち会った上で嬰児殺害に手を貸し、出産そのものを隠ぺいしようとする家族もあった。個人の道徳的あるいは性的振舞いを統制していたのは、宗教的なイデオロギー以上に近隣コミュニティそのものであった。コミュニティ内部での家族の立場や評判、あるいは生計が脅かされる怖れがある場合には、子どもの命はそれとの比較考量の後、いとも容易く打ち捨てられた。こうした事実を踏まえて、マグワイヤは次のように述べている。

確かにカトリック教会は非常に細かいところまで人々の振る舞いのコードを同質化しようと試みた。しかし、近年明らかにされたさまざまな心性や出来事に対するあらゆる責任を彼らに負わせようとするならば、それはアイルランド議員、政治家、そしてアイルランド国民全体が、社会的、政治的、あるいは宗教的な主体性（agency）をまったく持っていなかったと想定することになる。本書が示すように、アイルランド社会に生きるあらゆる階層の人々は、しばしば自己利益や保身のためだけに行動していたし、貧民、非嫡出子、虐待されている子どもたちをどのように処遇するかという問題に対しては、とりわけそうであった。道徳に関するカトリックの教えは、彼らの優先順位のリストのなかで、いつも最優先すべきものとして位置づけられていたわけではない。[20]

ここでマグワイヤが念頭に置いているのは、母子福祉事業に関するスキャンダルである。インダストリアル・スクールでの児童虐待――とりわけ性的虐待――、マグダレン・アサイラムにおける未婚の母の強制労働、母子ホームを仲介した親の同意なしの国際養子縁組など、国家や地方自治体からの補助を受けてカトリック教会が運営していた施設の内実に対する告発が、一九九〇年代から二〇〇〇年代にかけて次々と行われると同時に、時にジャーナリスティックかつ感情的なカトリック教会バッシングを惹起した[21]。マグワイヤの著書の意図は、こうした流れを修正し、より実証的な根拠にもとづいた議論の必要性を示唆することにある。マグワイヤは新聞、裁判記録、政府調査報告書、議会議事録、アイルランド児童虐待防止協会（Irish Society for the Protection of Cruelty to Children）のケース・ファイル等、広範な一次史料を用いつつ、カトリック教会やそれが運営していた施設に対する告発や非難を丹念に分析し、より広い歴史的・社会的文脈に位置付けることに成功している。マグワイヤ自身が明瞭に述べているわけではないが、施設収容者――特に未婚の母――の体験のみに焦点化し、彼女たちをもっぱら「犠牲者」として表象するということは、むしろ嬰児殺害に手を染めた母親たちをあまねく「犠牲者」として免責し、結果として非嫡出子に社会のあらゆる矛盾を押し付け、その生存さえも容易に犠牲にしたかつてのアイルランド共和国およびカトリック教会の姿勢と通底するのではないかというメッセージを、読者は彼女の浩瀚な研究に読み込むことができる。カトリック教会のみを指弾して事足れりとするのではなく、一方で独立後のアイルランド共和国が置かれた国際的な状況と、他方で地域社会やコミュニティ、家族といった親密圏に埋め込まれた暴力や差別という観点の双方から未婚の母と非嫡出子の体験を描き直そうとするマグワイヤの著作は、アイルランド子ども史研究の確かな出発点を提供していると同時に、今後の研究の方向性を指し示すものであると言えよう。

⚜おわりに

未婚の母と非嫡出子という観点から眺めた場合、二〇世紀前半のアイルランドにおける救済事業は、母子双方への支援というよりもむしろ、母親の救済と子どもの救済とが決定的に断裂しているという点にこそ、その特徴があったと言わなければならない。未婚の母は、具体的な個々の救済実践においても、またそうした実践の枠組みを構成する法的な枠組みにおいても、そもそも子どもを育てる能力や権利を持った存在として認められなかった。むしろ多くの場合、母親の生存は、どのような手段であれ、実の子どもとの関係を完全に断ち切ることによってはじめて保障された。これに対して子どもたちの生存は、端的にその犠牲となった。多くの子どもたちが劣悪な養育環境と疾病によって、あるいは最悪の場合嬰児殺害というかたちで犠牲になり、かろうじて生存することができた子どもたちも、引き取り先での虐待、労働、不十分な教育、生涯にわたるアイデンティティの危機という重大な副作用を抱え込むことになった。母子福祉事業が基本的に女性のセクシュアリティの問題と見なされる限りにおいては、言い換えるならば宗教、道徳および教育の問題と見なされ、子どもの福祉や権利の問題とは見なされないという時代状況の下では、その実践は必然的に非嫡出子の生存を保障するというよりも、むしろ彼らの生存を脅かす機能を果たした。そして非嫡出子に最も犠牲を強いるこの構造を創り上げ維持していたのは、政策決定を行う国家やそれに強い影響力を持ったカトリック教会といったエージェントだけではなかった。この構造は未婚の母およびその家族を取り巻く共同体の持つ社会通念や差別意識によっても支えられていたのであり、母子ホームや国際養子縁組の減少・消滅は、政策の変化というよりも、一九七〇年代以降、未婚の母という地位がアイルランド社会においても、もはや生存を左右するほど決定的な社会的スティグマとはならなくなったという、社会の一般通念の変化によるものであった。もっとも、こうした特徴をアイルランドの特殊性に帰すことに関しては、十分に慎重でなければならない。タラ・ザーラが子ども難民を事例として明らかにしているように、子どもの福利よりもナショナリズムの再強化という政治的論理が優越するという事態は、第二次大戦後のヨーロッパにおいて広く認められる傾向であった[22]。また、母親の保護と子どもの保護のあいだに一定の緊張関係が存在したこと、捨て子の処遇に国家以外のさまざまなエージェントが関係したこと、とりわけ児童労働需要を背景とした民間のネットワークの介在が大きな役割を果たしたことは、捨て子をめぐってなされた最近の比較史研究で改めて強調されている[23]。異なる地域や時代を対象としている以上安易な比較は慎まれるべきであるとしても、アイルランドにおける非嫡出子の処遇のあり方を単純にカトリック教会の圧倒的な影響力に帰してしまうならば、それは近年の研究成果の最も重要な意義を捉えそこなっていることになる。

さらに、未婚の母と非嫡出子に視点を置くならば、アイルランドにおける母子福祉事業は単に道徳的・宗教的規律化でないことはもちろん、福祉国家における社会統制という枠組みにさえ収まりきらない側面があることに気づかされる。未婚の母と非嫡出子をめぐる一連の問題は、ＰＦＩの送還や養子縁組を担うため、多国間で連携するさまざまなエージェントとの関係を示すと同時に、一見国家と教会の関係によって構成されるように思われるナショナリズムが、こうしたエージェントを媒介とした国際的かつイデオロギー的な文脈において規定されていたことを明らかにしている。児童労働史家であるヒュー・カニンガムは、一九世紀ヨーロッパの先進諸国で生じた児童労働の減少は、従属地域の児童労働の増加および大規模かつ組織的な児童移民の存在と結びついていたことに言及しつつ、児童労働史家は帝国史研究に学びグローバルな視点を持つ必要があるという問題提起を行っている[24]。おそらくこの指摘は児童労働のみならず、児童保護の文脈にも等しく妥当するであろう。アイルランドにおいて児童保護は決して一国内部で完結する国内政策だったわけではなく、アメリカとイングランドを中心に複数の国家にまたがる構造のなかに組み込まれていたからである。

ところで、前述したように、こうした主題に関する研究はすでに二〇〇〇年代において進められてきたが、とりわけこの数年において、メディアで大々的に扱われることによって、改めて注目が集まっている。これまでタブーであったこうした問題が近年改めてメディアに取り上げられるようになった背景には、アイルランド社会におけるカトリック教会の影響力の低下と、二〇一一年にアイルランド統一党党首エンダ・ケニーが労働党と連立

図 2-4　人工中絶の合法化を求め、レンスター・ハウス（アイルランド国会議事堂）の前でデモをする人々（2012 年 11 月 14 日、ダブリン）。母体に危機が迫っていたにもかかわらず中絶手術を拒否され、結果死亡したインド人女性サヴィータ・ハラパナヴァルの写真を掲げている。
©Photograph Peter Muhly/ AFP

政権を樹立し、以前に比してややリベラルな政治状況が創出されたことがあるだろう。ケニー首相はマグダレン・アサイラムに関して国家責任を認め謝罪し、未成年者への性的虐待の事実を隠ぺいしたとしてローマ法王庁を非難し、アイルランド在住のインド人女性が人工中絶を拒否され死亡した事件を受けて人工妊娠中絶を一部合法化する等、従来の親カトリック路線とは明らかに一線を画した対応を行っている（図２-４）。さらに本章を執筆している二〇一五年五月二三日には、同性同士の結婚を認める憲法改正の是非を問う世界で初めての国民投票が行われ、その結果、賛成多数で改正案が承認され大きな話題となった。もっとも、カトリック・イデオロギーからの脱却と人権に関わる「ヨーロッパ基準」への同調と呼ぶべきこの対応は、歳出削減と増税、外資企業の誘致によって財政赤字を縮減するという経済政策における「ヨーロッパ基準」への同調とともに、ＥＵとＩＭＦからの財政支援を受けるための条件として、すなわちアイルランドの新自由主義化の一局面として考えることもできる[25]。かつての悲惨な母親および児童の処遇と同様に、現在行われているその再発見と問題化それ自体も、おそらくはアイルランドが置かれた国際的な文脈に規定されて進展していると言えよう。

注

（1）Catherine Corless, "The Home", *The Journal of the Old Tuam Society*, No. 9, 2012. コーレスの研究の結果は、さまざまな新聞やメディアでも取り上げられたが、詳細なものとして、"Explainer: What is happening with the possible mass grave of children in Tuam?", *The Journal ie*, Saturday 7 June 2014［http://www.thejournal.ie/explainer-tuam-babies-1502773-Jun2014/］（最終閲覧日二〇一五年七月二四日）を参照。

（2）イギリス保健省による中絶統計の結果を「アイルランド家族計画協会」が集計したものによる［https://www.ifpa.ie/Hot-Topics/Abortion/Statistics］（最終閲覧日二〇一五年七月二四日）。

（3）Maria Luddy, "Unmarried Mothers in Ireland, 1880-1973", *Women's History Review*, 20 (1), 2011, pp. 110-111.

（4）*Ibid*., pp. 112-116.

（5）*Ibid*., p. 117.

（6）Paul Michael Garrett, "The hidden history of the PFIs: The repatriation of unmarried mothers and their children from England to Ireland in the 1950s and 1960s", *Immigrants & Minorities: Historical Studies in Ethnicity, Migration and Diaspora*, 19 (3), 2000.

（7）*Ibid*., pp. 31-32.

（8）*Ibid*., pp. 32-33.

（9）*Ibid*., pp. 33-34.

（10）*Ibid*., pp. 34-36.

（11）*Ibid*., pp. 36-37.

（12）Luddy, "Unmarried Mothers in Ireland, 1880-1973", p. 118.

（13）Corless, "The Home", pp. 17-18.

（14）Mary Raftery and Eoin O'Sullivan, *Suffer the little children: The inside story of Ireland's Industrial schools*, Dublin: New Island Books, 1999.

（15）Moira J. Maguire, *Precarious Childhood in Post-Independence Ireland*, Manchester University Press, 2009.

（16）Maguire, *Precarious Childhood*, chapter 4; do., "Foreign Adoptions and the Evolution of Irish Adoption Policy, 1945-52", *Journal of Social History*, Vol. 36, No. 2, 2002. さらに、送り手の側に宗教とナショナリズムの問題が存在したとすれば、養子の受け入れ先には人種差別主義が存在した。アメリカの里親がアイルランドの非嫡出子を養子として迎え入れること好んだのは養子に関する法的規制が緩やかであっただけではなく、アイルランドの非嫡出子には「黒人の血」が混じる可能性がほとんどないという、人種差別主義的な理由が存在していたからである（Paul Michael Garrett, "The abnormal flight: The migration and repatriation of Irish unmarried mothers", *Social History*, 25 (3), 2000, p. 334）。

（17）Maguire, *Precarious Childhood*, p. 205.

（18）*Ibid.*, chapter 6.

（19）*Ibid.*, p. 207.

（20）*Ibid.*, p. 8.

（21）マグワイヤの著書のなかでとりわけ厳しい批判の対象となっているのは、前掲の Rafferty and O'Sullivan, *Suffer the little children* である。この書物に代表される一九九〇年代の告発とメディア・キャンペーンの圧力に対して、二〇〇〇年には「児童虐待調査委員会法」が制定され、調査委員会が発足した。調査委員会は虐待被害者への聞き取りと、孤児院、障害者施設、更生施設等の実態調査を中心に活動を行い、二〇〇九年に最終報告書（ライアン報告書）を提出した（ライアン報告書はインターネット上で公開され、全文が閲覧可能である［http://www.childabusecommission.ie/rpt/index.php］最終閲覧日二〇一五年七月二四日）。そこでは、一九三〇年代から広範囲にわたる関連施設、とりわけカトリック系施設での恒常的な虐待――体罰、ネグレクト、性的虐待、心理的虐待等――の存在が明らかにされるとともに、カトリック教会と政府双方が虐待の存在を知りつつ隠蔽したことが明らかにされた。政府とカトリック教会は事実を認めて謝罪し、また虐待被害者に対する賠償を行うこととなったが、他方で報告書では個々の虐待を行った加害者名は公開されなかったため、加害者の刑事訴追を阻むものとして、被害者や支援団体を中心に激しい批判が続いている。マグワイヤの著書は、こうしたメディア主導のカトリック・バッシングに対する批判と修正を企図したものであるが、決して親カトリック、あるいはカトリックによる反批判の立場にたつものではないと筆者は理解している。

（22）Tara Zahra, *The Lost Children: Reconstructing Europe's Families after World War II*, Harvard University Press, 2002.

（23）橋本伸也・沢山美果子編『保護と遺棄の子ども史』昭和堂、二〇一四年、第Ⅱ部。同書に収められた江口布由子の論考（第五章「近現代オーストリアにおける子どもの遺棄と保護」）、また本書第Ⅰ部の江口・姉川の両論考からは、捨て子や非嫡出子をめぐる処遇に関して、アイルランドと東欧のあいだに、差異よりもむしろ多くの類似性を認めることができるのではないか。

（24）Hugh Cunningham, "Child Labour's Global Past", in: Lieten and Meerkerk ed., *Child Labour's Global Past, 1650-2000*, Peter Lang, 2011.

（25）人工妊娠中絶の部分的合法化が認められた二〇一三年七月以前のものであるが、たとえば『ニューヨーク・タイムズ』の記事は、アイルランドにおける中絶反対派が、ケニー内閣によって遂行されているリベラルな政策を、アイルランドの主権が侵害され「ヨーロッパ基準への準拠」を強いられていること、つまりＥＵとＩＭＦからの財政支援を引き出すための配慮の結果であると感じていることを示している（Carol Ryan, "Irish Poised to Revisit Abortion Law", *New York Times*, Feb 21, 2012〔http://www.nytimes.com/2012/02/22/world/europe/22iht-letter22.html〕最終閲覧日二〇一五年七月二四日）。アイルランドの財政危機とＥＵからの支援に関しては、河野健一「債務危機克服に健闘する小国アイルランド——現況の分析と経済再建の見通し」『長崎県立大学国際情報学部研究紀要』第一四号、二〇一三年、参照。

第三章

「支援に値する」家族の選別における道徳と返済能力

――ハンガリーの「生産的社会政策」（一九四〇―一九四四）と地域社会

姉川雄大

✤はじめに

一九世紀末以降のヨーロッパ諸国では、国家は国民集団の最小単位としての家族の健康と道徳に、したがって性道徳に介入すべきものとされるようになっていた。戦間期には、「専門性」「科学性」によって国家による家族の生活と道徳への介入が正当化され、その場合の「科学」を代表する優生学は、国民集団を「汚染」から守り質の劣化を防ぐ拠点として家族をみなすようになった。ここで汚染源として家族と国家を脅威にさらすものとは、ある階級や人種の集団全体であり、これが国民の内なる敵を構成した。つまり国民も、またその健康を脅かすものも人種として把握されるのであれば、問題は国民の生殖のあり方となるため、これを国家が一定の家族規範によってコントロールすべきだと考えられたのである。マーク・マゾワーは、戦間期ヨーロッパにおける国家を、このような「人種福祉国家」として特徴づける。(1)

このような国家を人種福祉国家と呼ぶならば、これは北欧・西欧・合衆国を含めた戦間期西洋世界全体、また日本も含めて広くみられる問題と考えなければならないが、(2)マゾワーは人種絶滅に至った極端な例である第三帝国を類似性の中に埋没させることには慎重である。[3] それでは、東欧の権威主義国家では人種福祉国家はどのように観察されるだろうか。[4] ハンガリーの歴史家ウングヴァーリ・クリスティアーン[5]は、ナチに占領され傀儡政権が成立する以前のハンガリーにおける、ホロコーストに連なるような人種政策の存在を指摘した。ウングヴァーリによれば、戦間期ハンガリーにおいて人種政策が国民の福祉と健康の増進という目的をうたって推進されたように、社会政策と人種主義は相互補完ないし相互強化の関係にあり、人種政策は社会各層の自発性にも支えられていた。[6]

戦間期ハンガリーにおける社会政策と人種主義の結合をもっともよく示すのは、一九四〇年に導入された全国民衆家族保護基金（Országos Nép- és Családvédelmi Alapm：以下、ＯＮＣＳＡと略記）による生産的社会政策（produktív szociálpolitika）である。同政策は、第二次世界大戦以前のハンガリーにおいて最大の社会政策であり、多子家族を対象とする支援を中心に、農村の貧困・居住・失業問題に取り組んだものである。同政策を研究したシクラ・ドロッチャによると、同政策は「科学に基づいた大規模なプログラム」であったと同時に、剥奪したユダヤ財産の分配機能と被支援者選択の際の人種選別機能を併せ持っており、また性別役割分担に基づく核家族規範の強化をすすめようとするものでもあった。[7] すなわち、戦間期ハンガリーにおける人種福祉国家としての性格が結晶化したものとして、この政策を考えることができる。

ここではＯＮＣＳＡの生産的社会政策を対象として、人種福祉国家における包摂と排除の問題を検討する。ＯＮＣＳＡによる再分配の資源がユダヤ財産の没収という人種排除によって調達されていたことを、すでにシクラが明らかにしており、この排除の側面は明確である。しかし排除の側面が人種政策による剥奪、包摂の側面が社会政策による支援というように単純に分類できるとは考えにくく、支援の諸場面における包摂と排除の選別が検討されるべきであろう。シクラは人種のほか、労働の能力や意欲、道徳、態度、政治的傾向などによる選別に言及するが[8]、この選別の実態はどのようなものだったのか。

同じくＯＮＣＳＡを研究したハーモリ・ペーテルは、同政策による貧困支援の実施の際に、在地社会のインフォーマルでパターナリスティックな権力関係が選別システムとして働いたことを示唆するとともに[9]、この政策によって国家組織がどこまで人々の生活の実態に影響を及ぼしたのかを検討する必要性を指摘している[10]。この課題は、人種福祉国家の支援における包摂と排除の選別の実態を明らかにするという目的に適した問いであろう。したがってこの章では、戦間期ハンガリーの生産的社会政策における国家と在地社会の関係を、特に包摂と排除の選別がどのような基準で行われたのか、またその基準は支援者と被支援者の接触場面でどのように機能したのか、という点から明らかにしていきたい[11]。

第一節　全国民衆家族保護基金による「生産的社会政策」

一九世紀末のハンガリーでは、工業化・都市化に伴って社会保障制度や公衆衛生法制も整備されつつあったが、都市の労働者や貧困層の拡大によって生じた諸問題がこれによって解消されたとは考えられていなかった。世紀転換期に社会問題を解決すべき課題として認識することは、貧困層を犯罪や不道徳と結びつけて危険と見なし、彼らを教育によって矯正しなければならないという発想に立つことも意味していたからである[12]。二〇世紀初頭にブダペシュト市、国営企業、政府などによって行われた住宅整備事業には、単に居住する空間を提供するというだけでなく、適切な住居を通じて労働者たちに、中産階級の家族をモデルとした生活スタイル、振る舞い、道徳などを教育するという目的も含まれており、大学生や中産階級の女性が実際に労働者街に赴くセツルメント運動も同様の目的で開始されていた[13]。

これらの経験を活用する形で、一九三〇年代末にペーチ市とサトマール県で、また一九四〇年からＯＮＣＳＡによって全国で、新たな社会政策が展開された。同基金による社会政策は、それまでに比べて大規模であること、主に農村や地方都市の貧困な多子家族に対する支援を目的としていることのほか、この支援を貸与によって行うという特徴をもっていた。ＯＮＣＳＡの活動の全体像については、支出額の面からおおまかに見ることができる。同基金の支出のうち返済されることを想定した支援の支出は、主に農村における「生活が危機的状況にさらされている、主として農業に従事する家族への支援」と「支援を必要とする者の経済的独立支援」が約四割（一九四一年度三八・五％、一九四二年度は三九・七％）であり、ほかに三割程度の都市における社会福祉事業への支出を含め、七割にのぼった。(14) 貸与の形をとった支援のうち最大のものは居住支援であり、住宅地建設による住居供給や住宅購入ローン提供のほか、水害被災住宅の再建設や補修費用支援を行った。住宅地のほか農地分配を含め、旧ユダヤ財産である五ホルド以下の土地片再分配も、この枠組みにおける支援の一環として行われた。このほか、果樹などの植物、小麦、役畜大小動物の供給や、家具整備などの結婚生活スタート支援ローンの提供も行われた。(15)

新しい社会政策の考え方は、それ以前の貧困救済策に対する批判から始まっていた。それまでの発想における救済に対しては、たとえば失業保険であれば、それが労働者を「怠惰にする」「道徳破壊的な結果」に至ってしまうと批判されるようになった。(16) 生産的社会政策という新しい社会政策の理念はこれと反対に、支援によって被支援者が「単なる受け手」ではなくハンガリー経済の「生産的な」アクターになることをめざすものだった。(17) 生産的社会政策は、そのために貸与支援を中心とする新たな社会政策として構想された。ハンガリー社会福祉史を整理したフェルゲ・ジュジャによれば、「教育的効果」が欠けていたそれまでの社会政策と異なり、貸与による支援はそれによって農村の貧困な家族が経済的に自立することになるという点で「生産的」である、とされたのである。(18) なぜそうなるのか。一九四二年に政府当局によって制作され、広く配布されたパンフレットによれば、貧しい者にとって「名誉（becsület/ honor）こそ信用（hitel/ credit）」であるため、「銀行預金」ではなく「労働意欲、勤勉、労働能力という道徳的財産」が重要なのであり、これを備えた者が「支援に値する」と考えられていた。[19]また、ＯＮＣＳＡの機関誌でも「社会政策で大切なのは自立支援」であると述べられているほか、「福祉には教育によってもたらされる道徳的側面」が重要だとされている。[20]つまり、貸与支援に値する者とは道徳的な意味における返済能力を備えた者であり、同時に、この能力は支援を通じて教育されるものと考えられたのである。また、このとき教育によって生産的になるのは個人ではなく、国家と社会の「必然的に一つの種子」である「家族」[21]という単位だと考えられていたため、支援は家族に対して行われ、この場合の教育とは正しい「家長」と「主婦」になるためのものと想定されていた。このことが生産的社会政策のもう一つの大きな特徴だった。

「生産的」な支援、という考え方は、福祉の主体としての国家に独占されているものではなかった。キリスト教社会運動の一翼を担った青年組織、カトリック農業青年協会全国組織（Katolikus Agrárifjúsági Legényegyesületek Országos Testülete：以下、ＫＡＬＯＴと略記）が、農民の知識の向上と自覚的な農村の指導者を育成するための人民高等学校運動にかかわる費用について、ＯＮＣＳＡの支援を願い出たことがあった。[22]これに対して内務省および社会福祉管理局は、検討の結果援助の実施を決定した。このＫＡＬＯＴの事業に対する支援にあたって、これは農業経営改善に関することで農業省の管轄であり、ＯＮＣＳＡの枠組みとは異なるということが問題とされた。しかし、内務省はＫＡＬＯＴなどのように「適切に指導されているまじめな人民高等学校ほど、完全な形で貧民の道徳と精神の向上に従事している要素というのは、他にほとんどない」と評価し、「ＯＮＣＳＡは多子家族の自立支援以外を目的としていない」ものの、「これがハンガリーの社会政策の第一級の使命ではない、という証拠は見つけられない」とする。したがって、「人民高等学校を良く、そして正しく実施している社会組織、つまり、ＫＡＬＯＴ……の運動は、偉大な国民的目的の観点のため……目的にかなったことと考えなければならず、これらに対して援助がなされなければならない」と結論付ける。[23]ＯＮＣＳＡに想定された通常の援助から逸脱するＫＡＬＯＴへの援助が決定された理由は、ＫＡＬＯＴの提案する社会教育活動が政策と一致した目的を持っているからである。それは「貧民の道徳と精神の向上」だけではなかった。内務省の内部資料では、「この最大の、そして最良の効果によって、ハンガリー人民の道徳的精神的な向上だけでなく、経済的な強化と競争力の向上も見込める」ことが強調され、「管轄外ではあっても」援助を決定した理由は、受講者が「経済的生活を準備するために勤勉さを学ぶことは、社会政策の最重要の課題」であるため、と述べられている。[24]つまりこの援助の事例は、ＯＮＣＳＡによる社会政策において、それが生産的社会政策であることがいかに重視されていたかを示している。

もちろん、ＯＮＣＳＡの本来の支援においても、生産的であるということが決定的な役割を果たしていた。先述の通り、貸与支援であるため、返済能力の有無が問題とされ、これが支援対象の選別の際に基準となるからである。たとえば、ある県の住居支援における支援対象候補者（申告者）と実際に支援対象となった家族を、職業別割合によって比較すると、ある程度収入が安定している層の選抜倍率が若干低くなる傾向があった。このことからは、支援可否の判断に経済的な返済能力の有無や程度が多少とも影響していることが示唆される。[25]とはいえ、道徳的な返済能力が重視されていたことは先述のとおりであり、また財産や収入に限らずに返済能力を考えるとすれば、経済的か道徳的かの区別も明確にならない。支援対象の選別と決定とがどのように行われていたのかを、具体的に検討する必要がある。

ＯＮＣＳＡの本来の支援は、以下のような流れで行われる。支援を必要とする多子家族（子どもが四名以上）の者は、まず県や市の担当部局にそれを申し込むことになる。これに対して各県や市において、その専門職員である社会福祉専門指導員（szociális szakelőadó）や、公共福祉組合（Közjóléti Szövetkezet）に属するソーシャルワーカー（szociális gondozó (nő)）がこれに対応する。[26]彼らは家族ごとに家族構成、民族帰属や言語、宗派、住居の状況、

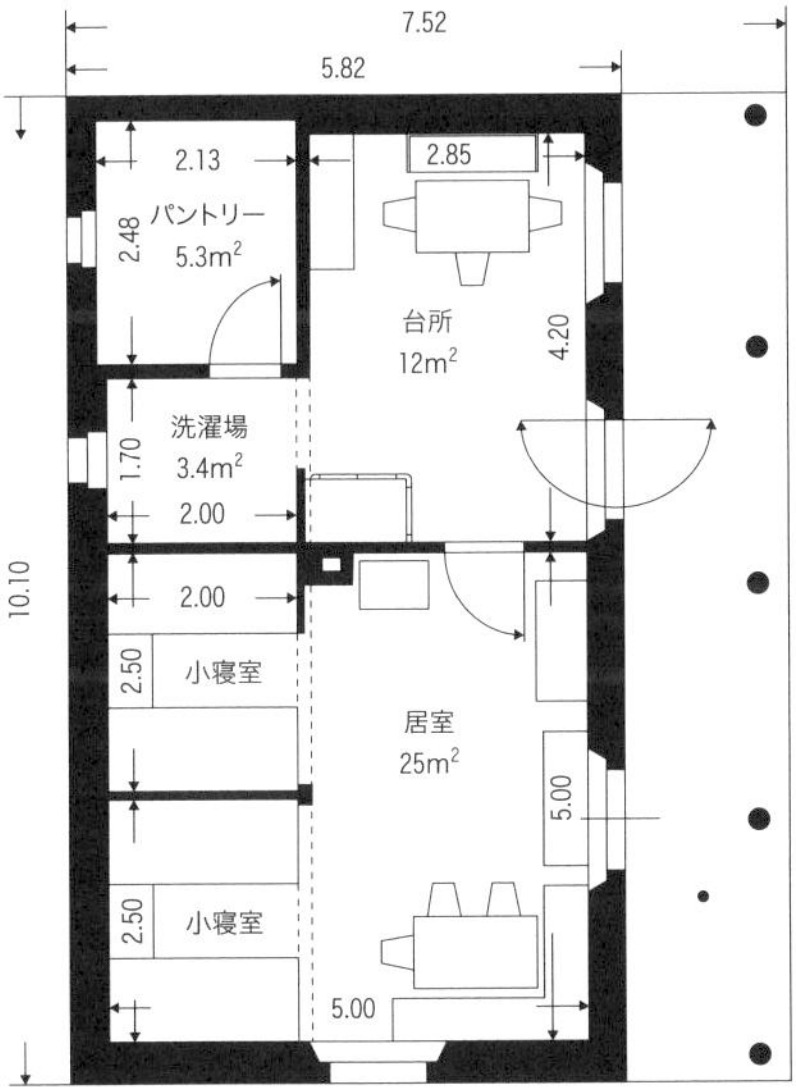

図 3-1
左上：ONCSA によって建設・提供された家族用住宅
左中：ONCSA によって建設・提供された住宅と家族
左下：ONCSA によって提供された役畜（牛）と家族
右下：ONCSA による女性向け裁縫教室の様子
出典：[Országos Szociális Felügyelőség], *Magyar nép - és családvédelem*, [Budapest: Pallas Ny.], 1942, 上から掲載頁 [7, 9, 14, 17]

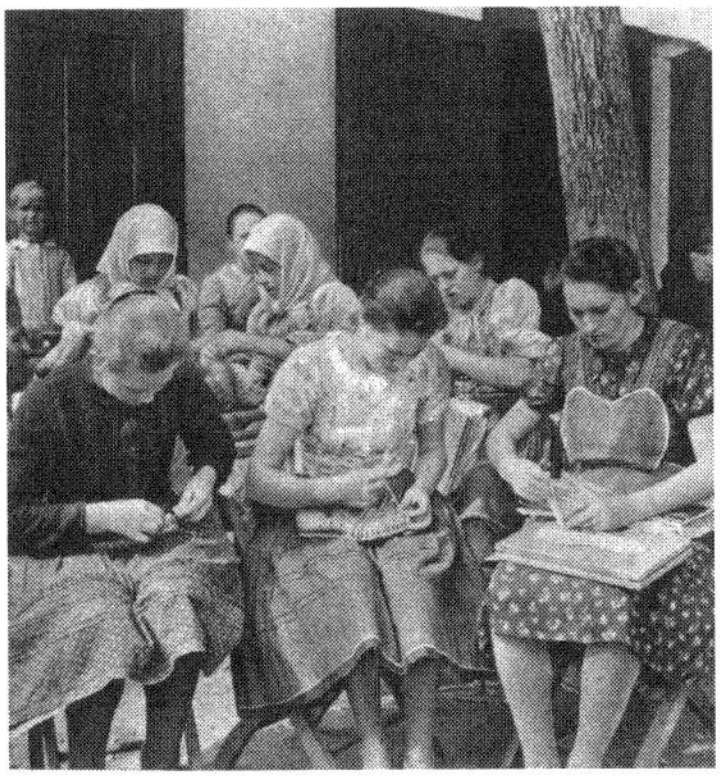

収入の状況などを調べ状況調査票（környezettanulmány）に記入し、援助が必要であり、援助に値し、援助に対して返済能力があるかどうかを確認、その旨を同調査票に付して、内務省の外局であり公共福祉組合を束ねる機関でもある全国社会福祉管理局（Országos Szociális Felügyelőség）に送付する。社会福祉管理局はそれに基づき、援助をするかどうか、またその額などについて、内務省に対して提案する。内務省はこれを受けて、ＯＮＣＳＡによる支援を決定し、その実施を各県や市に指示することになる。内務省によってＯＮＣＳＡから配分された費用は、各県や市の責任において執行されることになる。つまり、支援対象家族の選別には二つの段階があった。最終的な段階は社会福祉管理局と内務省による決定だが、その前に支援対象候補が絞り込まれており、これはソーシャルワーカーらが現場で直接家族に対面して判断しているため、ここにおける選別の実態が重要な意味を持っていると考えられる。それでは、どのような人が最初の選別を行っていたか、その際に何が選別基準となり、支援者と被支援者の接触する場面でそれはどのように機能したのか。

第二節　支援者養成・採用における国家と社会

政府と社会福祉管理局は、「ＯＮＣＳＡの三重の使命である生活環境の改善と社会的平等の前進、さらに人口の再生産」は「適切な社会福祉の教育を受けた者によってのみ」行われなければならないと考えていた[27]。このため、特定の大学におけるコースで養成されたソーシャルワーカー以外がその業務を行ったり、独自のソーシャルワーカー養成を行ったりすることは、禁止された。たとえば、ＯＮＣＳＡのモデルであり、「生産的社会政策」方式をその成立以前から行っていたペーチ市やサトマール県は、被援助者選抜業務を独自に、自身の決定によって行っていた。特にその選抜業務には、すでに援助を受けている家族の主婦などに判断の補助を依頼するなどしていたが、社会福祉管理局は通達によって、その業務は「専門家」（ソーシャルワーカー）のみが遂行できる、とこれを禁止した[28]。また、トランシルヴァニアで慈善活動を行っていたキリスト教団体、トランシルヴァニア・カトリック・アクションが、自前の「社会福祉専門指導員」による在地の養成課程を設置することを含む提案・要望を提出したこともあったが、これも許可されなかった。この件について検討した内務省と社会福祉管理局の文書には、「専門指導員の名は、政令に沿って大学の特定の課程を修了した者のみが名乗ることができる」との記載がある[29]。

では、どのような課程を修了した専門家が専門指導員やソーシャルワーカーとなったのか。ONCSA設置直後から社会福祉管理局と内務省において検討されていた案によると、大学における専門職養成課程は、当初は四八〇時間で三〜四年間の専門課程であり、その内容は社会福祉関連、法制度や行財政関連、農業や地域経済関連、そのほか教育・心理・社会調査・民俗誌などの科目で構成されていた[30]。経済的自立と返済可能性の向上によって地域社会の中で生産的になることまでを支援の目的に含むゆえに、このような幅で専門性が考えられたということだろう。ただし実際には、同様の構成による講義と実習ではあったものの、半年間を一期として、二二〜二三時間を三期行う、合計一年半の課程として設置されることになった[31]。実際にはどのような受講生がこの課程にいたのだろうか。ソーシャルワーカー養成課程が最初に設置されたクルージのフランツ＝ヨーゼフ科学大学の例では、一九四四年には四七名がこの課程に所属していた。このうち同大学の学生一八名、社会科学専門学校一二名で、あわせて三〇名が副専攻として履修していた。ほかは教師、臨時ソーシャルワーカーなどであり、副専攻もしくは社会人向けの資格取得課程となっていたことがわかる[32]。

この課程の修了生がソーシャルワーカーとして勤務するようになる。政府がこのように彼らの専門性を重視していた一方、彼ら、特に女性ソーシャルワーカーが、十分にその専門性を尊重した扱いを受けず、彼らの存在が在地当局の官吏にそれほど歓迎されていなかった例も指摘されている[31]。それでは、現場で実際に専門性はどの程度重視され、またどのような人材が求められたのか。ザカルパッチャ（当時ウゴチャ県）にあるハルミ郡のR・エンドレが郡のソーシャルワーカー募集に応募してきたときの在地当局の反応から、その一端をうかがい知ることができる。[34]エンドレは村の書記であり、また大学のソーシャルワーカー養成課程にも通っているが、課程修了前に募集があったためこれを中断して就任したいと応募してきたようだ。最終的に不採用となったが、郡当局から県副長官に対して、彼がどのような点でソーシャルワーカーにふさわしく、どのような点で不適当と判断できるかが報告されている。それによると、「インテリである」こと、「ウゴチャ県のもっとも古く、ハンガリー愛国者の家柄の者で、地域の状況にもよく通じている」ことは、「任命にふさわしい」要素となる。他方で「気難しい性格」であり「公衆の間でも行政当局の政策に対する反感を広げる」人物で、さらに言えば「左翼思想へ傾きがち」であることは、人物という点で任命に消極的な材料となる。しかしエンドレの場合、より重要なのは業務遂行能力の問題だった。まず、「特に今日、社会福祉は日々発展してきており、まさにそのために課程が組織されているため」、課程を中断して就任することは不適当だと判断された。また「もっとも主要な反対理由は、現在足を負傷していること」で、なぜなら「ソーシャルワーカーの最大の使命は正確な状況調査票を作成することであり、現地に恒常的に」通わなくてはならないからである。[35]ここで判断材料となったのは、専門知識を持っているかどうかということ、地域に密着した活動ができるかどうかということだったが、同時に、地域の名士の出身であり地域社会をよく知っていることも考慮されていたことがわかる。

適切な者がソーシャルワーカーとして採用され、勤務すればすぐに円滑に業務が進むというわけでもなかった。各県からは「多くの苦労を引き受ける責任を負う業務であり、また養成課程を修了して着任したことも考えて」報酬を定めなければ、「あまりに安い報酬のためにソーシャルワーカーが他の業種に転職していってしまう」ことが報告されている。ここからは、報酬の問題だけでなく激務であったために辞職者が続出したことがうかがえる。[36] そういう場合や、体を壊した者がいた場合に業務を代行する、補助ワーカーが必要になる。一九四三年一二月にゼンプレーン県からソーシャルワーカーに推薦されたＰ・イロナは、この年の初頭から補助ワーカーとして勤務しており、セレンチ郡とトカイ郡のソーシャルワーカーの業務を代行していた。この間、三四の自治体で約七万一九〇〇名の支援に携わっており、この際の熱意と精力的な仕事ぶり、また社会福祉業務への精神的な適性が評価された。[37] これと対照的なのは、クルージの県社会福祉専門指導員Ｋ・マルギットが病気療養のために休暇をとった際に、補助ワーカーとしてその業務を代行したSz・クラーラの例である。[38] クラーラは衣服支援事業に際して、支援の対象になった者たちの事後確認を行い、追加支援を提案した。その際に、公共福祉組合を経由する通常の提案・報告手続きを行わずに県副長官に直接報告したことが規則違反として問題となり、クラーラはこの違反に対する処分を不服として全国社会福祉管理局による監査を願い出た。この監査報告書は、公共福祉組合による手続きミスとクラーラ自身による手続きミスを指摘すると同時に、彼女自身についてこう評価した。この報告書によれば、クラーラは「業務を細心かつ丁寧に遂行している」が、「疲労・過剰負担・消耗の徴候を見せている」。ソーシャルワーカー養成課程を終えたものの大学には通い続けていて、「健康状態が万全なわけではないため、この二つを同時にこなすことはできない」と判断された。[39] このためクラーラは本採用とならず学業に専念することになった。[40]

このような状況のまま、ソーシャルワーカーの不足を放置するわけにはいかなかった。十分な数の課程修了者がそろうまでの間、課程に在籍する受講生が実習を兼ねて、候補生として勤務することになり、仕事ぶりによってこの候補生がそのまま正規のソーシャルワーカーとして本採用となることもあった。サトマール県で教員資格を持つ三人の女性が候補生から本採用になったのは、仕事ぶりだけでなく、地域社会に密着していたことが評価されたからである。特にそのうちの一人であるＦ・オルガの場合、「きわめて組織化が困難な事業共同体

（munkaközösség）を体系的な形で設置することに尽力」していたことが特筆されていた[41]。事業共同体とは、生産的社会政策の推進にあたって国家と社会の協働をすすめる結節点として、設置がすすめられていたもので、「新たな協会組織ではなく、諸社会団体と当局とをつなぐ組織」、すなわち「一方で、各自治体で活動し、人民福祉問題に関連する諸当局、他方で在地の経済・福祉・衛生・文化・慈善等の諸団体の代表で」構成すべきものとされていた[42]。つまり、社会の各種慈善活動等を「生産的社会政策」に沿った形に統合して再編成することが目的とされていたが、実際には独立性が維持できないのではないかとの恐れから、当初諸団体は参加に消極的だった。そこでオルガの例のように教師のほか、名士の妻や娘を中心とした女性たちが事業共同体の結成のために尽力し、また個人メンバーとしてそこで、彼らがかかわる教会共同体の慈善諸団体を含めた在地社会を代表する役割を果たした[43]。この事業共同体は実際にＯＮＣＳＡの業務を補完しており、一九四二年時点までに一六四件の状況調査票を作成したほか、被支援家族のための事後ケアや助言をおこなった[44]。

専門性・科学性に基づく新たな社会政策を貫徹させようとした国家の論理と、在地エリートを中心とした地域社会の論理とが、それぞれ存在していたとはいえ、これらは前者による後者を排しての貫徹あるいは後者の維持による前者の挫折といった対立的・対抗的関係ではなかった。ＯＮＣＳＡによる福祉の担い手の養成と採用において、地域エリートは必ずしも専門性を尊重していなかったわけでも専門家を忌避していたわけでもなく、また国家はこの政策の担い手が専門家以外であることを必ずしも否定していなかったからである。養成課程による専門性の定義だけは国家によって独占されなくてはならず、したがってどのような担い手による福祉も、その目指す方向性が生産的社会政策と一致しているべきだとされていたが、これに沿って従来の地域社会による福祉が再編成されることは、もちろん地域社会の実情に十分に適合させつつ行われる必要があるものの、在地エリートにとって抵抗感のあることではなかった。

第三節　被支援者選別の基準と実態

⚜支援可否の調査における支援者の視点

生産的社会政策による支援では、先述のとおり、ソーシャルワーカーが直接被支援候補家族と接し、状況調査票を作成する中で最初の支援可否の選別が行われる。このときにソーシャルワーカーは、貧困多子家族の何を見て判断するのだろうか。状況調査票の作成を通じて、それぞれの家族の状況がどこまで明らかになるのか、再構成してみたい。

ここで取り上げる状況調査票は、五四項目の基本情報と四項目の「その他の情報」から成っている。まず、基本情報として何が観察されるべきとされていたかを、対照的と思われる二件の家族についてみておこう。一九〇三年生まれのT・アンドラーシュという日雇労働者は、家で家事と子育てをする妻と、やはり日雇で働く娘を筆頭に六人の子どもとともに、ドゥナパタイの村からさらに離れたところにある、ブドウ畑の小屋に住んでいる。暗く換気もままならない一部屋の小屋にベッドを二つ置き、ベッド一つに三〜五人で寝ている。一切の財産を持たないが、仕事が入った日には二ペンゲー五〇フィッレールを稼ぎ、小麦粉の団子を入れたキャラウェイシード・スープなど、一日に一品作ってそれを三度に分けて食べている。家族には満足な衣服もないため、子どもたちは学校へも通えていない。実際のところ毎日のパンの問題に忙殺されており、いずれにしろそれどころではない一家である。父親は農耕の仕事ができ、またそれを望んでいるため、住居の他にその種の労働機会があることがもっとも彼らの助けになるだろう、とこの状況報告票記入者は判断している。(45)一方一八九六年生まれのP・イシュトヴァーンはこれに比べて恵まれていて、ブダ近郊の町ナジテーテーニに土地を借りているが、そこに自身で用意した石造りで一部屋の家は、清潔だがじめじめしていて家具も最低限しかなく、そこに夫婦と子ども六人が三つのベッドで寝ている。ジャガイモのスープや豆の煮ものを一日二回食べているが、肉と牛乳は買えないようだ。もともと農業をしていたが、調査当時は工場で働いていて、週に四〇ペンゲーの収入があるほか、子どもたちも三人が工場で働き、うち一人はエレベーター整備士の見習いであり、また別の一人は週一四ペンゲーの収入を家族のものとしている。だが基本的に家長の収入で家族全員の日々の生活を送ることができている。ほんの少しだけ喫煙するが、家族も全員健康である。ただ、衣服、食糧、住居には少しずつ不満を持っているようである。(46)

これらの基本情報に続く、四項目の「その他の情報」のうち「家族の道徳的・精神的生活」と「家族史」の欄は、自由記述でありながらも特筆すべき内容が細かく例示されている。前者については、家族が教会もしくは世俗当局に届け出た婚姻関係を結んでいるか、それとも事実婚・試験婚(47)などの違法婚姻なのか、家族の構成者同士の関係はどうか、温かい家庭か、父親の権威はあるか、などの家族の状態や、賞罰、宗教、労働の能力と意欲など、またどのような読み物や新聞を読み、何らかの協会や読書室に通っているかなどの社会生活、さらには兵役や学校外体育（軍事教練）参加義務の履行状況などを記入することになっている。他方、後者はまず夫婦の両親から始め、現在の困窮が誰のどのような原因（「飲酒、カードゲーム、不道徳、教育の不足、犯罪など」）によるものか、あるいは外的な要因によるものか、などがわかるように記載することになっていた。これらの欄に、支援に値するかどうか、必要かどうかという調査者の所見も同時に書かれ、事実上支援の可否と内容に直結していることがここに記載されていることになる。先述のP・イシュトヴァーンの家族の場合、「家族の道徳的・精神的生活」欄では、法律婚であること、「子どもたちは両親を好いていて、彼らを助け、誰も互いに怒っていない」という家族の仲睦まじい様子、また全員が「健康で労働能力があって勤勉で誠実に仕事をし、倹約的」であることなどが記載されている。一方「家族史」欄では両親の親の代から法律婚であったこと、農業使用人であったこと、無産だったことから始まり、結婚や出産、夫の兵役などが記されているほか、自身で建てた四×四平方メートルの家について、基礎も屋根も十分ではなく、煮炊きもすべてこの床のない一部屋で行うことなど、その不衛生で困窮した住生活が強調されている。これらの記述の結論として、調査者はこの家族に対する住宅建設ローンによる支援を提案している[48]。これらの例では、貧しいから支援が必要であるという論理が比較的目立つように感じられるが、二つの例では貧しさの水準も異なり、イシュトヴァーンの家族の場合には貧しさと同時に、一定の収入や「労働能力」つまり支援に対する返済能力についても強調されている。

⚜支援者・被支援者の接触場面における選別基準のはたらき

支援可否の判断にとってどのような要素が決定的だったのか、よりわかりやすいケースを検討してみよう。ブダペシュトから七〇キロほど南のドナウ川ぞいに位置するドゥナヴェチェ郡における調査結果のうち残っている二五件についての調査票は、表裏一枚の簡略なものでここまで詳細は記入されていない。裏面に記述された家族史と道徳状況も簡略であるが、その分だけはっきりと、支援の可否を判断した理由がわかる。支援可否の結論は「支援にふさわしい」かどうかとして記述され、多くは「信頼できる」か「信頼できない」か、ということがその直接の根拠となる。ここで「信頼できる」というのは返済能力があるということであり、抵当に入れられる動物の所持なども考慮されるが、「健康、勤勉、努力家、仕事好き、きちんとした」人物であるかどうかを見ている[49]。

可否判断が記されているもののうち「信頼できない」とされた家族で支援にふさわしいと判断されたケースはないが、しかし「信頼できる」が「支援にふさわしくない」とされたものも三件ある。このうち二件については理由は不明だが、残りの一件については特記事項がある。この家族は健康で家も整頓されており、勤勉だが、二年前に妻と死別し子どもを祖母が育てているとのことである。[50] この一件だけでは判断できないが、二親がそろっているかどうかは他の調査票でも特記され、支援可否の判断にかかわっている。農業使用人で子どもを八人もつS・イムレの家族の場合、家が「不潔で乱雑」と観察されるだけでなく、妻が二年前に死亡しており、「母親のない家のため家族がバラバラ」で「子どもはネグレクトされている」ことが、「牛の世話をする女がいない」ことと並んで「信頼できない」という判断の決定的な理由だった。[51] ネグレクトへの言及はほかに六件あり、これに言及がない場合でも、おそらく二親がそろっているかどうか自体というより理想的な親子関係にどれだけ近いかということが見られていたと考えられる。

このイムレの例とは逆に夫の死亡に見舞われたK・パール夫人の場合、「その後夫人には二人の婚外子」がいたことをもって「道徳的に信頼できない」と判断された。[52] 婚外子の存在は「信頼できる」かどうかを判断するうえで重要な指標の一つだった。「信頼できない」家族とされたSz・ヨージェフという農業使用人は妻とは互いに再婚で、六人の子どものうち一人は妻の連れ子だった。[53] 市民的な安定した家族像からもっとも遠かったのは、「支援に値しない」とされたT・ヤーノシュの例である。彼にも妻と六人の子どもがいるが、この夫婦は「長子の誕生後離婚し、夫は再婚した。しかし後妻を捨てて前妻のもとに戻った。前妻はもう離婚するのが嫌で結婚せず、子ども五人が婚外子となっている」。この家族の場合、さらに夫の飲酒や、夫妻が「自暴自棄な人間」であることも併せて問題とされたようだ。[54]

もっとも、家族に問題があっても例外的に支援可とされたケースもある。B・ペーテルという農業使用人の場合、長子が婚外子だったものの、調査者が「合法化の手続きを要求した」ところ、「近々に行うことを約束した」ことをもって支援可と判断された。[55] K・ミハーイという農業使用人の場合には、子どもではなく、夫婦自体が「試験婚であり、未届け」の状態であり、「道徳がルーズ」であると観察されたにもかかわらず、これも届け出を約束したことによって「信頼できる」と判断された[56]。この判断には「動物（牛）を所持しており、よく扱えている」ことも影響したと考えられるが、ここで交わされたであろう「約束しなさい」「すみません、そうします」、あるいは、「そう言えば支援可になるから」「お願いします、感謝します」というようなコミュニケーションでは、何よりも態度と心証が決定的だったであろう。

家族に問題がなくても、家長の人柄に問題があるとされれば、やはり「支援に値しない」「信頼できない」とされる。人柄を判断する際にもっともわかりやすい指標は、周囲の評判だった。B・ガーボルとその家族は、農耕者だが「一九四一年の洪水の際、持ち家を失い、着の身着のまま逃げ出してすべてを失った」。このガーボルは、酒を飲むだけでなく、「特に勤勉に行っていることといえば盗むことくらいで、近隣の者は彼らを恐れている」ことにより、「道徳的に信頼できない」と判断された[57]。これとは逆の例もある。N・シャーンドルという農耕者は「信頼でき、自治体も支援対象に推挙している」ことにより、またT・ゲルゲイという農業使用人の家族については、「子どもたちもよく育ち、よく面倒を見られている」ほか、「二〇年間一人の農業者のもとで」継続して耕作を行っていて「勤勉であり、農業者が彼らには非常に満足している」として、それぞれ「支援に値する」と判断された[58]。

これらの例から、生産的社会政策においてソーシャルワーカーが判断する、それぞれの家族の返済能力、特にその「道徳的な側面」とは何かがわかってくる。もちろん返済能力には経済的なものも含まれるが、「信頼できる」かどうか、という道徳的な返済能力が見られ、判断されていた。それは主に、清潔や勤勉をはじめとした生活態度、婚姻と出産の「合法性」やそれぞれの役割を正しく果たす正しい家族像への適合、雇い主や自治体や近隣住民による評判によって構成されていた。つまり、一定の道徳への適合のほか、ソーシャルワーカー自身への態度と日常的な在地有力者への態度が、道徳的な返済能力の有無の問題として判断されることにより、特定の家族が生産的かどうかの指標となっていたのである。

しかし、このように返済能力を判断する際に一方の態度と他方の裁量の働く余地が大きいとしても、その判断つまり記載内容については、返済能力があれば支援可、なければ不可というように、特定の結果に結びついていたといえるだろうか。二つの例から考えてみたい。B・シャーンドルは「まれに少しだけ飲む」ものの「勤勉で努力家であり、家も自分で建て」、その「整頓されており、部屋と台所と物置部屋から成る農村風」の家を、その周囲もあわせて清潔に保っていることから、道徳的な返済能力があると判断された。シャーンドルは、彼の親が小さなぶどう畑を持ち、また叔父から土地を借りられているように、経済的な返済能力もこの階層としては申し分なく、家族に関する問題も特記されていないため、ほぼ完璧な例といえる[59]。これと対照的な例もある。T・イシュトヴァーンは「適した労働力だが、一度居酒屋に行くと飲みつぶれて立ち上がらない。そういうときは家族に暴力をふるい」「妻を何度も殴る」ことがあるという。また、その「子どもを次々に産む」妻は、この「夫の暴力に身を任せて耐えている」ようだった。これでは、道徳的返済能力も最低と判断されるはずであり、またそう判断したからこそこれらの事項が記載されたと考えるべきである。しかしこの家族は支援対象の候補とされたようであり、その理由は、「牛の世話についてはおそらく問題なくできるであろう」こと、夫人については「教育が必要で、また可能である」こと、そして何よりも「非常に貧しく、きわめて支援を必要としている」から、ということだった[60]。つまり、生産的社会政策には、経済的・道徳的返済能力を基準として支援可否が判断される側面と、貧困家族への支援でありこれによって教育するという側面があり、これらの間に裁量の働く大きな余地が生じていたのである。

なお、あいまいさのはたらいた形跡がまったくみられない判断基準が一つだけあったことにも触れておくべきだろう。ドゥナヴェチェ郡のP・イシュトヴァーンという、子どもを七人もつ「音楽家」の一家の調査票に記載されたのは、「ジプシーである、信頼できない」の一言だけだった[61]。この場合「ジプシーである」ことは、すなわち支援対象外なのではなく、すなわち「信頼できない」ゆえに支援対象外、となっている。人種的基準は他の点に考慮する必要がないくらいに「信頼できない」ことの証となると同時に、「信頼できない」から支援対象外になるという生産的社会政策の論理に組み込まれる形で機能していたことがうかがえる。その意味では、人種政策と福祉政策は並行していたというよりも、ある程度の一体性を持っていたことが示されていると考えられよう。

⚜事後支援と被支援者による受容

ところで、ソーシャルワーカーの業務は、状況調査票の作成と支援対象家族の第一次選別だけではなかった。たとえばペーチ市長によって、補助ワーカーとして働いていたR・フェレンツ夫人やM・ラースロー夫人が正規採用候補とされたのは、ONCSAによって設置された保育園、家事講習コース、花嫁学校での勤務あるいはこれらにおける指導において力を尽くしたからだった[62]。特にONCSA住宅街への入居支援の場合、彼らの「入居後に本当の仕事が始まる」とも言うべきで、そこで継続的な管理、世話、教育を行うのがソーシャルワーカーの業務だった[63]。つまり、支援可否判断の際だけでなく、事後支援においても一貫して、性別役割分担による正しい道徳的な家族という規範の教育が重視されていたのである。

被支援者の側はこれらの支援やソーシャルワーカーをどのように受け止めたのだろうか。ベレイ・カタリンは一九七七年に、ブダペシュト市郊外にあるONCSA住宅街の、Sz・ヤーノシュという工業労働者の家族に聞き取り調査をしており、ONCSAの支援を受ける以前からのこの家族の歴史もこの中で語られている。この調査から、被支援者にとっての支援と支援者がどのような存在だったかがわかる。Sz・ヤーノシュ夫人の回想によれば、一九四〇年当時、子ども九人とともに、ある住宅街にある1Kの部屋に住んでいた彼らは、周囲からONCSA住宅街入居支援のことを知らされ、しかもおそらく支援が受けられるということを知っていたが、事実上家具を含めて部屋を借りることになり、家賃が高くなるために応募しないでいた。しかし庭付きであることに魅かれて最終的に応募し、入居後は庭で花・果実・野菜を植えてその一部を売っていたそうである[64]。

　入居後にはソーシャルワーカーが定期的に住宅街の家々を、清潔さが保たれているかどうかという点を中心に管理しに来ていた。入居者たちはソーシャルワーカーのことを、そう呼ばずに「検査官（ellenőr）」と呼び、彼らの「ケース調査（esettanulmány）」のことは「捜査・取り調べ（nyomozás）」と呼んでいたそうである。とはいえ、夫人はこの管理や調査を負担とは感じなかったらしい。ソーシャルワーカーはたまに一〇時のおやつを持参して、この家族と一緒に座って食べることもあり、家族ではこれをご褒美ととらえていたようである。ソーシャルワーカーとこの一家の良好な関係をもっともよく示すエピソードは、次のものである。一度、ソーシャルワーカーが他の多くの親たちの前でこの家の子どもたちの清潔さを褒め称えたことがあり、このことは後々でも家族で話題にしているそうである。当時夫人は、子どもたちがボロ服をまとっていないことを、日ごろから誇りに思っていたということも、この記録の中で回想されている[65]。

　この回想の記録からは、他の住宅街よりも少しだけ家賃が高かったことなどから、支援を受け住宅街に入居できる多子家族は最下層ではなかったこともわかるが、それでも「清潔」であり「ボロ服をまとっていない」ことが褒め称えられるような生活文化空間だったようだ。子どもたちが清潔になったのが入居後のことかどうかはわからないが、この住宅街の生活の中でそれを「誇りに思う」ようにはなっており、ソーシャルワーカーと共通する価値観を持つようになっていたことがわかる。この回想は、支援者と被支援者の距離感と、ソーシャルワーカーによる「教育」の実際、またその一定の効果をよく示すエピソードだといえよう。また、どのような家族が支援を受けられるかがあらかじめ広く伝わっていたことから、生産的社会政策が支援対象やその候補となった家族以外にも一定の効果を及ぼしていたことがうかがえる。

⚜おわりに

ここまで、戦間期ハンガリーの全国民衆家族保護基金による生産的社会政策を、国家と社会の関係という観点から検討してきた。この点についてはハーモリらによって、この政策と在地社会におけるインフォーマルでパターナリスティクな権力関係とのかかわりが示唆されてきた。ここではこのかかわりが実際にどのようなものであったかを、主に支援者と被支援者の接触場面に着目し、またそこにおける選別基準の機能という観点から検討することによって、明らかにした。

この生産的社会政策において支援対象の選別は、「専門家」か否かにかかわらず地域社会の利害を反映する者によって行われ、またその選別基準の一部として在地エリートに対する態度が重要な役割を果たしていた。したがって、地域社会が担っていた慈善・福祉の諸活動の生産的社会政策による再編成は、在地社会のパターナリスティクな権力関係を損なうものとならず、むしろそれはそのまま「科学性」による新たな正統性を付与されて働き続けるものとなったといえる。シクラはユダヤ財産の剥奪と再分配について、その一部に過ぎなかったＯＮＣＳＡを通じた分配とそれ以外の財産獲得者に触れ、「権力にある者たちの結束と上中流階級の忠誠心確保」という目的が何よりも優先されたと述べるが、[66]ここに在地エリートを含めて考えれば、貧困家族支援の局面についてもほぼ同様のことがいえるだろう。

それでは、生産的社会政策の理念やその「専門性」は無意味だったのか、あるいはそこから逸脱する実態によって国家の政策が裏切られていたのかというと、そうではない。本論ではそれを通じて国家は道徳的な返済能力の定義を独占し、正しい家族像などの道徳規範を浸透させる機会を確保することができたことに触れておいたが、より重要なのは、このような国家と社会の協働が生産的社会政策の中心的な理念と特徴に支えられていたことである。生産的社会政策において生産的であることとは返済能力を意味し、それはさらに道徳的であることを意味していた。その道徳は支援の可否を決める基準であるとともに、支援によって教育される目的でもあった。この道徳の位置づけの二重性がきわめて大きな裁量の余地を生じさせ、そのことが態度による恣意的な判断を可能にしたのである。そうだとすると、恣意的な選別はこの社会政策のシステムの空白やそこからの逸脱ではなく、それを完成させ機能させる不可欠な要素だったといえる。言い換えれば、政策がその標榜する意図どおりに実現されないことが、全体の秩序を支えていたのである。

［付記］本研究の一部は、日本学術振興会科学研究費助成事業若手研究（B）（研究課題番号二四七二〇三三八）『戦間期ハンガリー「人種福祉国家」の社会史』および基盤研究（C）（研究課題番号一五K〇二九三〇）『第一次世界大戦後ハンガリーにおける「市民社会」と暴力の体制内化』（ともに研究代表者　姉川雄大）の助成によるものである。

注

（1）Mark Mazower, *Dark Continent: Europe's Twentieth Century*, The Penguin Press, 1998, pp. 40-105("3. Healthy bodies, sick bodies").
（2）米本昌平・松原洋子・橳島次郎・市野川容孝『優生学と人間社会――生命科学の世紀はどこへ向かうのか』講談社、二〇〇〇年。
（3）Mazower, *Dark Continent*, p. 71.
（4）戦間期東欧における人種衛生と優生学は、近年ようやく注目され研究されるようになった。先駆的な研究として、Christian Promitzer, Sevasti Trubeta, and Marius Turda eds., *Health, Hygiene and Eugenics in Southeastern Europe to 1945*, Budapest- New York: Central European University Press, 2011.
（5）ハンガリー人名は、本章では姓名の順で表記する。
（6）Ungváry Krisztián, *A Horthy-rendszer mérlege: Diszkrimináció, szociálpolitika és antiszemitizmus Magyarországon 1919-1944*, Pécs-

Budapest: Jelenkor, 2012; Idem., Szociálpolitika, modernitás és antiszemitizmus Imrédy Béla politikájában, In: Romsics Ignác szerk., *A magyar jobboldali hagyomány, 1900-1948*, Budapest: Osiris, 2009. このウングヴァーリの問題意識は、ハンガリー近現代における自由主義的発展の証左とされてきた社会政策の進展を、戦間期における権威主義と結びつけて検討するという視覚に連なるものと理解することができる。したがって社会政策を通じてハンガリーの人種福祉国家としての側面を明らかにすることは、近現代ヨーロッパの自由主義と反自由主義の歴史研究に資するものとなる。このことについての整理は、姉川雄大「自由の限界、福祉の境界」（大津留厚ほか編『ハプスブルク史研究入門——歴史のラビリンスへの招待』昭和堂、二〇一三年、二〇八～二一六頁）。

（7）Szikra Dorottya, A szociálpolitika másik arca. Fajvédelem és produktiv szociálpolitika az 1940-es évek Magyarországon, *Századvég*, 2008 (2), pp. 39-79.

（8）Szikra, A szociálpolitika másik arca, p. 76.

（9）Hámori Péter, Utak az Országos Nép- és Családvédelmi Alaphoz (Mi is az a modern szociálpolitika?), In: Szilágyi Csaba szerk., *Szociális kérdések és mozgalmak Magyarországon (1919-1945)*, Budapest: Gondolat, 2008, pp. 25-53.

（10）Hámori Péter, Hatalom, „népnevelés" és házasélet, Elképzelések a családok házaséletének befolyásolására az ONCSA működésében, *Korall*, 2003 (10), pp. 290-291.

（11）この問いは、「福祉の（あるいは教育の）複合体」における排除と権力の検討という、広く共有されている課題の一部を成すものである。このことについての整理は、姉川雄大「東欧近現代史から見た「市民社会」」（橋本伸也ほか編『福祉国家と教育——比較教育社会史の新たな展開に向けて』昭和堂、二〇一三年、二八七～三〇〇頁）。

（12）Ulicska László, A munkanélküliség feltalálása Magyarországon: A munkanélküliség fogalmának recepciója a magyar társadalomban, *Korall*, 2001 (5-6), pp. 41-42.

（13）Hámori, Utak az Országos Nép- és Családvédelmi Alaphoz, pp. 25-53.

（14）Somogyi Ferenc, ed., *Nép- és családvédelem az 1940-1942. évben*, Budapest: M. kir. állami nyomda, 1943, pp. 214-215. ほかに運営費と、児童福祉関連・社会諸団体支援関連などの返済を想定しない支援支出等があった。

（15）Berey Katalin, *Szociálpolitikai kisérlet Magyarországon a 40-es évek elején (Az Országos Nép- és Családvédelmi Alap munkássága)*,

Budapest: A Művelődési Minisztérium Marxizmus-Leninizmus Oktatási Főosztálya, 1981, pp. 44-55.

（16）Szikra, A szociálpolitika másik arca, p. 43.

（17）Szikra Dorottya, Social policy and anti-Semitic exclusion before and during World War II in Hungary: The case of Productive Social Policy, In: Gisela Hauss and Dagmar Opladen & Farmington Hills: Barbara Budrich Publishers, 2009, p. 119.

（18）Ferge Zsuzsa, *Fejezetek a magyar szegénypolitika történetéből*, Budapest: Kávé Kiadó, 1998, p. 89.

（19）[Országos Szociális Felügyelőség], *Magyar nép- és családvédelem*, [Budapest: Pallas Ny.], [1942], [p. 8].

（20）Cser János, Az új magyar nép- és családvédelem nemzetgazdasági alapjai, *Nép és családvédelem: Az Országos szociális Felügyelőség közleményei*, I. évf. 1. sz., 1941. szeptember, p. 18.

（21）Tegzes László, Az önkéntes térsadalmi munka, *Nép és családvédelem: Az Országos Szociális Felügyelőség közleményei*, II. évf. 2. sz., 1941. október, p. 41.

（22）このときのＫＡＬＯＴによる要望やそれへの対応について、詳しくは、姉川雄大「戦間期ハンガリー「生産的社会政策」における国家と社会」小沢弘明編『一九二〇年代の国際関係における地域と地域構想の再編』（千葉大学大学院人文社会科学研究科研究プロジェクト報告書第二八六集）二〇一五年、一〇～一二頁。ＫＡＬＯＴとその人民高等学校運動については、Balogh Margit, *A KALOT és a katolikus társadalompolitika 1935-1946*, Budapest: MTA TTI, 1998.

（23）Magyar Országos Levéltár（ハンガリー国立文書館、以下 MOL.）K566. 1942-1-528061.

（24）MOL. K566. 1942-1-528061.

（25）Berey, *Szociálpolitikai kísérlet*, pp. 35-40.

（26）厳密には専門指導員は県や市に属し、ソーシャルワーカーの属す公共福祉組合は各種地方行政組織の長などで構成する別の組織であり、その本来の職域は異なっていた。しかし実際には職務の範囲や業務内容は特に区別されておらず、またその呼び名についても、行政文書においてすら混同されがちであった。ただし史料を確認した限り、支援実施後の住宅街における定期訪問支援については、ソーシャルワーカーが主に行っていたようである。

（27）Somogyi Ferenc, Egyetemeink a szociális képzésről, *Nép és családvédelem: Az Országos Szociális Felügyelőség közleményei*, II. évf. 7. sz., 1942. július, p. 241.

（28）Hámori Péter, Női szerepek és szociálpolitika Magyarországon 1920-1944, *Korall*, 2003 (13), 38.
（29）MOL. K566. 1944-1-541069. この事例について詳細は姉川「戦間期ハンガリー「生産的社会政策」における国家と社会」一二～一三頁）。
（30）Somogyi, Egyetemeink a sociális képzésről, pp. 241-246.
（31）A m. kir. belügyminiszter 800/1942. B. M. számú rendelete az egyetemi szociális tanfolyamok szervezetének, tanulmány és vizsgarendjének szabályozása tárgyában, *Nép és családvédelem: Az Országos Szociális Felügyelőség közleményei*, II. évf. 10. sz., 1942. október, pp. 391-396.
（32）MOL. K566. 1944-1-541814. 専門家養成課程の内容について詳細は姉川「戦間期ハンガリー「生産的社会政策」における国家と社会」（一三～一四頁）。
（33）Hámori, Női szerepek.
（34）本章では文書館史料中の個人名について、被支援者にインタビューを行ったベレイ・カタリン（注64）にならって、姓を頭文字にかえて表記している。
（35）MOL. K566. 1944-1-540011.
（36）MOL. K566. 1944-1-537016.
（37）MOL. K566. 1944-1-537016.
（38）MOL. K566. 1944-1-540841.
（39）MOL. K566. 1944-1-540357.
（40）MOL. K566. 1944-1-537016.
（41）MOL. K566. 1944-1-537016.
（42）Somogyi, *Nép- és családvédelem*, p. 120.
（43）Hámori, Utak az Országos Nép- és Családvédelmi Alaphoz, p. 50.
（44）Somogyi, *Nép- és családvédelem*, p. 131.
（45）PML. XI. 404. 1941-45, sz. n. (2. cs.).

（46）PML. XI. 404. 1941-45, sz. n. (2. cs.).
（47）試験婚（próbaházasság）は、戦間期までにハンガリー北西部・南部・東部ほかトランシルヴァニアやスロヴァキア等の一部地域の村々で確認されていた風習で、妊娠や出産の際に結婚することを前提とした事実婚の一形態。
（48）PML. XI. 404. 1941-45, sz. n. (2. cs.).
（49）PML. XI. 404. 1941-45, sz. n. (1. cs.; 2. cs.).
（50）PML. XI. 404. 1941-45, sz. n. (2. cs.).
（51）PML. XI. 404. 1941-45, sz. n. (1. cs.).
（52）PML. XI. 404. 1941-45, sz. n. (2. cs.).
（53）PML. XI. 404. 1941-45, sz. n. (2. cs.).
（54）PML. XI. 404. 1941-45, sz. n. (2. cs.).
（55）PML. XI. 404. 1941-45, sz. n. (2. cs.).
（56）PML. XI. 404. 1941-45, sz. n. (1. cs.).
（57）PML. XI. 404. 1941-45, sz. n. (2. cs.).
（58）PML. XI. 404. 1941-45, sz. n. (1. cs.).
（59）PML. XI. 404. 1941-45, sz. n. (2. cs.).
（60）PML. XI. 404. 1941-45, sz. n. (1. cs.).
（61）PML. XI. 404. 1941-45, sz. n. (2. cs.).
（62）MOL. K566. 1944-1-537016.
（63）Berey, *Szociálpolitikai kísérlet*, p. 35.
（64）Berey Katalin, Család az ONCSA-telepen, In: Somlai Péter szerk., *Családmonográfiák*, Budapest: Az Oktatási Minisztérium Marxizmus-Leninizmus Oktatási Főosztálya (Szociológiai füzetek 18), 1979, pp. 155-157.
（65）Berey, Család az ONCSA-telepen, p. 157.
（66）Szikra, A szociálpolitika másik arca, p. 75.

COLUMN 1

戦争と子ども

広島の原爆孤児のゆくえ

中村勝美

戦争は子どもの身体的、精神的なあらゆる側面に影響を及ぼす。発達の途上にある子どもは、家族や地域社会の崩壊、食糧生産・供給、教育や保健衛生サービスの中断によってより深刻な打撃を受けやすいからである。

一九四五年八月広島市に投下された原子爆弾は、熱線と放射線、衝撃波と爆風によって瞬時に人間や建築物を殺傷、破壊しただけではなく、人間の生そのものを支える社会や環境を解体した。戦災都市ではいずれも多くの戦争孤児が生じたが、広島市では壮年層の被害率が高く、放射線の長期的な影響が存在したことから、孤児の問題はいっそう深刻であった。原爆が社会生活にもたらした影響については、今日もなお全体像が解明されたとはいえない。爆弾の「威力」を測定する医学、物理学の分野からの調査が被災直後に開始された一方、占領体制下において、原爆の悲惨さを表面化させる社会科学的調査は抑制された(1)。原爆による戦争孤児(2)の実数は正確には把握されていないが、四〇〇〇人から五〇〇〇人の原爆孤児が生じたと推定されている(3)。

本土空襲の本格化に伴い、一九四四年に「一般疎開促進要綱」が閣議決定され、建物疎開および国民学校初等科三年生以上の児童の地方縁故疎開が都市部において勧奨されることとなった。

一九四五年四月以降、広島市中心部の小学校で集団学童疎開が開始され、七月までに縁故疎開と合わせて約二万三五〇〇名の児童が県下の町村に疎開した。疎開により児童の多くは原爆の直接の被害を免れたが、このことが多数の原爆孤児を生じさせる一因となったことは確かであ

表1　広島市内小・中学校における原爆孤児数（1954年10月）

	男	女	計
小学校	415	387	802
中学校	469	539	1,008
計	884	926	1,810

表2　児童収容施設における原爆孤児数（1954年5月末）

	原爆孤児			その他収容児			収容児総数		
	男	女	計	男	女	計	男	女	計
広島戦災児育成所	16	9	25	20	7	27	36	16	52
似島学園	35	6	41	115	39	154	150	45	195
新生学園	7	3	10	49	22	71	56	25	81
広島修道院	7	4	11	52	36	88	59	40	99
光の園摂理の家	1	4	5	44	30	74	45	34	79
六方学園	10	4	14	57	31	88	67	35	102
計	76	30	106	337	165	502	413	195	608

出典：表1・2ともに広島市長崎市原爆災害誌編集委員会『広島・長崎の原爆災害』岩波書店、1979年、330頁より作成。

る[4]。爆心地に近い袋町国民学校において双三郡上杉村に疎開した児童のうち、消息が判明し調査に応じた四四名中、原爆で一人以上の親を亡くしたのは三六名（八二%）。そのうち両親とも被爆死した人は一一名、病死や戦死で被爆前に一人の親をすでに亡くし、もう一人を被爆で亡くした人は一四名にも及んだ[5]。

集団疎開先に取り残され孤児となった子どもたちの多くは、父母の実家、親類宅や知り合いのもとに身を寄せた。一九五四年の小・中学校（広島市内）および児童収容施設（広島市内および近郊）における原爆孤児数は表1、表2に示したとおりである。施設に収容された孤児はごく一部であったことがわかる。

敗戦間際の一九四五年六月、厚生省は「戦災遺児保護対策要綱」をまとめ、戦争孤児を「国児」と呼称し、一般国民が「単なる憐憫の情」ではなく「殉国者に対する敬虔なる感謝」をもって遇するべきとしている。しかし、事業の実施は恩賜財団戦災援護会、教育団体、宗教団体に協力させるとあるのみで財政措置も明瞭ではなかった。敗戦後初の政府による孤児対策は、文部省が九月に集団疎開児童で戦争孤児となった児童の収容施設設置について定めた「戦災孤児等集団合宿教育に関する件」である。この通達に基づき、広島市も含め全国に一七の戦災孤児合宿教育所が設置されている。[6]

広島市は、焼け野原で行くあてのない幼児を収容するため比治山国民学校に「迷子収容所」を設けた。これを前身として一九四五年一二月、山下義信らの尽力によって広島戦災児育成所が佐伯郡五日市に開設された。[7] 広島新生学園は、師団通信隊の見習士官であった上栗頼登が、原爆の災禍を目の当たりにして、戦争孤児の収容保護のために、陸軍の退職金二〇〇〇円を元手に開設した施設である。戦後、開設されたこれら施設の多くは、個人の努力や民間の社会事業の活動によるものであった。

児玉克哉による原爆孤児の生活史[8]が明らかにするように、親を失った子どもたちは親類宅を転々とし、家出し、あるいは住込みの職場から逃げ出すなど転居、転職を繰り返している。

原爆で両親を失い広島駅前で浮浪生活を送っていた少年は、「浮浪児狩りに来た」新生学園園長の上栗に「一所懸命に逃げるんじゃが結局はつかまって収容所へ入れられ」たと語っている。広島には原爆孤児だけでなく、東京以西の各都市から戦災のために孤児となったものが多数流入し、放置できない状況となっていた。

「……あの上栗園長は他のところの園長とはちがって、本当にオレたちをかわいそうに思って、救いにきたんよね。そりゃあわかる、つきおうてみると。本気で俺らのことを心配しとったね。……」[9]

しかし、かれは「上栗園長が温かい人じゃとはわかるんじゃが、腹がすく」ため、逃亡を繰り返した。一九四六年頃の献立は、朝・昼が芋、大根、米の雑炊、夜はその炊込飯に副食として大根、人参、菜の煮付に魚汁であった。[10] 魚汁とは地元の蒲鉾組合からもらった魚のアラを煮出した吸物で、当時は貴重な動物性たん白質の補給源であった。空腹だけが理由ではないが、浮浪生活を経験した児童の逃亡は恒常化しており、一九四六年五月の学園旬報によれば、合計五六人の戦災孤児たちの一ヵ月間の逃亡回数はのべ一〇〇回を超えていたという。[11] 配給は途切れがちで、育ち盛りの子どもたちの衣食住の必要を満たすことは困難をきわめた。

一九四九年、広島を訪れた『サタデー・レヴュー』主筆カズンズ（Norman Cousins 1915-1990）が提唱した「国際精神養子運動」に呼応する形で一九五三年に国内で結成された「広島子供を守る会」により、原爆孤児についての資

広島城の堀でカエルを捕まえる広島新生学園の子どもたち、施設の基町への移転後、重要な食料となった（写真は昭和39年頃）
出典：上栗明男編『広島新生学園の歩み』社会福祉法人広島新生学園、1991年、口絵。

料収集や支援活動が展開される。また同時期に、長田新が集め出版した『原爆の子』の手記[12]も大きな反響を呼んだ。平和条約が発効し、ビキニ水爆実験によって原水爆禁止運動が国民的な盛り上がりを見せるなかで、原爆乙女ならび原爆孤児は同情すべき戦争の犠牲者として注目を浴びた。

一九六五年には、厚生省による初めての被爆者の生活実態調査が実施された。しかし、「生活調査では、所得、就業状況、従業上の地位、転職の状況等の諸点において、被爆者と他の国民一般との間に有為の差と認められるものはあったが、全般的にいちじるしい格差があるという資料は得られなかった」との結論は、被爆者団体・自治体を落胆させ、調査に携わった専門委員からも反発を招くものであった[13]。調査の背景には、国家補償にもとづく被爆者援護の要求とそれを押しとどめようとする政策意図があった。政府は一貫して、戦争による「一般の犠牲」はすべての国民が等しく受忍すべきものであり、原爆被災者は国と何らかの身分関係があったとはいえないとして、健康障害を除く原爆被災者の救済に否定的態度を示した。厚生省調査に関わった研究者らによって被爆者の生活史や世帯構造調査は継続されたが、被爆者援護法が制定されたのはようやく一九九四年のことである。

戦争体験者の高齢化と戦争体験の世代間継承の困難化が指摘されて久しい。たしかに広島では被爆体験を伝える数多くの手記、証言、遺物は収集されている。しかし、家族も住む家も、地域のつながりも一瞬にして失った子どもたちが、その後の人生をどのように生きぬいたのか、戦後の繁栄と平和さえ過去のものとなりつつある現在、忘れずに語り継いでいくことは難しい。

注

(1)被爆者調査については、浜日出夫ほか編著『被爆者調査を読む――ヒロシマ・ナガサキの継承』慶應義塾大学出版会、二〇一三年。

(2)都市爆撃等の戦災により親を亡くした戦災孤児、海外植民地、占領地で親を亡くしたり、引揚中に親とはぐれた引揚孤児を総称して戦争孤児とよぶ。原爆孤児の定義については、児玉克哉「原爆被災孤児の生活誌に関する社会学的研究」社会科学研究セミナー編『社会科学研究年報』八号、合同出版、一九八四年に詳しい。

(3)広島市・長崎市　原爆災害誌編集委員会『広島・長崎の原爆災害』岩波書店、一九七九年、三二五頁。厚生省児童局の「全国孤児一斉調査結果」(一九四八年二月)によると、戦災孤児は二万八二四八人、植民地・占領地引揚孤児は一万一三五一人(沖縄除く)であった(逸見勝亮「第二次世界大戦後の日本における浮浪児・戦争孤児の歴史」教育史学会編『日本の教育史学』三七号、一九九四年、一〇〇頁)。

(4)集団疎開の実施からの引揚げまでの様子は、たとえば竹屋国民学校高井正文・児玉勘吾(現姓相良)両訓導の回想談と保管資料による記録に詳しい(広島市役所編『広島原爆戦災誌』第四巻、一九七一年、広島平和記念資料館平和データベース[http://www.pcf.city.hiroshima.jp/database/](最終閲覧日二〇一六年五月九日)で全文閲覧可)。

(5)「爆心の広島・袋町国民学校疎開児童四四人の戦後史」『朝日新聞』一九七六年八月五日、東京版夕刊、四面。

(6)逸見「第二次世界大戦後の日本における浮浪児・戦争孤児の歴史」一〇二～一〇三頁。

(7)「生き抜いた三〇年　原爆孤児育成記録から　①～⑩」『中国新聞』一九七五年八月七～一六日。

(8)児玉克哉『原爆孤児　流転の日々』汐文社、一九八七年。

(9)同前、一九～二〇頁。

(10)広島県『広島県史　現代(通史Ⅶ)』一九八三年、一一五一頁。

(11)同前、一一四〇頁。

(12)長田新編『原爆の子――広島の少年少女のうったえ』岩波書店、一九五一年。

(13)浜ほか編著『被爆者調査を読む』。

第Ⅱ部　生活を支援する

就学・福祉・コミュニティ

第Ⅱ部が生活支援として扱うのは、教育から排除された人々の「生存」を生活の場に根ざして支援する営みである。教育を通じて市場的な価値や能力を高めることが見込めない人びとには、教育の代替としての福祉が用意されてきた。その多くは残余カテゴリーとしての福祉であったから、かれらの生存の水準は劣位に押しとどめられがちであり、対象者が増大しコストがかさむと、かれらは再び家族のケアへと押し戻された。そうしたなか、戦間期イギリスでは入所施設と家庭の中間的機能を有するデイセンターが誕生する。中・重度の「精神薄弱児」が通所する職業センターの現場に切り込んだ第四章（大谷）では、職業センターを利用する家族には経済力のほかに「協力性」という資質が求められていた事実が指摘される。精神薄弱児のコミュニティケアは、家族という低コストの資源を欠いては実質化できず、家族の「協力」が調達できなければ、コミュニティにおける支援から排除されるほかなかったのである。

コミュニティへの包摂に目を向けると、就学支援を通じて教育と福祉の相互の関与が亢進し、そこに多様なエージェントを引き込むことで生活支援が向上する局面がある。戦後日本において就学支援と生活支援の境界を往来しながら長期欠席・不就学児の支援を担った福祉教員制度に焦点を当てた第五章（倉石）では、被差別部落の就学支援を恒久化するレトリックに「福祉」が援用された可能性を指摘しつつ、福祉教員による就学支援が貧困対策へと接続することの公共性は、被差別部落問題が国民国家秩序の確立という近代化プロジェクトに寄与する限りで付与されたという構造が照射される。教育（学校）の論理を突き詰めていけば、生活支援につながるというのは自明のことではない。福祉教員による支援の軌跡は、支援者が被支援者の「生活の事情」に触れるところで教育支援にゆらぎが生じ、生存保障へと接続していく契機が生まれることを示唆している。

教育から排除された人々を教育の内部に包摂するとき、被支援者の生存のありようが既存の教育の価値や機能を捉え返し、教育支援の範囲が押し広げられる可能性も無視できない。第六章（河合）では、一九七〇年代日本の重症心身障害児施設における教育と医療・福祉の相克を通して、「教育不可能」とされた重症心身障害児の生存要求の集約点としての学校の内実が示される。いのちの基底に降り立ち、かれらの生存を亢進させる教育の営みが、教師や家族自身をも生き生きとさせ、教育を通じた相互重層的な主体形成が、重症心身障害児の社会的包摂の基盤をつくりだす。多義性を帯びやすい「生存」概念を比較史研究の方法論として鍛え上げていくためにも、支援者と被支援者のあいだで尊厳や社会的承認の獲得を通じて形成される関係性や共同性が、かれらの自律的で主体的な生存へといかに拡張されていくのかが問われる必要がある。

コラム２（内山）では、二〇世紀転換期のイギリスにおいて、基礎学校就学率の上昇とともに就学督促官が「就学強制」から「就学支援」の担い手へと変転していくなかで、学校に行かない子どもへの強権的介入がむしろ貧困児や病児の潜在的なニーズの「発見」につながっていく様子が素描される。

こうして第Ⅱ部では、就学（教育）支援と生活支援の接続面や重なり合いを捉えようとした。そこに共通して浮かび上がるのは、被支援者の生存する場それ自体の公共性を引き上げることでかれらの社会的包摂をはかろうとする教育支援の姿である。

（河合隆平）

第四章

地域による「精神薄弱児」への支援と排除

——二〇世紀前半イングランドの職業センター

大谷　誠

✤はじめに

前世紀転換期のイングランドでは、医師や篤志家など社会的改良を求める人々によって、「精神薄弱[1]（知的障害）」の定義の確定が模索された。そもそも精神薄弱概念は中世にその源を発し、精神病と共に長い年月をかけて取り組まれてきた症状であった。治癒可能であり、正常な状態に戻ることもありうる精神病と違い、精神薄弱は永続的な不治の病とみなされてきた。だが一九世紀末から二〇世紀初頭にかけて、精神薄弱概念は再構築されつつ、症状の範囲を拡大し始めていった。たとえば、ジョージ・エドワード・シャトルワース（George Edward Shuttleworth 1842-1928）やアルフレッド・トレッドゴールド（Alfred Tredgold 1870-1952）など精神薄弱者医療医師は、各自の医学書、論文などで精神薄弱の新たな判断基準について明らかにしようと努め、精神薄弱者の身体的特徴と精神的特徴を詳細に論じた。また、メアリ・デンディ（Mary Dendy 1855-1933）など篤志家は、精神薄弱者対応での経験に基づきつつ、精神薄弱の定義について深く考えた。そして、このような知的探究の結果、精神薄弱は、重い症状から軽い症状へと順に、「白痴」、「痴愚」、「魯鈍[2]」へと三つの部類に区分された。

精神薄弱者政策の基盤となる精神薄弱法が一九一三年に成立すると、同法は白痴、痴愚、魯鈍を次のように定義づけた。まず白痴者とは、出生時または幼年期より精神に著しい障害を有し、身体に対する通常の危険に対して自己防衛できない者であった。次に痴愚者とは、出生時または幼年期より精神に著しい障害を有し、白痴者ほどではないが、自己の事務を処理することができず、自己の事務を処理できるよう教えることが不可能な者であった。さらに魯鈍者とは、出生時または幼年期より精神に著しい障害を有し、痴愚者ほどではないが、自身または他人の保護のためにケアと管理を必要とし、障害のために通常の学校教育から適当な利益を受けりることができない者であった。(3)

この精神薄弱法は児童から大人の精神薄弱者を対象にした法律であったが、同時期に精神薄弱児のみに焦点を当てた法律も整備されていった。特に、三つの症状の中で最も新しい部類である魯鈍児への関心は、社会改良を求める人々の間で高く、学校現場における彼らの発見は、そのような人々にとって喫緊の課題であった。なぜなら「軽度の精神薄弱児」である魯鈍児は、将来において失業者や犯罪者など社会問題グループに陥りやすく、社会の重荷になりやすいと認識されていたからである。その反面、魯鈍児はある程度の教育的効果があると考えられていた。そこで一八九九年に障害児癲癇《てんかん》児法が成立し、魯鈍児の公教育が開始された。同法は、七歳から一六歳までの魯鈍児向けの特殊学校・学級の設置を各地方自治体に促した。そして一九一四年教育法では、各地方自治体による特殊学校・学級の設置が義務化された。(4) 開校された公立の特殊学校・学級では、魯鈍児が離学後に仕事につけるために、庭作業・工作・炊事・洗濯・縫物などの技能を修得する授業が実施された。(5) さらに、一九四四年教育法では、魯鈍児の特殊教育の必要性が再確認され、前世紀転換期に始まった精神薄弱児教育に関わる制度設計は到達点に達した。

ところが同時代、白痴児・痴愚児と称された「重度・中度の精神薄弱児」は、教育不可能の理由により右記の精神薄弱児教育政策には含まれなかった。二〇世紀初頭から戦間期までの精神薄弱児教育政策において、白痴児や痴愚児は社会生活力の欠如から特殊学校・学級に通うことは不適格とみなされていた。一九二一年教育法では、彼らは学校教育の対象外に置かれるべきであると定められ、この方針は一九四四年教育法において再確認された。そして、重度・中度の精神薄弱児は、教育ではなくて福祉の対象者として先述の一九一三年成立の精神薄弱法の下に置かれていた。

精神薄弱法は、当初、特殊教育の効果が期待できない精神薄弱者の長期にわたるケア・管理を実行した。白痴者・痴愚者だけでなく、学校（公立の初等学校・特殊学校）を離学した後も、地域で怠惰に生活しているとみなされた魯鈍者も同法の対象者となった。精神薄弱者政策の監督官庁である管理庁は、教育庁と連携をとりつつ精神薄弱者政策を実行した。

精神薄弱法が施行された後、精神薄弱者保護院やコロニーなど、入所施設の開所が本格化した。同法において、幼児から大人まで、あらゆる年齢の精神薄弱者は、入所施設にてケア・管理の下に置かれた。しかし、一九二〇年代後半になると、管理庁は、財源不足による入所施設の開所の滞りと精神薄弱者数の増加を認識し、入所施設への精神薄弱者の収容の限界を認めた。その結果、精神薄弱者政策は入所施設使用の単独方式から入所施設と「コミュニティケア（入所施設の外側における地域ケア）」の併用方式に変更された。そして、このような状況において、重度・中度の精神薄弱者への対策は後回しになっていった。

だが、二〇世紀前半のイングランドにおいて、白痴者や痴愚者への教育と福祉に見るべきものがないと決めつけるのは早計である。これから明らかにされるように、地域に住む彼らへの取り組みが戦間期において行われていたのである。実際、一九二七年に精神薄弱法が改正され、地方自治体から、コミュニティケア事業の中心的役割を担うデイセンター（職業センター・授産センター・クラブ）は、デイセンターへの財政的支援が開始された。

家庭と入所施設との中間に位置する通所施設であった。そして、デイセンターの一形態である職業センターこそ、児童期から成人期の白痴者・痴愚者が利用した施設であった。そこで本章では、一九二〇年代にコミュニティケア事業[6]として導入された通所型の職業センターを取り上げる。右記したように、二〇世紀初頭に開始された精神薄弱児教育と精神薄弱者政策の大枠は、戦間期から第二次世界大戦を挟み一九四〇年代まで継続した。しかし一九五〇年代半ばになると、政府は精神薄弱法の見直しを開始した。一九五九年には精神保健法が成立し、コミュニティケアが政策の中心手段となったのである。

先行研究では、マシュー・トムソンがイングランドの精神薄弱者対策について「ケアの複合体」を念頭に置きつつ優れた議論を展開している。トムソンは、国家・地方自治体が慈善団体と家族と連携しつつコミュニティケアを実行したと論じており、本章もトムソン研究に大きく刺激を受けている[7]。だが、トムソン研究にも不十分な点がある。彼は、障害の程度と家庭環境を念頭に入れてコミュニティケアについて説明し切れていない。また、トムソンは離学後の精神薄弱者に研究の焦点を当てており、児童期の彼らの処遇への分析が不充分である。さらに、本章にて着目する職業センターの成り立ちと展開は、トムソン研究からすり落ちている。そこで本章では、以下の点について考察したい。一点目は職業センターの運営面について戦間期の状況を解説する。二点目は職業センターの質的な問題についてである。三点目は、職業センターの現場におけるサービスを提供する側と利用する側との関係性について、利用する側である家族の反応を軸に説明する。

第一節　職業センターの成り立ちと展開

職業センターの源流は、精神薄弱法が成立した一九一三年頃に遡る。アーノルド女史（Miss Arnould 生没年不明）

がフルハムにて、グレース・ウッドヘッド（Grace Woodhead 生没年不明）がブライトンにて、家庭でケアされている精神薄弱者対策のために職業センターを初めて開いてからであった[8]。これら職業センターは、慈善団体の精神薄弱者ケア中央協会（以下、CACMDと略記）により設立された。CACMDは一八九五年創立の全国精神薄弱者福祉促進協会（以下、NAPWFと略記）を起源とし、地域に住む精神薄弱者への対策を行っていた。NAPWFの副理事長にルイザ・トワイニング（Luisa Twining 1820-1912）、実行委員会委員にポーリーン・タウンゼンド（Pauline Townsend 生没年不明）と、貧民訪問の経験者が名を連ねていたように、当団体は貧困の撲滅と、その予防の一環として精神薄弱者対策に取り組んでいた[9]。

CACMDの運営費はNAPWFとして設立された時期から一九一〇年頃まで、篤志家の寄付金に依拠していた。だが一九一三年に精神薄弱法が成立すると、NAPWFから名称を変更したCACMDは、管理庁から助成金を受け取り始めた[10]。さらに、その名称を精神福祉中央協会（以下、CAMWと略記）と変更した一九二五年頃になると、当団体の運営費に占める管理庁からの助成金への依存度は非常に高くなった[11]。よって一九一三年頃は、右記の二つを含めた三つの職業センターすべては、その運営資金を寄付金に頼っていた。たとえば、ロンドンのキングスクロスに開所されたリリアン・グレッグ・センターは篤志家・教育者エルフリダ・ラズボーン（Elfrida Rathbone 1871-1940）からの寄付金に依存していた。一九一三年から一九二一年にかけて一六センターが開かれたが、すべては寄付金に依拠しており、その運営状況は厳しかった[12]。

だが、図４－１に示されているように、一九二〇年代に職業センター数は飛躍的に増加し始めた。一九二二年度のCACMD年次大会にて職業センターの必要性が確認されたのである。まず、CACMDは職業センターのオーガナイザーを各地域に派遣することで、ロンドンなど特定地域にて培ってきた職業センター運営のノウハウをイングランド中に拡大しようと試みた。さらに、CACMDは一九二二年、ウェスタン夫人（Mrs. Western 生没年不明）

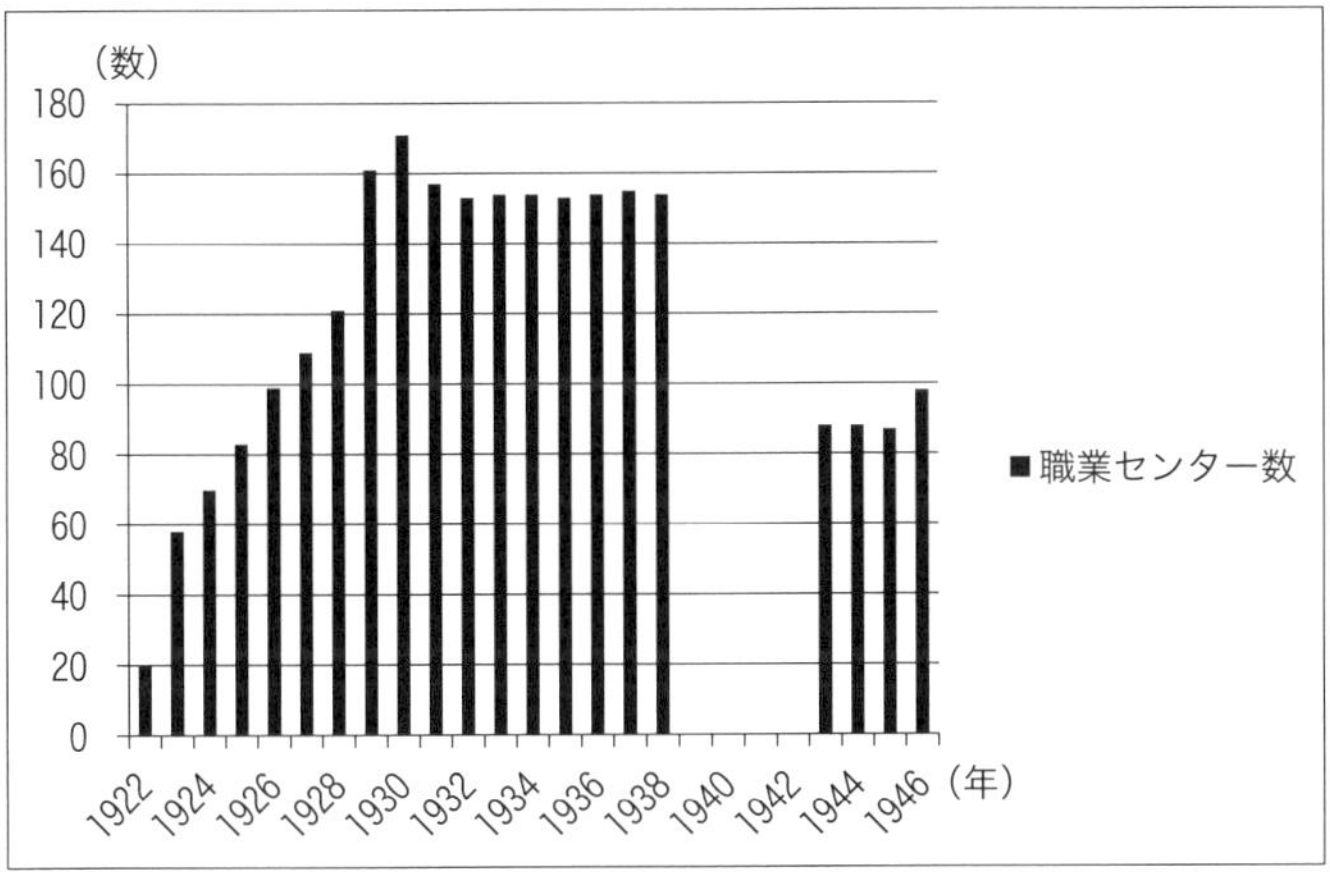

図 4-1　職業センター数

出典：*Board of Control Annual Report*（以下、*BCAR* と略記）*for 1922-1946.*

注：1943 年から 1946 年までの職業センター数には授産センター数が含まれている。

の遺産とレスリー・スコット卿（Sir Leslie Scott 1869-1950）の寄付金を元手にリリアン・グレッグ・センターを改組し、アグネス・ウェスタン・センターと改名した。同センターは職業センターのスタッフの実習場所を提供し、そこで訓練された者がイングランドの各地域にてコミュニティケアを遂行した[13]。

その一方、管理庁は、一九二〇年代前半では、精神薄弱者対策の根幹が精神薄弱者保護院・コロニーなど、入所施設への収容にあるとの見方を維持していた。事実、管理庁は職業センターがあくまでも入所施設の補完的役割にすぎないとみなし、職業センターへの積極的な財政支援を実施しなかった。また、当時、各地域に職業センターがいまだ設立されず、通所のために移動手段の利用が各家族にとって欠かせなかった。しかし、管理庁は職業センターへの通所にバスなどの乗り物を提供することにはコスト面から否定していた。そのうえ、通所者数が一五人以下の職業センターの開所には乗り気でなく、地域密着型の小規模センター設立には消極的であった[14]。

また管理庁は、当事者の障害の程度と家庭環境との違いにより精神薄弱者対策を変えていた。戦間期の入所施設では、その運営費の一部分が被収容者によって生みだされた商品の売上によって補填されていた。そして、入所施設のスタッフを外部から雇用する代わりに被収容者の中から労働力のある者、すなわち、魯鈍者を選抜していた。このような状況において、各精神薄弱者の労働力は彼らの支援方法を選定するうえで重要な要素であった。[15]実際、一九〇四年から開催された「精神薄弱者のケアと管理に関する王立委員会（以下、王立委員会と略記）」では、重度の精神薄弱者を入所施設に収容することには膨大な費用がかかるので、彼らを地域に放置することも仕方がないとの意見がアルフレッド・トレッドゴールド医師から出されていた。[16]白痴者は、農作業、職工など、知能のみならず身体をおおいに動かす作業にも不向きであるとみなされ、社会にとって「役に立たない」と考えられていた。そのうえ、王立委員会にて篤志家のメアリ・デンディは、彼らが障害の重さのために広範な地域を行き来できず、犯罪など、地域の人々に危害を及ぼすこともほとんどないと発言していた。[17]一九二〇年代、管理庁はこのような専門家の見解を参考にしつつ、重度の精神薄弱者に対して早急な施策を打たないでいた。たとえば、王立委員会では、公立の白痴者専用の入所施設を開所すべきであるとの意見がジョージ・エドワード・シャトルワース医師から熱心に提出されていたが、[18]管理庁は対策を講じないでいた。

さらに、白痴児・痴愚児の多くが魯鈍児に比べて「良き家庭」の出身者であることが、一九二六年に実施された管理庁の調査結果から判明していた。イングランド五ヵ所のサンプル（ロンドン郊外、北部の綿産業の都市、中部の炭鉱地域、東部の農村地域、東西部の田園地区）によると、「上質の家庭」の出身者は白痴児九・五％、痴愚児五・九％、魯鈍児一・二％であり、「良き家庭」は二三％、二三・七％、一〇・一％であった。[19]

そして右記の調査は、白痴児・痴愚児（五一三人）が魯鈍児（二〇九一人）に比べて家庭にてケアされていた割合が高いことも明らかにした。魯鈍児の場合、学校（公立初等学校・特殊学校など）または入所施設に入っていた者は一九〇〇人であったが、白痴児、痴愚児の場合は三〇一人であり、各部類の総数に占める学校または入所施設に入っていた者の割合では魯鈍児が白痴児・痴愚児よりも高かった。その反面、家庭にてケアされていた白痴児、痴愚児は二一二人であったのに対して、魯鈍児は七三人であり、各部類の総数に占める家庭にてケアされていた者の割合では白痴児・痴愚児が魯鈍児よりも高かった。[20] 事実、一九二〇年代半ばの管理庁は、「良き家庭」の精神薄弱者に施設への入所を強く求めることは必要ないと判断し、彼らの多くを地域に留まらせていた。[21]

ＣＡＣＭＤ・ＣＡＭＷは、「良き家庭」の人々が、家族の中の精神薄弱者を社会との交流から遠ざける傾向にあると認識していた。[22] 実際、待ちに待った我が子が重度の精神薄弱であることに落胆し、その子を外に連れ出そうとしない「良き家庭」の母親の事例が、ＣＡＭＷのメンバーから報告されていた。[23] また、ＣＡＣＭＤは一九二二年度年次大会にて、「良き家庭」の人々に精神薄弱者のケアを押し付けることは家族の負担を増やし、一家の没落を招く恐れがあると考え、「良き家庭」の人々が職業センターを利用することを求めていた。[24] その一方、ＣＡＣＭＤ・ＣＡＭＷは「良き家庭」の定義を、財産的に豊かな層だけに限定せず、協力的な資質が備わっているか否かで判断しようとした。[25]

一九二〇年代後半になると、管理庁はコミュニティケアに活路を求めるようになり、職業センターの必要性を認めた。一九二七年に改正された精神薄弱法では、地域における精神薄弱者対策として職業センターの設立が奨励され、地方自治体はそれに掛かる費用を支給しなければならなかった。[26] たとえば一九二七年に、ロンドン近郊の州であるミドルセックスでは、ミドルセックス州参事会が職業センター設立のために二五ポンドの助成金を出した。その結果、一年以内に、エドモントンなど合計四センターが開かれた。[27] 次年度には、その数は五センターに増加する一方で、ミドルセックス州参事会はセンター運営に必要な資金援助を増額し続け、一九三〇年にその額は二〇九四ポンドに達した。だが、職業センターの現場責任者にはＣＡＭＷのメンバーが選ばれていたように、センターの現場運営には引き続きＣＡＭＷが関わっていた。[28]

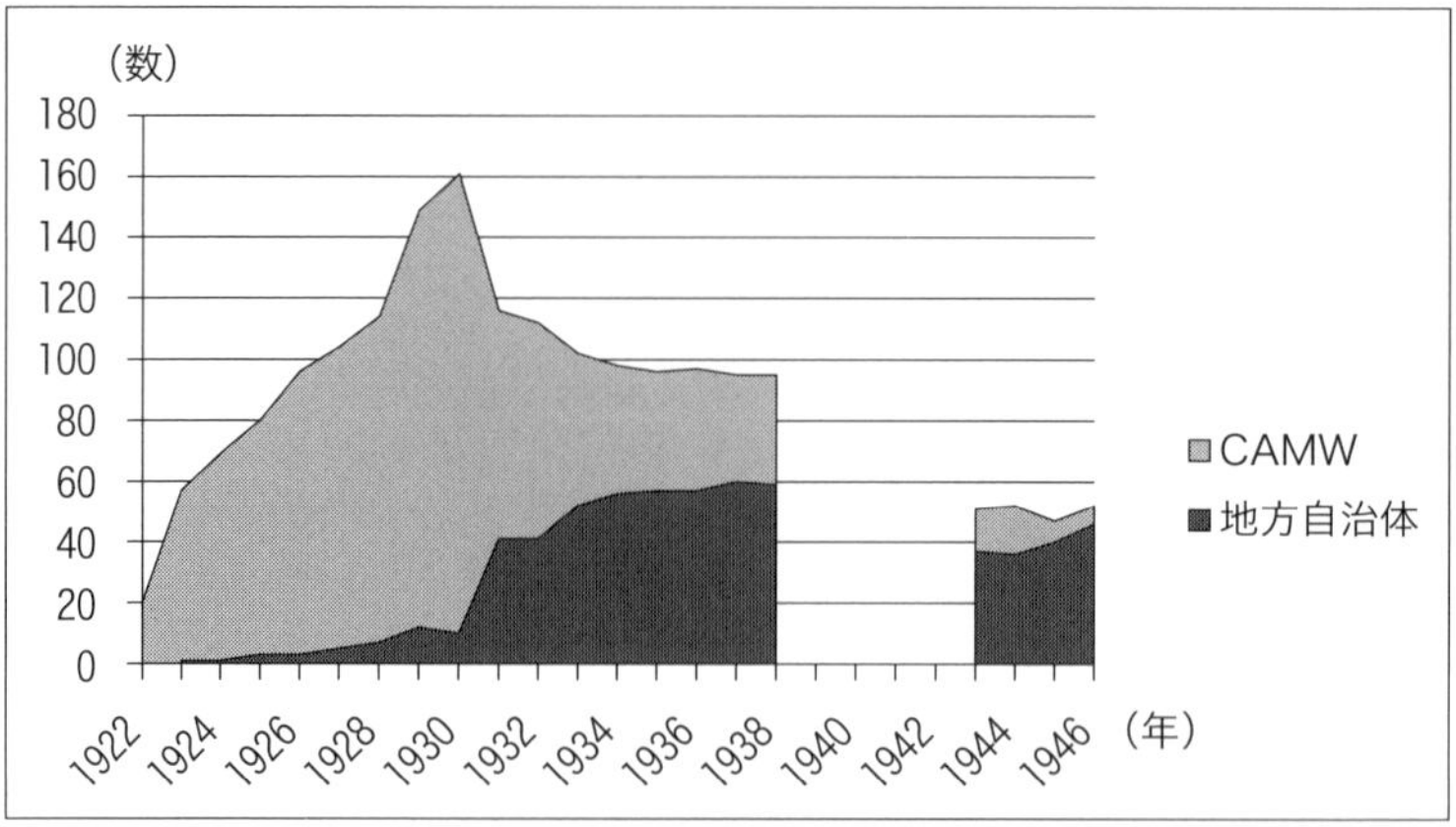

図 4-2　CAMW または地方自治体によって供給された職業センターの数

出典：*BCAR for 1922-1946.*

注：1943 年から 1946 年までの職業センター数には授産センター数が含まれている。

その後、職業センターは、資金面で地方自治体に大きく依存していった。図4・2にあるように、CAMWによって供給された職業センターの数が一九三一年以降、減少傾向であったのと引き換えに、地方自治体によって供給された職業センターの数は増加傾向にあった。

一九三五年のミドルセックスの事例によると、八つの職業センター中の七センターでは、六歳から四五歳の精神薄弱者が一六歳を境に区分され、共に同じセンターにて学習していた。その中の一つであるエドモントン職業センターには、四六名の精神薄弱者が通所していた。年齢構成は七歳から四〇歳までで、二九名が一六歳以下であった。そして、ガイドの支援で通所する者は三六名であった。職業センターから最も近くに住む者は徒歩で一五分ほど、最も遠くに住む者は徒歩で九五分ほどの距離に暮らしていた。建物には、二つの広間があり、そのうちの一つは広くて明るいが、もう一つは手狭だが台所があった。彼らは花栽培のために小さな用地を使用することができた。CAMWの『年鑑報告書』によると、彼らの職業センターへの出席率は非常に良くて、生活能力はおおいに向上しているとのことであった。巡回教師が彼らの

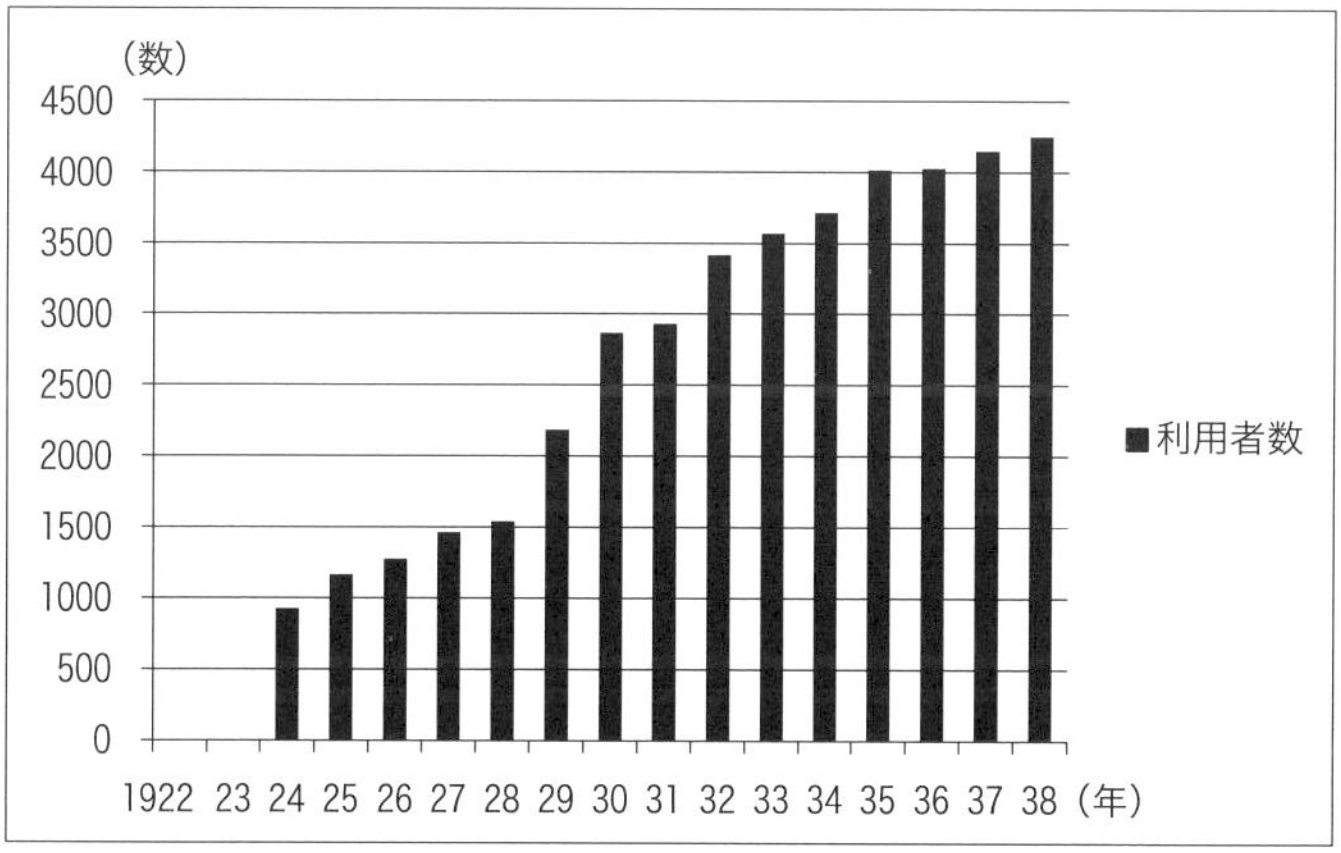

図 4-3　職業センター＋授産センター＋クラブの利用者数
出典：*BCAR for 1922-1938.*

手作業をみるために頻繁に訪問し、矯正・身体訓練用の教師が一週間に一度は来ていた。また、一週間に二度、午前中に、ピアニストが無料訪問していた。すべての年長女子はフロック作りに従事し、少年はシャツや半ズボン作りに勤しみ、儲けを生み出していた[29]。

このように、戦間期の精神薄弱者政策はコミュニティケアを重視し、職業センターを取り入れた。第二次世界大戦前の一九三八年まで、職業センターを含めたデイセンターの利用者数は増加した。図４-３[30]に示されているように、その利用者数は一九三八年には四二四四名に達したのである[31]。

第二節　管理庁による職業センターの推進

右記したとおり、戦間期における精神薄弱者政策は、財政難と精神薄弱者数の増加の二つの理由から、精神薄弱者保護院・コロニーなど、入所施設とコミュニティケアの併用方式へ移行した。一九二〇年代後半になると、管理庁はコミュニティケアが非常に安上がりな方策であることを強調し、それを運用した。事実、職業センターは入所施設と比較して精神薄弱者一人にかかる費用が低コストであった。

ミドルセックスを事例にとれば次のとおりである。一九三五年において、ハウンズロー職業センターには六歳から四五歳までの精神薄弱者五〇人が通所していた。諸経費は全部で二二五ポンドであり、ガイド二名、料理人一名、工作教師一名、理学療法教師一名分の人件費と、家屋の賃貸料・光熱費六六ポンド一二シリングで構成されていた。児童の多くが近郊地域からバスで通っており、それに掛かる費用についてはミドルセックス州参事会から追加助成金が支給されていた。全経費二二五ポンドのうち、親による支払いは二五ポンドであり、その他はミドルセックス州参事会からの助成金で賄われていた。一人の精神薄弱者処遇に掛かる費用は約五ポンドであった[32]。

その反面、一九三五年においてミドルセックスには三つの入所施設が存在していた。ミドルセックス・コロニーには八五四人、ブラムリー・ハウスには五〇人、クローファード・ハウスには一一六人の精神薄弱者が収容されており、合計人数は一〇二〇人であった[33]。同時期のミドルセックスの職業センター利用者数は二九五人であり[34]、入所施設への収容者数がそれを上回っていた。一九三五年には、精神薄弱者一人を入所施設へ収容するのに要する費用は、一週間当たり約二六シリングであり、年間で約四八ポンドであった[35]。これは職業センターにおける一人当たりのコストの約九～一〇倍であり、職業センターがいかに格安な施策であったのかがうかがい知れよう。費用の抑制から見れば、職業センターは管理庁にとって望ましい手段のはずであった。

しかし、コスト安とみなされていた職業センターも、運営費の欠如に常に悩まされるという皮肉な結果に直面していた。職業センターの草分け的存在であったアグネス・ウェスタン・センターは、一九二〇年代を通じてその資金不足に悩まされていたが、一九二七年に精神薄弱法が改正された後、その資金は寄付金や親の支払い、さらにロンドン州参事会からの助成金に依存していた。一九二七年において、同センターに通所する精神薄弱者数は二〇数名であり、前年比で若干の伸びが見られた。監督者一名、監督補助者一名、ガイド二名、料理人一名が雇用されており、ボランティアの教師が週四日の半日だけ着任していた。精神薄弱者は椅子作り、バスケット作り、粘土細工などに勤しみ、商品の売上代のうちの約五ポンドが彼らのお小遣いになった(36)。ところが、一九二九年になると、ロンドン州参事会から同センターへの助成金が打ち切りになった。助成金の支給に値するだけの十分な生徒数を集め切れていないことが、その理由であった。アグネス・ウェスタン・センターは一九三〇年に職業センターの役割を終えた(37)。

アグネス・ウェスタン・センターのような小規模職業センターはそもそも必要ないとの意見がすべてではなかった。たとえば、CAMWは一九三五年のミドルセックスでの取り組みにおいて、馬車やバスなど、移動手段に恵まれない精神薄弱者のために地域に密着した小規模職業センターを開所するよう要求していた。同団体の訴えによると、大多数の精神薄弱者は、職業センター数に限りがあるので、バスを利用できない場合には職業センターに通えなかった。同団体は、この現状を打開するために、ミドルセックスに二、三の小規模職業センターを開くことを切望していた(38)。

ところが、一九三〇年代において、小規模職業センターが閉鎖される事例が目立った。一九三〇年の管理庁『年鑑報告書』は、職業センターを含むデイセンター閉鎖の記事を掲載し始めた。以後、毎年のごとく、『年鑑報告書』は小規模センターの閉鎖、さらにはセンター同士の合併を伝え、一九三二年には一三施設が閉鎖されたと記述した(39)。ミドルセックスにおいても、一九三七年に三四名を抱えるウィレスデン・センターと、同州で通所者数が一七名と最も少ないヘンドン・センターとが一つに合併された(40)。

図4-1に示されているように、一九三〇年から一九三二年にかけて、職業センター数は、一七一から一五三へと激減した。その後、一九三二年から一九三七年にかけて、一五三センターから一五五センターに増加したにすぎない。地方自治体は、一九二七年に精神薄弱法が改正された後、職業センター設立への財政支援を行うよ

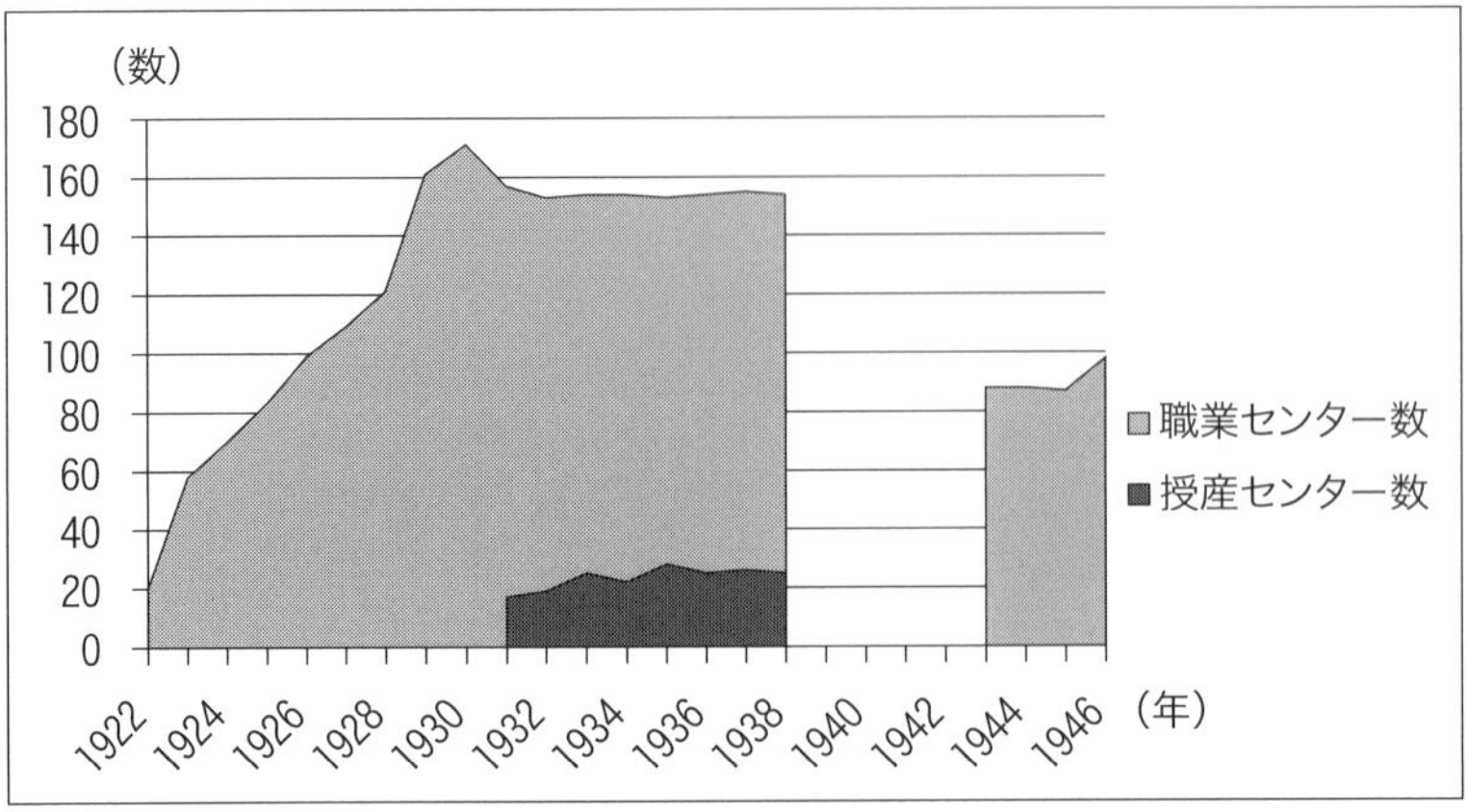

図4-4　職業センターと授産センター数

出典：*BCAR for 1922-1946.*

注：1943年から1946年までの職業センター数には授産センター数が含まれている。

うに求められたが、同施策に対して消極的であった。事実、一九三〇年代、職業センターがまったく開所されていない地域が多数、存在していた。一九三四年では、職業センター空白地域は人口五万人以上の四〇の都市にもおよび、その中には人口一〇万人以上の一三都市が含まれていた[41]。

さらに重要なこととして、管理庁は一九三〇年代に、授産センターを新たなコミュニティケア事業として推進した。図4・4に示されているように、職業センター数が一九三一年を境に減少したのに対して、授産センターはその数を増加させていった。授産センターとは、労働市場では競争に勝ち抜けないが、好意的な環境においては適度な生活を送ることの可能な魯鈍者向けの職業訓練施設であった。一九二三年以降、管理庁はリーズにおける取り組みを注視し、『年鑑報告書』の中でその功績を取り上げていた。リーズの授産センター内では、特殊学校・学級を離学した一六歳以降の魯鈍者に向けて、靴修理などの職業訓練を行っていたのである。リーズでの取り組みを模範とした全国への拡大が期待されていた[42]。

もっとも、授産センターが設立された地域は限られていた。全体数も図4・4に見られるように、一九三五年の最盛期に全部で二八施設にすぎず[43]、職業センターと比較して圧倒的に少なかった[44]。しかし、この数字は、コミュニティケア事業としての授産センターの機能が一九三〇年代半ばに軽視されていたことを示すのではない。たとえばミドルセックスでは、授産センターの機能が職業センター内に含まれていたケースが多々あった。第一節で言及したエドモントン職業センターは、一九三五年にミドルセックス州参事会からの金銭支援を受けて新たに部屋を借り、等級ごとに児童を分けた[45]。知的・身体障害の程度と年齢の異なる者が、センター内の各々の部屋に分かれて教育されていた。

このように、一九二〇年代後半、管理庁は、入所施設不足からコミュニティケアを推し進め、職業センターなど通所施設の設立を後押しした。だが、同政策において最もケアと管理が必要とされた者は、入所施設に入りきれない魯鈍者であったため、結果的に白痴者・痴愚者の多くが地域に置き去りにされたのである。

第三節　職業センターの現場

戦間期において、管理庁とCAMWは、コミュニティケアを進めるうえで家族と対峙する必要があった。通所型の職業センターの利用が可能となっても、日夜、精神薄弱者対応において家族の担うべき役割は、入所施設と比較して格段に大きかった。当局は家族とどのような関係を結びつつ、政策を実行しようとしたのであろうか。また、家族自身の負担を軽減する目的で導入された職業センターに対して家族はどのような反応をしたのであろうか。本節では、この件について考察したい。

まず、ロンドンのリリアン・グレッグ・センターの事例を取り上げる。エルフリダ・ラズボーンが一九二〇年、CAMDの機関誌『精神的無能の研究』に発表した論文からの引用である。ラズボーンが取り上げたリリアン・

グレッグ・センターに通う五人の児童の中から一人を紹介したい。彼は小柄で、非常に虚弱な少年であった。また、彼は生命力に乏しいうえに、いつも泣き叫ぶ子どもだった。だが、彼はセンターに通うことで、いつも微笑み、身体をよく動かし、学習にも取り組む頼もしい少年に変貌した。彼は口ごもりせず、彼の両脚はしっかりと身体を支えるようになった、とラズボーンはセンターでの訓練成果を伝えていた。そして、彼女は、母親が職業センターでの教育に対して感謝を述べていたと報告していた。ラズボーンは、職業センターと両親との関係は、親が協力的であり、感謝に満ちていて、分別があれば、良好であると結論付けていた。[46]後から述べるように、この「協力性」は家族と慈善団体または公的機関とを結びつけるうえでの重要なキーワードである。

無論、ラズボーンの論文は、彼女が関与する職業センターを推進するために、同サービスの成功例を大々的に取り上げたものとする見方も可能だ。当時の家族の反応を知るうえで、この史料の客観性にはいささか問題があるとの批判もあろう。そこで、現場における職業センターの実像を探るために二つの史料を利用したい。それらはロンドン・メトロポリタン公文書館所蔵のケースワーク報告書であり、便宜上、X史料とY史料と呼ぶことにしよう。

最初にX史料とは、ロンドン州参事会[47]が、精神薄弱者の生活状況について調査した報告書である。当事者の一〇代から四〇代にわたる生活状況や、自宅でのケアを継続すべきか否か、精神薄弱者保護院・コロニーなど、施設への入所を実施するか否かについてのロンドン州参事会の判断が記載されている。一九一三年から一九五〇年までを対象とし、五六〇〇名のうちの一％分の五六名がサンプルとして閲覧可能である。[48]

次にY史料とは、ロンドン州参事会が出生時から特殊学校離学時の一六歳までの精神薄弱児の状態に関して、家族等と学校関係者との連携のうえでまとめ上げた調査報告書である。離学後の適切なケアのあり方、すなわち精神薄弱者保護院・コロニーなど、施設への入所またはコミュニティケアのどちらが当事者にとって良き環境であるのかについて、ロンドン州参事会としての意見書が書き留められている。そして、当事者のケアをめぐるロンドン州参事会と家族等との手紙のやりとりもY史料には含まれている。一九三九年から一九四八年までに調査された九八〇〇名のうちの一%分の九八名が、公開されている。Y史料の大半は特殊学校下での児童の状況について調べた報告書で構成されているので、九八名の多くが魯鈍児や、健常児と魯鈍児との間に位置する「低能児」[49]である。その反面、Y史料のなかの一部に「教育不可能」と判断された精神薄弱児が含まれている。そこで本節では、「教育不可能と判断された者」に関する箇所に着目する。[50]なお、イングランドのプライバシー保護に関する一〇〇年ルールの下、X史料、Y史料に記載された氏名、住所など、当事者を特定する情報については公開できない。よって、個々の事例について詳しく述べることを差し控えたい。

まずX史料の一事例には、職業センターに対する両親の否定的な反応がいくつか書かれていた。[51]その一つめは精神薄弱者を自宅から職業センターへ引率するガイド数不足への不満であった。いつも元気がない、この事例の痴愚者のように、職業センターに通う精神薄弱者の中には健康状態に不安を抱える者も含まれており、両親にとってガイドは子どもの身の安全を守るうえで欠かせない存在であった。ところが、職業センターなどコミュニティケア事業が普及していたミドルセックスでさえ、[52]ガイド一人が各地域に散らばって住んでいる一八人もの精神薄弱者を担当しなければならず、ガイド数は不十分であった。[53]地域密着型から程遠い職業センターの実状がX史料のこの事例から浮かびあがってくる。

二つめは、ロンドン州参事会の強引なケアの押し付けに対する反応であった。右記のX史料の事例によると、両親は、職業センターへの通所が我が子の精神的・身体的プラスにならないと判断し、センターへの通いを止めさせた。このような場合、ロンドン州参事会は、当局に協力的でない、親の無関心で怠惰な態度が子どもを甘やかしていると批判していた。[54]ロンドン州参事会が両親に求めた「協力性」とは、職業センターの現場におけるサービスを提供する側と利用する側との関係を語るうえで欠かせない言葉であった。ラズボーンの論文にもあるように、両者が協力関係を結ぶことはサービスを円滑に進めるうえで重要なことであった。だがX史料のこの事例から、協力性は現場では名ばかりに過ぎず、サービスを提供する側が利用する側に対して強圧的な態度をとったことが両者の関係性を物語っている場合もあったと推測できる。

実際、職業センターの質的問題に対して反省を示さないロンドン州参事会の態度が先のX史料の事例から確認できる。ロンドン州参事会は、家の中に留まらずに地域にて「ぶらぶら」しているとみなした者を職業センターへ通所させようとした。たとえ、街中の他人に話しかけるような無邪気な行為でも、彼らはその行動を問題視した。これは、当局が職業センターを通じて入所施設以外での精神薄弱者のケア・管理を実施することに大きな関心があったことを証拠立てる事実である。そして、ケア・管理を前提とする精神薄弱者政策に抵抗する家族に対しては強圧的な態度で接するケースがあったことを示している[55]。

その一方、Y史料では、第二次世界大戦末期から一九四六年にかけて、職業センターへの通所を切実に求める両親の事例が確認された。ある児童がロンドン州参事会によって痴愚と認定され、入所施設へ入ることを求められた。だが、両親は同施設を見学し、そこで実施されているサービス内容が彼らの子どもには適当ではないと判断した。児童たちが同施設で歩くことも話すこともしないことを目の当たりにし、彼らの子どもは同施設の児童たちよりも知的障害の程度が軽いとの印象を抱いたからだ。そこで、両親は彼らの子どもを特殊学校または職業センターに通わせたいとロンドン州参事会に強く要望した。ところが、ロンドン州参事会は両親に対して、特殊学校は魯鈍児向けであり痴愚である彼らの子どもには相応しくないと告げ、さらにロンドンの職業センターは戦争が開始されたので閉鎖されていると説明した。この結果、この子どもは家庭に留まり続け、両親以外からの教育を受けないでいた。両親は子どもの未来に不安を抱くと同時に、ロンドン州参事会の対応について不満を感じ

ていた。(56)

第二次世界大戦が始まると、ロンドンやミドルセックスだけでなく、全国の職業センターの閉鎖が相次ぎ、その数は激減した。図4‐1にあるように、一九三八年には一五四であったが、一九四三年には八八にまで減少した。そもそも、戦争開始後、重度・中度の精神薄弱児対策はますます後回しにされた。戦時中、教育と治療が不可能な者よりも、教育や治療が可能な障害者への迅速な対応が求められた。なぜなら、総力戦体制下で、白痴者や痴愚者はその知能の欠陥から最も役に立たないとみなされ、そのうえ、その病が正常な状態へ回復する見込みがないと認識されたために、彼らへの対策の緊急性が低いと判断されていたからである。戦間期における重度・中度の精神薄弱児への否定的な見方は、戦時期においてより強まったと言えよう。(57)

第一節で述べたように、職業センターは精神薄弱者の家庭ケアで生じる家族の負担を軽減するためにＣＡＣＭＤ・ＣＡＭＷによって設立された。また、精神薄弱者は職業センターに通所することで社会生活力を身につけることもできた。その一方、Ｘ史料で明らかにしたように、ロンドン州参事会にとって職業センターの利用は入所施設収容の代替措置であり、その本質はケアと管理であった。(58)そのうえ、職業センターのスタッフ数には限りがあり、当事者への適切な配慮が不十分であった。それにもかかわらず、Ｙ史料では、職業センターが当事者と家族にとって欠かすことのできない事業であったことも確認できる。入所施設の環境に不満を感じ、その利用を拒む家族にとって、職業センターで実施されているサービスは魅惑的なものであった。(59)

一九四六年、「学習遅滞児の親の会（以下、ＡＰＢＣと略記）」が結成された。精神薄弱の娘の親であるジュディ・フレッド（Judy Fryd 1909-2000）が、自らの子育て経験を通じて、さらに精神薄弱児を抱える他の親からの「悲惨な状況」の聞き取りを通じて、親の会を結成した。精神薄弱者への対応を通じて親が直面する孤独の解消、さらに、家族への救済を求めて、ＡＰＢＣは誕生した。同団体は、一九四四年教育法により学校から排除された重度・中度の精神薄弱児を養護し、職業センターなど、コミュニティケア事業を促すことに力を注ぎ、「精神薄弱児は人間以下ではなく、人間としての権利と感情を兼ね備えている」と世間に言い知らせた(60)。実際、フレッドは一九五四年から開催された「精神病と精神薄弱に関する法律についての王立委員会」で、職業センターの必要性を訴えた(59)。

ところが、一九四六年に成立した国民保健サービス法のもと、管理庁は保健省に統廃合され、精神薄弱者政策への財政支援は戦間期と比較していっそう低く抑えられた。また、入所施設に支給された助成金は精神病者に優先的に振り分けられた。さらに、ＣＡＭＷは一九四三年に「全国精神保健協会（以下、ＮＡＭＨと略記）」と名称を変更しつつ、一九四〇年代後半からも引き続き職業センターの普及に努力していたが、同法成立の影響によって、国や地方自治体からの金銭面での支援を削減された。一九四八年には、ＮＡＭＨの地方組織は四二から二六にまで減少した(62)。その一方、知能に軽度の欠陥があると教育現場で診断された者の数は一九四〇年代後半以降も増加し、一九五〇年代、彼らはコミュニティケアの対象となった(63)。同時期、職業センターなど、コミュニティケア事業は再開の途上であったため、家族がケアの負担を一手に引き受けていた。家族の悲痛な思いを社会に向けて発するために、ＡＰＢＣはその活動を推進したのである。

⚜おわりに

それでは、本章をケアの複合体論に寄せて総括をしよう。イングランドのコミュニティケアは、トムソンが論じるように、国家と地方自治体とＣＡＭＷと家族との協力関係のもとに実施されていた。だが、重要な事実として、精神薄弱者のケア・管理の主要な担い手は家族に託されていた。なぜなら、精神薄弱者政策を運営する管理庁にとって、家族によるケアこそが最も安価な社会福祉であったからだ。特に、白痴者、痴愚者は家庭に放置されたままであり、職業センター整備の不十分さに見られるように管理庁からの関心の度合いは小さかった。これは先述したように、管理庁は、彼らが労働力にまったく乏しいが、社会にとって危険な存在とみなされず、その多くが「良き家庭」の出身者であると認識していたためである。現場を統括したＣＡＭＷが「良き家庭」の精神薄弱者にもケア・管理を実施する必要があると主張したが、その内容が不十分なままであったことはすでに述べた。一九四四年教育法において、軽度の精神薄弱児は特殊学校・学級への入学を奨励され、重度・中度の精神薄弱児は入学を不適格とされ、免除された。このように、各人がどのような家庭に属しているのかを確認しつつ、働けるのか、働けないのか、すなわち、将来において社会に貢献できるのか、貢献できないのかを見極めることが、精神薄弱者政策を実行するうえで最も重視されたのであった。

なお、戦間期のコミュニティケアと、二一世紀のイングランドにて実施されているコミュニティケアは、性質の面で同じではない。戦間期のコミュニティケアは、精神薄弱者保護院・コロニーなどの入所施設の外側でのケア・管理が主要な目的であり、あくまでも入所施設収容の代替措置にすぎない。それは、知的障害者自身が地域で何ものにも束縛されずに自由な活動を行うことを当然の権利とみなす、現在のコミュニティケアの理念と等しい意味ではない。知的障害者の自立、選択、権利、社会への包摂を認めた政府報告書が一九七一年に公表されているように、一九七〇年代を境に知的障害者への社会的な見方は変わったと言えるだろう。研究者の中には、一九七〇年代以降の社会改革は第二次世界大戦後の一九四〇年代後半の社会での人権意識の広がり、さらに当事者団体の結成に由来すると考える者もいる。だが、職業センターなど戦間期のコミュニティケア事業によって生み出された教育・福祉の場は、二一世紀のものの雛型とみなすことも可能であり、戦間期から今日までの知的障害者対応において物理的環境では連続性があったと思われる。

［付記］本研究は、日本学術振興会科学研究費助成事業基盤研究（B）（研究課題番号　二三三三〇一二六）『障害者の労働に関する比較史的研究』（研究代表者　藤原哲也　福井大学医学部教授）の助成を受けた。

注

（1）二〇世紀前半のイングランドでは知的障害者を精神薄弱者と呼んだ。精神薄弱者という言葉は差別を助長する理由から今日使用されていない。だが、本章では当時の時代的状況を明らかにするために精神薄弱者を用いる。

（2）白痴、痴愚、魯鈍という言葉は今日使用されていないが、本章では当時の時代状況を明らかにするために、これらの言葉を用いる。

（3）*Mental Deficiency Act 1913*, part i, 1.

（4）*Report of the Mental Deficiency Commitee: Being a Joint Commitee of the Board of Education and Board of Control*（以下、*Wood Report* と略記）, part ii, London: Board of Control, 1929, p. 53. 山口洋史『イギリス障害児「義務教育」制度成立史研究』風間書房、一九九三年。

（5）*Wood Report*, part ii, pp. 55-56.

（6）デイセンター以外のコミュニティケア事業としてホームティーチングがあった。ホームティーチングとは、主に重度の精神薄弱者を各自の家庭にてケアする事業であった。一九三八年には二二の都市と州に普及していた。*Board of Control Annual Report*（以下、*BCAR* と略記）*for 1938*, p. 57.

（7）Mathew Thomson, *The Problem of Mental Deficiency, Eugenics, Democracy, and Social Policy in Britain, c. 1870-1959*, Oxford: Oxford University Press, 1998, chap. 4, 7.

（8）*Central Association for Mental Welfare Annual Report*（以下、*CAMWAR* と略記）*for 1934-35*, p. 32.

（9）*National Association for Promoting the Welfare of the Feeble-minded Annual Report for 1897*, p. 6.

（10）*Central Association for the Care of the Mentally Defective Annual Report for 1913-1915*, p. 15.

（11）Thomson, *The Problem of Mental Deficiency*, p. 156.

（12）*CAMWAR for 1934-35*, p. 33.

（13）*Ibid.*, pp. 32-33.

（14）*BCAR for 1925*, p. 76.

（15）Thomson, *The Problem of Mental Deficiency*, pp. 139-141.

（16）*Minutes of Evidence*（*Relating To England and Wales on the Original Reference*) *Taken Before the Royal Commission cn the Care and Control of the Feeble-Minded with Appendices and Witnesses Index*, vol. i, London: H.M.S.O. by Wyman, 1908, p. 406.

（17）*Ibid.*, p. 42.

（18）*Ibid.*, p. 578.

（19）*Wood Report*, part iv, p. 95, 202. その一方、「非常に貧困な家庭」の出身者は白痴児五・四%、痴愚児一四・七%、魯鈍児二五・二%であった。なお、管理庁からの依頼でこの調査を担当したエドモンド・オリヴァー・ルイス（Edmund Oliver Lewis 1883?-1965）は、自身の論文で、「上質の家庭」は「経済的に独立した階級」に、「良き家庭」は「中流階級」に、「非常に貧困な家庭」は「未熟練労働者の階級」に対応すると述べている。Edmund Oliver Lewis, "Mental Deficiency and Social Medicine", *Journal of Mental Science*, vol. 94, 1948, p. 260.

（20）*Wood Report*, part iv, pp. 188-189.

（21）*BCAR for 1926*, p. 51.

（22）Evelyn Fox, "Community Schemes for the Social Control of Mental Defectives", *Mental Welfare*, vol. 11, 1930, p. 66.

（23）Anne A. Anderson, "The Scope and Possibilities of Home Training", *Report of a Conference on Mental Welfare*, London: Central Association for Mental Welfare, 1932, p. 48.

（24）*Report of a Conference on Mental Deficiency*, London: Central Association for the Care of the Mentally Defective, 1922 に記載されたアン・A・アンダーソン（Anne A. Anderson 生没年不明）の発言を参照せよ。

（25）Fox, "Community Schemes for the Social Control of Mental Defectives", p. 65.

（26）*BCAR for 1927*, pp. 51-52.

（27）*CAMWAR for 1927-28*, p. 21.

（28）*CAMWAR for 1929-30*, p. 21.

（29）*CAMWAR for 1935-36*, pp. 31-37.

（30）授産センターについては本章第二節にて述べる。クラブとは、主に精神薄弱女児に向けてダンス、合唱などの娯楽や、縫物などの職業教育を提供した。なお、一九三一年から授産センター、一九三二年からクラブの利用者数が職業センターの利用者数に合算され、デイセンターとして管理庁『年鑑報告書』に記載された。

（31）*BCAR for 1938*, p. 57.

（32）*CAMWAR for 1935-36*, pp. 33-34.

（33）*BCAR for 1935*, p. 54.

（34）*CAMWAR for 1935-36*, p. 24.

（35）*BCAR for 1935*, p. 75. なお、一九三五年における炭坑夫の平均年収は一四五ポンド、農業労働者は八九ポンドであった。John Steven, *British Society 1914-45*, London: Penguin Books, 1990, p.121.

（36）*CAMWAR for 1927-28*, p. 21.

（37）*CAMWAR for 1930-31*, p. 21.

（38）*CAMWAR for 1935-36*, p. 34.

（39）*BCAR for 1930*, p. 63, *BCAR for 1931*, p. 73, *BCAR for 1932*, p. 69.

（40）*CAMWAR for 1937-38*, p. 36.

（41）*BCAR for 1934*, p. 55.

（42）*BCAR for 1923*, pp. 48-49, 77.

（43）*BCAR for 1936*, p.62.

（44）クラブは一九三八年の一三施設が最高であり、授産センターよりもさらに少なかった。また、一施設を除いて、ＣＡＭＷによって開所された。*BCAR for 1938*, p. 57.

（45）*CAMWAR for 1935-36*, pp. 32-33.

（46）Elfrida Rathbone, "The Lilian Greg Occupation Centre for Defective Children", *Studies in Mental Inefficiency*, vol. 1, 1920, p. 78, 81.

（47）一九三〇年まで、ＣＡＭＷ傘下の精神福祉ロンドン篤志協会がロンドン州参事会の委託を受けて地域の精神薄弱者の調査を実行していた。Thomson, *The Problem of Mental Deficiency*, pp. 164-165.

（48）LCC/PH/MENT/2/10-12. 一九一三年から一九五〇年までを対象としている。なお、トムソンも同史料を使用し、戦間期における精神薄弱者対策に対する家族の反応について分析している。Thomson, *The Problem of Mental Deficiency*, chap. 7.

（49）低能児という言葉は今日使用されていないが、本章では当時の時代状況を明らかにするために、この言葉を用いる。

（50）LCC/EO/SS/8/7. 一九三九年から一九四八年までを対象としている。

（51）LCC/PH/MENT/2/11. トムソンもこの事例を取り上げている。Thomson, *The Problem of Mental Deficiency*, pp. 264-266.

（52）ＣＡＭＷは、一九二七～一九二八年『年鑑報告書』で、ミドルセックスの職業センターについて詳しく取り上げた。*CAMWAR for 1927-28*, pp. 21-22. ＣＡＭＷの『年鑑報告書』内でのミドルセックス職業センターに関する特集記事は、一九三八～一九三九年のものまで継続し続けた。*CAMWAR for 1938-39*, pp. 29-31.

（53）*CAMWAR for 1935-36*, p. 32. イーリング職業センターの事例。

（54）LCC/PH/MENT/2/11.

（55）*Ibid.*

（56）LCC/EO/SS/8/7. この事例は次の文献の中でも取り上げられている。Sue Wheatcroft, *Worth Saving: Disabled Children During the Second World War*, Manchester: Manchester University Press, 2013, pp. 113-114.

（57）Wheatcroft, *Worth Saving*, chap. 4.

（58）LCC/PH/MENT/2/11.

（59）LCC/EO/SS/8/7.

（60）"Association of Parents of Backward Children", *Mental Health*, vol. 7, 1947, pp. 13-14.

（61）"Day 4 (June 29, 1954)", *Minutes of Evidence: Royal Commission on the Law Relating to Mental Illness and Mental Deficiency*, London: H. M. S. O., 1954-1957.

（62）Thomson, *The Problem of Mental Deficiency*, pp. 285-288. "The Mentally Defective Child at Home", *Mental Health*, vol. 11, 1951, pp. 3-4.

（63）LCC/EO/SS/8/8. Y史料の継続にあたる本史料は、一九四八年から一九六三年を対象とし、八八〇〇人のうちの八八人がサンプルとして公開されている。

COLUMN 2

学校に行かない子どもたち

前世紀転換期イングランドの就学督促官

内山由理

ヨーロッパではまだ児童の就学が一般的ではなかった一九世紀中ごろから国民を対象とした公教育が始められた。以来、多くの国の公教育制度では児童の学校出席をめぐり、さまざまな担い手が配置された。その一人が強制就学の担い手であった就学督促官（School attendance officer）である。

イングランドでは一八七六年の基礎教育法が親に児童の就学を義務付けると、地方の学務委員会は就学督促官を配置した。就学督促官はおもに警官や兵隊あがりの労働者階級の男性で、担当地区の世帯情報を集めて就学年齢にあたる児童の公立の初等学校への出席を監督した。彼らは不就学児や怠学児、路上で働く児童を見つけると親や雇用主を訪問して児童の就学を督促した。重々しい黒い制服で身を包み、まるでドラキュラのような風貌で地区内を歩く就学督促官はしばしば督促に従わない親を査問・起訴したり、路上をぶらぶらする児童や浮浪児、軽犯罪を犯す少年、働く児童を補導したため、子どもや親たちから「児童補導員（Kid Catcher）」、「学務委員会の男（School Board Man）」と呼ばれ恐れられた。就学督促官の訪問を受けた家族は、図1にあるように、貧困や病気による生活の窮状を訴えて強制就学に反発したり、情状酌量を求めてなんとか事なきを得ようとした。他方、日常的に労働者の家族と接する就学督促官の側もそうした家族の事情には通じていた。多くの場合、彼らは家族の声に耳を傾けながら数度の警告と査問を通じて児童の学校出席が改善されるよう促し、実際に親を起訴する件数を減らそうとした。また彼らは貧困問題と強制就学の矛盾に強い関心を寄せ、貧しい家族や児童を救済する慈善活動に協力したり児童の就学を支援する国家施策を積極的に支持した[1]。

就学督促官の職務に転機が訪れたのは二〇世紀初頭である。この時期のイングランドの基礎学校就学率は八〇％以上に達し、強制就学の必要はなくなっていた。代わって都市の貧困問題の解消と児童福祉への関心が高まり、貧しく病弱な児童の学校への出席を支援する一九〇六年学校給食法や一九〇七年身体検査法、一九〇八年の児童法が制定された。就学督促官の職務には新たに貧困児や病児の就学を支援する事項が加えられた。具体的には貧困児や病児への

図１　家庭を訪問した就学督促官と母親

上絵：*The School Attendance Gazette*, "Our Monthly Cartoon" August, 1902, p.153.

『挑戦』（棍棒を隠し持っている）スロギンズ夫人（神経質な就学督促官に向かって）「私は子どもたちを学校にはやっていません。でもあなたは子どもたちを連れて行こうというのね！」

下絵：*The School Attendance Gazette*, "Our Monthly Cartoon" July, 1902, p. 133.

『大いなる秘密』恥ずかしそうな母親「あなたも所帯持ちでしょうから、気にせず申し上げます。哀れなディッキーは（お腹に）寄生虫病を患ってるんです！」

出典：Nicola Sheldon, School Attendance 1880-1939: a study of policy and practice in response to the problem of truancy, Oxford university, unpublished Ph. D. Thesis, 2008, pp. 243-244.

図２　連れだって物色に出かける子どもたち（ロンドンのベスナル・グリーンにて、1904 年）

出典：The Start on a Pilfering Expedition’ Bethnal Green, England, 1904 by Malby, H J (photographer), the National Photographic Record and Survey (1897-1910)

救済費の支給や請求（授業料や食費の支給や治療費の請求）、療養の必要な病児の処遇（休学・復学・転校手続き）、親から虐待（おもにネグレクト）を受ける児童の摘発と通報など多岐にわたった。二〇世紀初頭から戦間期にかけて不就学児や怠学児の問題で親を査問・起訴する件数が減少した中で、これら貧困児や病児らの就学支援は就学督促官の主要な職務となった。なかでも学校医療サービスの拡大とともに就学督促官の扱う病児の処遇件数は飛躍的に増加した。彼らは児童の病気について親に伝えて休学や野外学校への転校の手続きをしたり、休学する病児の家をまわって病状を監督して復学を助言した。彼らの仕事ぶりについて一九二〇年代のロンドンの公衆衛生局は「[児童の]家庭状況、食事、あるいは睡眠の状態については、就学督促官がますます発見するようになっている。彼らはしばしば親と[我々の]医療勧告について議論し、そして助言に従うことの重要さを親に説得し支援できるようになっている」[2]と評している（[　]内は引用者）。

ところで当時彼らと同じように貧困児や病児に関わった担い手に、地方当局に登用された中産階級出身の女性のソーシャル・ワーカーや学校看護婦らがいた。ロンドンのような大都市では学校単位で女性のソーシャル・ワーカーが組織され、就学に困難を抱える児童の家庭訪問が行われた。彼女たちと就学督促官はしばしば同じ家族を訪問し助言や支援を行ったが、家族への関わり方は大きく違った。女性ワーカーたちは母親に対する育児の助言と慈善的な支援が中心であったが、就学督促官は助言の末に、これを無視した親を警告し起訴することができた。当時の教育法は就学督促官の助言を無視した親を、育児に怠慢で堕落した親とみなし罰することを可能にしたからである。こうした職務の性格上、就学督促官の訪問は以前と同じように労働者の家族にとって厄介なもので、彼らを支援の担い手として迎え入れることはなかった[3]。しかしその一方で就学督促官は女性のワーカーとともに、家族のさまざまな事情に左右されやすい児童の状態に目を向けていた。彼らは社会的に困難な家族の児童のために学校や慈善団体、裁判所、病院と掛け合うこともあったし、時に家族に強権的に介入することで、劣悪な環境に暮らす児童や著しく心身に問題を抱えた児童を保護し学校で教育を受ける機会を提供した。こうした就学督促官の活動は、しばしば女性のワーカーたちの陰に隠れてしまいがちである。しかし前世紀転換期を境に、就学督促官はかつての強制就学の担い手から、イングランドの児童の就学支援の一端を担う存在として活躍したのだった。

注

（1）Frank Coombes, Dave Beer, *The Long Walk from the Dark: School Board Man to Education Social Worker*, London: National Association of Social Workers in Education, 1984.

（2）Hilda Jennings, *The Private Citizen Public Social Work - an account of the Voluntary Children's Care Committee System in London*, London, 1930, p. 176.

（3）Nicola Sheldon, "The School Attendance Officer 1900-1939: Policeman to Welfare Worker?" *History of Education*, 36 (6), 2007.

第五章

長期欠席者対策にみる国民国家の再編
――戦後高知県の福祉教員制度

倉石一郎

⚜はじめに

高知県の福祉教員制度は、敗戦後に実施された新学制下の日本における義務制学校長期欠席者対策の中で、最も大規模かつ早期に実施されたものの一つである(1)。その重要な特徴は、単に広くうすく長期欠席者一般に対して行われたというより、問題の山積するいくつかの被差別部落(同和地区)の長期欠席の子どもたちに特化しつつなされた就学支援策だったという点に求められる。本章は、戦後日本において地方教育行政が関与した就学支援のケースとして、きわめて異彩を放つこの福祉教員の事例を取り上げる。これまで筆者は、福祉教員が残した実践記録や当事者からの聞き取り資料等にもとづき、福祉教員に任用された個々の教師たちが児童生徒、保護者、地域の人々とどのように関わり、関係機関と連携してきたかに焦点を合わせながら、その保護や救済の論理に内在しながら活動の本質を明らかにすることに力を傾注してきた(2)。しかしながら、事象を幅広い文脈に位置づけるために不可欠な一次史料の慢性的不足(3)などの理由により、議論をミクロレベルの実践解釈以上に展開させることができず、視野の広がりを欠いていた。本章ではその反省に立ち、福祉教員制度の歴史的位置づけをはかりその全体像の再構成をめざしたい。

就学支援策としての歴史的位置づけを考える際の枠組みとして参考になるのが、一九五〇年代の日本における長期欠席者対策を「戦後の国民国家の再編の実践」として位置づける加藤美帆の視点である。(4) 年間五〇日以上の欠席をもって長欠とするという一律の基準のもと、長欠児童生徒に関する国の全国調査が毎年実施され、県や市町村は自らの「長欠率」を下げるべく対策を競い合うという体制が一九五〇年代に確立された。加藤はそれに関して「教員の熱意や住民たちの自発的な行為を動員しながら、［中略］戦後の新体制を微細に秩序立てていくことに、大きな役割を果たす(5)」ものだったと位置づける（［　］内は引用者、以下同じ）。長期欠席者への就学支援対策に関するこの視点、すなわち熱意ある人々の自発性の動員、そして国民国家の再編・新たな秩序の確立への寄与という二点を、本章における福祉教員の事例の解釈に援用したい。

ただ、福祉教員の事例に固有の特徴として次の三点が指摘でき、これらの点を考察に組み込むためには、上記の枠組みだけでは不十分である。第一に、一連の事象は連合国軍による占領期間中、すなわちサンフランシスコ条約発効以前に端を発し、日本の「独立」をまたいでその後も継続したものであった点である。第二に、福祉教員の主たるコミットの対象となった被差別部落民が、絶え間ない排除と包摂の権力作用を受け、「日本国民」の外延を描く際に繰り返し参照される境界者の位置にあることである。そして第三に、福祉教員制度の設置には、教育行政だけでなく福祉ラインの行政組織も深く関与しており、就学支援のみならずコミュニティを対象とする生活支援としての性格も見落とせない点である。これらの点を意識しながら、考察を進めていきたい。

第一節　福祉教員における自律性・自発性・民主性——呼称問題から浮き彫りにされるその性格

福祉教員像の再構成といったとき、まず手をつけるべきなのが名称の問題であると考える。広く一般に「福祉教員」と称され、ここでも便宜的にその慣例に従っているが、この名称は徐々に定着していったものにすぎない。少なくとも高知県教育委員会による設置がなされた一九五〇年四月当初において、福祉教員の呼称は使われていなかった。しかし自戒の意味も込めて言えば、これまでの歴史叙述ではあたかも、福祉教員という実在が初めから存在するかのごとく、名称や呼称の揺れがないかのごとく語られてきた。この反省にたって、一見瑣末に思える名称の変遷をここで丁寧に追いかけてみたい。じつはそのことで、自律性・自発性・民主性という福祉教員制度の重要な性格を浮き彫りにすることができる。

オーソドックスかつ慣例的な叙述として、ここでは二つを挙げておきたい。一つは高知県における教育の「正史」と目される『戦後高知県教育史』からの引用、もう一つは同和教育推進運動の中心的担い手として、教育行政とときに協力、またときに対峙する関係にあった県同和教育研究協議会（県同協）[6]サイドのものである。

学校における同和教育は、長欠児童・生徒の就学対策から始まった。すなわち県下の同和部落は一万戸・五万人といわれ、学校教育では特に就学・登校の督励が考えられた。しかしそれを実行するには学級担任の教員では負担が重く、十分成果をあげることができないところから、二十五年県教委は、全国にさきがけ、同和地区の多い次の県下十七校に特別の任務をもつ福祉教員を配置して就学督励の任に当たらせた。（傍線は引用者による）[7]

> 一九五〇年（昭和二五年）全国にさきがけて教育の場に福祉教員という名の教員が配置され、長期欠席、不就学児童、生徒の問題解決のために取り組みを始めた初期のことである。青少年の非行、不良化問題が社会問題として関心がもたれだした時期でもあった。（中略）福祉教員と部落問題、解放教育のかかわりをぬきにしては、長欠、不就学問題の解決は考えられないが、配置された福祉教員のすべてがこのことをつかんでいたかといえばそうでもなかった。現在もっているような部落問題、解放教育の理論や実践も当時は乏しかった。しかし、配置された学校は部落を《ママ》校下にある学校であったし、部落問題と福祉教員の結びつきは必然的なものであった。（傍線は引用者による）[8]

この二者の認識の間には、ある種の緊張がはらまれている。前者は福祉教員制度を、あくまで県による教育施策の産物として単純に位置づけているのに対し、後者にあっては、形式上県の施策であったとしても、福祉教員は事実上、その後六〇、七〇年代に高揚を見ることになる部落解放教育運動の先駆者と見なされるべきだと捉えているのである。しかしここで重要なのはこうした対立そのものではない。対立や緊張の陰で、福祉教員という名称、そしてそれが指し示す実在の自明性が、前提として共有されていることを見て取らねばならない。

ここで焦点を、福祉教員制度が本格的にスタートした[9]一九五〇年度当初に合わせてみよう。この始まりの時の息吹を後世に伝える短いが重要な資料が、以下の図5‐1である。

この案内文で通知された一九五〇年四月二一日の高知市立第六小学校での会合について、出席者の一人、福吉利雄が翌月の『教育月報』（高知県教育委員会）に、「社会福祉教育協議会の誕生について」と題する記事を書いている。

> 四月二十一日高知市第六小学校で教育長の招集による生活指導教員第一回打合せ会が楠瀬教務課長司会のもとに催さ

図 5-1　「生活指導特別教員」初会合の通知文

二五教四四〇号
昭和二五年四月一九日
高知県教育長
特殊教員配当学校長殿
　生活指導特別教員第一回協議会について
生活指導特別教育計画を樹立するために左記の通り第一回協議会を開催しますので必ず出席するよう御配慮願います
記
一、日時　昭和二五年四月二一日午前十時
二、場所　高知市立第六小学校二階作法室
三、協議題　1.二十五年度教育計画について
①同和教育
②出席督励
③異常児童教育
2．参会者
①担当教員
②厚生課係員
③児童課係員
④教委指導課係員
⑤教委社会教育課係員
⑥教務課管理、人事

出典：高知県教育会館倉庫内所蔵『昭和 25 年県関係文書綴』より書き抜いたもの。下線は引用者が付した。

れ課長の「戦後次々に法令、法規が出されたが、当局のいろいろな施策、かつ又教育指導の面においても、万全であったとは決していいえなかった。そこに思いを致すとき、本年度は異常児教育、同和教育、不就学督励といった面につき、とくに皆さん方の御努力に期待するところが大きいのです」との挨拶があって協議会に入った。つづいて同和教育、出席督励、異常児教育等の二十五年度の計画について、児童課の中島児童福祉司から法的な裏付を詳細に説明があり、上岡指導主事の精神薄弱児の指導についての計画、前島主事の社会教育年次計画説明等を中心として、質疑応答をかわし、各出席者の体験をもとにしての話題が交換されるうち、出席者の意向が期せずして、「われわれ教育実際家が主軸となり、関係

官庁、有識者、諸団体を網羅する協議体を作り、積極的にやっては」の方向に動いて、進行係を勤めていた川添主事の産婆役よろしく、ついにめでたく産声を発し、一同が名づけ親となって「社会福祉教育協議会」とした。（傍線は引用者による）[10]

筆者の福吉利雄はその後、高知県教組委員長の重責を務め、高知市内の主要な同和教育校の一つである朝倉中学校校長を務めるなど、重要な役回りを演じた人物である。福吉が経緯を記したこの会合が、のちに福祉教員の呼称で呼ばれるところの、長欠・不就学対策や同和教育、障害児教育の発展に大きく寄与した教員たちの初会合であったことは、内容的に疑う余地がない。いまたいへん興味深いのは、いずれにおいても福祉教員という文言は見当たらず、その代わりに呼称として「生活指導特別教員」が用いられている点である。[11]

もう一つ、呼称に関わってこの四月二一日の会合が果たした重要な役割がある。それはこの場の合議によって、会そのものの名称が「社会福祉教育協議会」に決まったということである。案内通知では暫定的に「生活指導特別教員第一回協議会」となっていたが、民主的な方法で、より活動の本質をあらわすにふさわしいと思える名称を決定し、その中に「福祉」という文言が盛り込まれたことが注目される。会合をしつらえた県教委・行政側が用意した、ある程度教育用語として通りのいい「生活指導」をあえて退け、「社会福祉教育」の名を掲げたところに、ここに集った人々の強い意気込みを感じる。

会の名称の自律的決定プロセスが象徴するのは、「実行部隊」としての個々の教員たちと、任命者である県側との力関係である。端的にその関係性を言えば、県側のコントロールの度合いは低く、集められた「特別教員」たちの自律性がきわめて高かったのではないだろうか。福吉の記事に、「われわれ教育実際家が主軸となり、関係官庁、有識者、諸団体を網羅する協議体を作り、積極的にやっては」という声がわざわざ紹介されている点にそのことが見て取れる。また、そもそもこのような、長期欠席者に対する督励や同和教育に専ら当たる特別教員制度については、その設置が有志によって繰り返し県側に求められてきた経緯がある[12]。その要望がかない、ようやく実現したのがこの日の会合であった。当日席上に呼ばれた初代「福祉教員」たちの中には当然のように、その要望活動の中心となったり、正式な設置に先立つ試行的運用段階で、出席督励教員を経験したりしてきた者が含まれていた[13]。戦前・戦中から同和教育について経験や見識をもつ者もいたし、上述の福吉のような組合運動の実力者もいた。一言でいえば「猛者」たちの集団であり、そう簡単に県が御すことができる相手ではなかった。いずれにせよ重要なのは、「福祉教員」という後の定番となる呼称が徐々に定着していく背景に、このような行政との力関係やきわめて自律的で民主的な空気があったことである。

これまで、のちに定着し後世にいたるまで広範に用いられることになる「福祉教員」の名称が、当初から存在したわけではないことを確認してきた。だが、使用例がまったくなかったわけではない。きわめて早期の段階で、県教委関係者が「福祉教員」の語を用いている例を紹介したい。やや長い引用で福祉教員の語は末尾に登場するにすぎないが、文脈が重要なのでそのまま引用する。

三、特殊教育の現状

［中略］つぎに、教育委員会はどのような施設をもち、どのような推進をはかっているか。

その一つ、盲・ろう児教育のために、盲ろう学校があることは周知のとおりである。

その二つ、精神的欠陥のために、特別学級のもうけられている学校が、安芸第一、高知三里、同昭和、同旭、吾川伊野の五校がある。

その三つ、同和教育や出席督励のために特別任務をもつ教師の配置されている学校が、安芸郡に、室戸小・中、室戸岬第一中、香美郡に、城山中、赤岡小・中、長岡郡に、長岡小、鳶ヶ池中、高知市に、朝倉小・中、長浜小・中、高岡郡に、日下小、戸波中、須崎中、幡多郡に宿毛中の十六校である。

〔中略〕最後に、高知県社会福祉教育協議会について、ぜひふれられなくてはならない。これは、直接に特殊教育推進の役目をになって配置された人たちが、中核となり、その発起によって生まれた、いわばこの教育前進のための挺身隊なのである。〔中略〕この協議会の歩みに対し、本県特殊教育前進のためによせられる期待はじつに大きい。だが、この会をして、遺憾なき活躍をなさしめ、その成果の大を望もうとするならば、あらゆる方面からの、物心両面にわたる、おしみなき支援がうらづけとならなくてはならないことを特に強調したい。以上のように、つらねあけてみれば、必ずしも、おろそかにされている特殊教育ではない。しかしながら、これは、おろそかとか、なおざりどころのさわぎではなくて、つねに万全の方策がたてられ、措置が講ぜられていなくてはならないことだ。そのためには、相当数の児童生徒をもつ学校には、特別学級がそれぞれ、生まれてよいことだし、あるいはまた、市または郡単位に、組合立か県立の養護学校というか、特別学校が設立されて不可なく、福祉教員が一校一名位は設置されて然るべきものである。（傍線は引用者による）(14)

この文章の筆者、上岡武猪は県教委指導主事の立場にあった人物であるが、特殊教育（障害児教育）への情熱がとりわけ強く、同じ『教育月報』にたびたび、障害児教育の振興を訴える論考を発表している。ここでの文脈も当然、障害児問題を念頭においたものと考えられるが、理想論と分かりつつも上岡が「一校一名位は設置されて然るべき」と主張する「福祉教員」なるものが、もっぱら障害児問題だけに専念する教員を想定していたとは考えにくい。同和教育や出席督励といったテーマが、特殊教育と同一ではないにせよ、きわめて密接に関連する問題として、何の不自然も感じさせず文中に登場することに注意しなければならない。ここでの「福祉教員」とは障害児の専門家というより、各学校が置かれた状況に応じて、いわゆる特別な配慮を要するさまざまな子どもたちのニーズを満たすため、フレキシブルに動ける要員を含意していたのではないかと考えられる。

それでは次に、本格的に制度が始動してからの名称・呼称の変遷を見ていきたい。上述の社会福祉教育協議会結成に続く重要な節目は、一九五〇年一二月一五日開催の第一回社会福祉教育発表会である。これは結成間もない協議会の、もっと言えばデビュー後間もない特別教員たちの、世間へのお披露目の場であった。図5-2は、組合委員長宛の発表会案内の公文書の抜粋である。

まずここから読み取れるのは、下線で強調したとおり「社会福祉教員」の名が登場することである。この名が、特別教員たちの結集の場である「社会福祉教育協議会」の名にちなむことは一目瞭然である。のちに社会が外れて「福祉教員」の名が定着することは周知のとおりだが、そのルーツは、「生活指導」という通りのよい名称をあえて退け、自らの意志で主体的に会の名称に付けた「福祉」の語にあったことが確認できる。またもう一つ重要なのが、来賓として四国民事部[15]の人間、すなわち占領軍当局者がこの場に呼ばれていた点である。後に占領軍当局の認識について詳しく触れるが、とりあえずここでは発表会の場が、占領軍当局へのプレゼンテーションの意味も兼ねていたことを押さえておきたい。

一方、民間レベルでこの教員たちがどのように呼ばれたかをある程度物語るのが、地元紙『高知新聞』の記事である。以下時系列に沿って、四つの記事から引用する（以下、すべて傍線は引用者による）。

①　不就学生の就学促進につき県教委教務課は県下全学園の就学状況を調査中だが、うち市朝倉中、長浜小、中三校は予想以上によく〔中略〕また朝倉中は四月三十一名いたのが十九名に減ったほか「出席常ならざるもの」が同月十一名あったのが完全就学の好成績を示している。これは今年度から各校に特別教官を配置して就学を促進した好

図 5-2　第 1 回社会福祉教育発表会のプログラム

社会福祉教育発表会開催について
（中略）
記
一、主催　高知県、高知県教育委員会
　　　　　県社会福祉教育協議会
二、後援　高知市教育民生部
　　　　　高知県教員組合
三、場所　高知市朝倉小学校講堂
四、期日　昭和二十五年十二月十五日
五、参加者　（順序不同）
　　　　　県民生部長
　　　　　教育長
　　　　　県議会厚生常任委員
　　　　　仝　　文教常任委員
　　　　　高知市教育民生部長
　　　　　県厚生課長
　　　　　仝児童課長
　　　　　市厚生課長・市教育課長
　　　　　仝公民課長
　　　　　県児童福祉審議会委員　八名
　　　　　県青少年問題対策協議会員　九名
　　　　　市民生委員常務
　　　　　朝倉地区民生委員
　　　　　<u>県社会福祉教員</u>・その他一般教員
　　　　　Ｐ．Ｔ．Ａ．会員・町村長・仝厚生主任
　　　　　県・市教員組合長・仝文化部長
六、日程
　　　　午前　九、三〇　開会のあいさつ
　　　　　　　九、四〇　体験研究発表
　　　　　　　　　　（イ）出席督励を顧みて　　山本実子（長浜）
　　　　　　　　　　（ロ）同和教育の断片　　　福岡弘幸（鳶ヶ池中）
　　　　　　　　　　（ハ）精神薄弱児児童取扱の留意点　川崎誠樹（昭和小）
　　　　　　　　　　（ニ）不就学生徒について　谷内照義（朝倉中）
　　　　　　　　　　（ホ）不就学児童生徒受け入れについて　長尾正利（戸波中）
（中略）
　　　　　午後一、〇〇　発表を中心としての討議
　　　　　　　二、三〇
　　　　　　　二、四〇　特別講演　四国民事部教育課　和田正夫
　　　　　　　三、四〇
　　　　　　　三、四五　閉会の挨拶

出典：高知県教育会館倉庫所蔵文書綴より書き抜いたもの。下線は引用者が付した。

結果とみられているが、同時に朝倉中など県厚生課から学生服三十着を実費で、児童課からは無償で衣服四着の特配を受け学費を補助、またＰＴＡによる補助などによって不就学の主な原因である家庭の貧困を救ったためともみられ、さらに同校では二学期を迎え一年生の完全就学（現在二名）長期欠席のまんえん防止、特別学級編成による特別教育など対策を立て丶おり、いま県下的に不就学生が一掃されてようとしている(16)

② 学校がいやだったり家庭が貧乏などのため学校にゆけず毎年学校はもちろん町村や県当局の頭痛のタネとなる不就学生徒は［中略］なお県下中学校で千二百名（全生徒の二・五％）にのぼり、これに対し今年からは就学促進のため特別に配置した社会福祉教員を主に十八日準備会を開いたのち今月末ごろ県下就学児童生徒問題対策協議会が結成され具体策を立て解決に全力を集中、不就学児童一掃に乗出すことになった(17)

③ 県福祉教育協議会、香美郡赤岡小中学校および赤岡町共催の不就学長欠児童生徒の教育研究会は（中略）一八日午前十時から赤岡中学校講堂で［中略］二百余名出席して開かれ、志磨村赤岡町長ほか主催者側のあいさつについで近藤赤岡小学校、山崎同組合中学校、山田室戸中学校の各福祉関係教諭の体験、赤岡ＰＴＡ代表吉田糸喜さんの家庭環境についての発表、川村知事の福祉教育に対する激励の辞があって昼食ののち小中学生のレクリエーションについで神崎氏から前期四氏の発表を中心に福祉教育の在り方について一時間半にわたって講演があり、……(18)

④（「昨年度の本県教育界・座談会」）

福祉教員制実を結ぶ

――義務教育の振興について、不就学児は減ったか

福吉　昨年はほとんど解消した
楠瀬　これは福祉教員制三年目の大きな成果であるが最近は父兄も理解してきた
福吉　一昨年の教研大会で発表して以来他府県でもマネをしている(19)

記事④の座談会からの抜粋は、本格配置から丸三年が経過した一九五三年四月のもので、見出しに「福祉教員制実を結ぶ」とつけられ、県教委内部で深くこの制度に関わった楠瀬洋吉もその言葉を口にするなど、この呼び名が定着した感がある。一方でそこに至るまでには、「特別教官」「社会福祉教員」「福祉関係教諭」などさまざまな呼称が使われ、この面で不安定な時期が続いたことがわかる。おおむね三年を経て、名称・呼称の問題が落着したと考えることができる。また関連して注目されるのが記事③中の、「川村知事の福祉教育に対する激励の辞」のくだりである。長欠・不就学問題を直接の契機として配置された特別な教員たちの呼称が、徐々に「福祉教員」へと収斂していくのに合わせるように、この教員たちが担う教育実践に対する総称として、「福祉教育」という語が登場してくる。以後、福祉教育の語も定着し頻繁に用いられることになり、生活指導をはじめとする既存のカテゴリーはここに完全に退けられることとなった。

第二節　「福祉」という用語の含意

前節で、特別に配置された教員の呼称をめぐる曲折を追うことを通して、福祉教員制度の成立直後の動向、そこから解釈できるこの制度の特性を明らかにしてきた。特に強調したのは、この制度のもと糾合された教員たちが県教育行政に対して高い自律性を有し、そのことが従来の教育関係者の語彙にはなかった「福祉教員」「福祉教育」という新たな名称や概念の創出につながっていった、という点である。本節では、教育関係者に耳慣れない「福祉」という語が、なぜ新時代の教育を語るキーワードとして選び出されたのかの事情について、視野を広げながらもう少し掘り下げて考察してみたい。以下、まだ仮説的なレベルにとどまるが、筆者なりの二つの説明を提示する。

✤占領軍当局を意識した言葉遣いとしての「福祉」

周知のようにサンフランシスコ条約の発効によって日本が「独立」を回復したことを契機として、それまで占領下で見合わせられてきたさまざまな政策が、日本政府の手で始動することになった。同和教育推進も、その中の一つであった。一九五二年六月二七日付の文部次官通達では、「わが国には永年にわたって一部少数の同胞をことさらに区別してこれをべっ視するろう習を残している地方もないでは」ないとした上で「学校及び社会の教育を通じて同胞一和精神を徹底させることが最も必要且つ適切である」と述べている[20]。同和教育振興を説く通達が、占領解除を待っていたかのように発せられたことは逆に、占領下という環境がいかに、このことを公然と語りにくいものであったかを物語る。その理由は明白であり、「同和教育」という言葉自体が、一九四一年六月に大政翼賛体制の一環として諸融和団体を吸収・併合した同和奉公会の設立とともに使用されるようになった経緯に明らかなように、軍国主義と切っても切れない関係にあったためである。それまで広く用いられてきたのは融和教育、融和事業などの言葉であり、「同和」はまさに総力戦体制とともに出現した官製語彙にほかならない[21]。

このように、福祉教員制度の立ち上げ期、あるいはそれに先立つ模索期ともいうべき戦後初期の時代においては、「同和」ないし「同和教育」の看板を堂々と掲げた公的事業を推進することはなかなか困難であったと推察することができる。しかし他方で、戦後新学制のもとで長期欠席問題がきわめて深刻な状況を呈し、高知県にお

図 5-3　高知県社会福祉委員会委員への就任依頼状

二三厚第三三五号
昭和二十三年六月十九日
高知県知事　桃井直美
殿
高知県社会福祉委員会委員依頼について
同和事業の促進について絶へず御高配相煩わし感謝に堪えない次第でありますが、終戦後における同和問題の重要性に鑑み今回別紙のように高知県社会福祉委員会を設置し本事業の完遂を期せんとするものであります　ついては貴下に右委員会の委員にお願い申し上げたく存じますので、公私御多用中御迷惑とは存じますが何卒御承諾の上今後期業のため格段の御協力相煩わしたくお願い申し上げます

出典：高知県教育会館倉庫所蔵文書綴より書き抜いたもの。下線は引用者が付した。

いてはその出現が特に被差別部落（同和地区）の子どもにおいて顕著に現れているなかで、待ったなしの対応に迫られていた。こうした矛盾を切り抜けるための方便として、「同和」に代わる看板として「福祉」に白羽の矢が立った、という仮説を立てることができるのではないか。それを裏づけるかもしれない資料も若干だが、資料庫調査の過程で見つけることができた。戦後高知県における同和事業の開幕を告げるのは、一九四七年県議会における校長差別発言問題の追及の結果、知事が善処を約束したことを受け同和対策の施策を進めるための「知事の諮問機関」として発足した高知県社会福祉委員会の発足である。[23] 図５‐３は、この委員会委員への、県知事名による就任依頼状の抜粋である。

文面からは、明確に同和問題を扱う組織であるのに、組織名に「同和」の文言の代わりに「社会福祉」が入った奇妙な状況の中で身をよじる当事者の声が聞こえてきそうだ。

このように、占領下という特殊な状況要因が何らかの形で作用し、「福祉」の語をクローズアップさせていった可能性を、今後もう少し検討してみたい。

⚜「特別（＝暫定）」を駆逐するレトリックとしての「福祉（＝恒久）」

上で述べた「同和」と「福祉」という言葉の対比ほど目立たないもかもしれないが、当該教員たちに対する当初の呼称には、特別配置教員、生活指導特別教員など、「特別」という文字が必ずといってよいほど付されていたのが、福祉教員へと名称が収斂されていく過程で「特別」が抜け落ちていった問題、これを取り上げてみたい。「特別」が消え去っていった理由については、いくつかの説明を考えることが可能だ。いわく、福祉教育が取り組もうとしている問題は決して教育の傍流、周縁に位置するのでなく、むしろ学校教育の存立にかかわる基礎、土台に関わるものであり、その本質的なものを「特別」視するとはなにごとか……。こうした本質論がたたかわされた可能性も十分に考えられるが、ここではもう少し当時の状況に即した実際的な仮説を提示してみたい。

すでに見たように福祉教員制度は、以前から部落問題や融和教育に関わってきた人々の熱心な陳情が実を結び、県を動かして設置されたものであったと同時に、県当局の側でフロントに立って尽力した県教委関係者らのこの問題に対する並々ならぬ思い入れ、熱意があってこそ実現したものであった。両者の間には相響き合う良好な関係が存在したはずである。しかしながら、この制度の将来構想について両者がどれほどのすり合わせを行ったかについてはまったく不明のままである。もっと具体的に言えば、県当局側のなかには長欠・不就学問題が激化していることへの対応、対策としての制度という考えが念頭にあったはずであり、この問題が鎮静化したあと福祉教員が何を責務とするのか、そもそも制度はその後も存続するのかについては、白紙の状態であったと考えられる。当初の名称に「特別」の語が付されていた含意の一つとして、それが決して恒久的なものでなく、あくまで緊急避難的措置として考えられていたのではないだろうか。それに対して、福祉教員制度の実現を要望してきた運動関係者、教員の側は、この制度がさらに発展し恒久化することを望んだものと推察される。少なくとも、福祉教員制度が早期に打ち切られ廃止されることを望んでいなかったことだけは確実だろう。このように双方の間には、暫定かそれとも恒久かをめぐる思惑の違いが、くすぶり続けていたものと考えられる。

ここで仮説的に提示する考え方は、県当局の「暫定論」をけん制し、できる限り長く制度が存続することを望む側が、その主張を込めて「福祉」の語を使ったのではないかという仮説である。福祉というのは言うまでもなく生老病死といった人生のあらゆる局面につきまとう、普遍的な課題である。決して付け焼刃の、その場しのぎの対応で片づけられる課題ではない。教員、教育に「福祉」をつけた福祉教員、福祉教育という造語によって、その存在の普遍妥当性をアピールしようとしたのではないか。不十分ながらこのことの傍証として参照したいのが、先に引用した県教委指導主事上岡武猪による「福祉教員一校一名配置論」である。この文脈で上岡は、当然のことながら暫定論にくみしておらず、恒久的な配置を主張している。さきに考察したように、上岡は障害児教育の専門家であり、その文脈で理解すべき提言ではあるが、かといってここで言う「福祉教員」には、狭義の障害児教育プロパーにとどまらない、幅広い問題に柔軟に対処できる社会活動家的教員像が含意されていた。いずれにせよ、いち早く福祉教員の呼称を用いたことで銘記された上岡が同時に恒久配置論を主張したことには、偶然の一致とは思えない深い意味があると考えるべきではないか。

時代を先回りしておけば、長欠・不就学問題が前景から消えていったあとも福祉教員はその生命力をしぶとく保ち、一九六〇年代に入っても増員されていく。しかしながら六〇年代以降はその取り組む課題が多様化、拡散し、初期の頃のような明確な輪郭を結びづらくなっていく。そうした中で、上述の福吉利雄、あるいは室戸地方の米倉益のように、課題を明確に部落問題から障害児教育にシフトさせ、そのプロパーとして教育界に大きな寄与をなす元福祉教員も出てくる。そうした遍歴は全体の中では少数派にとどまっているが、障害児教育や障害者福祉の分野はもともと「福祉」という語と親和性が高かったことを思えば、こうした転進はもっと数が多くてもよいのではないかと思えてならない。

第三節　福祉教員制度の〈ウチ〉と〈ソト〉——生活支援としての側面を考えるために

冒頭で示唆したように、福祉教員制度を考える上で見落とせないのが、それが単に就学支援策であったばかりでなく、より広い射程を含みこんだ生活支援としての性格も有していたことである。この点を深めるために、福祉教員制度の〈ソト〉側で行われていた長期欠席対策や青少年不良化対策の状況を参照することが有効である。それによって〈ウチ〉と〈ソト〉との温度差を確認したのち、福祉教員制度における生活支援の前景化を解釈する論点として、共同的傷痕としての部落差別という論点を提示する。

⚜もう一つの「就学支援」——福祉教員制度外の状況

一九四五年から五五年ごろまでの福祉教員の像を描くことにこれまで力を傾けてきたが、その一方で、福祉教員の活動のテリトリー外で生きる同時代の子どもたち、そしてそうした子どもたちに日々教育者として関わる教育実践者たちの姿が見えない、という問題を自覚するようになった。より問題をしぼって、長期欠席や不就学に限定したとしても、これらの問題は部落の内外を問わず高知県下に広範にみられた現象だったはずだ。福祉教員制度として結実していく先鋭的な動きの外で、県教育行政あるいは個々の現場の教員は長欠問題に対してどのような認識を持っていたのか、そしてそれは福祉教員制度の設置とどのように有機的に連関していたのか。その解明なしに、説得力のある福祉教員像の構成は不可能であるようにも思われる。

この点に関して、まずは「正史」の語りの該当箇所を見てみよう。

本県では、県教委がこれら中学校不就学・長期欠席生徒の就学対策として、該当生徒の特に多い市町村に対し督促状を出すよう勧告していたが、二十四年十二月、高岡郡宇佐中学校の不就学・長期欠席生徒四十九人の父兄あてに県教育長名による初の登校勧告を行い、翌年一月、各市町村の該当者に第二次督促状を発した。これに呼応して、各市町村当局も不就学解消の活動を開始し、また、児童・生徒相互間の友愛による登校促進運動なども行われた。しかし、問題は解決のきざしを見せないばかりか、ますます深刻の度を加えていった。そのため、単なる登校督促だけでは効果のないことが知られ、関係者の間では抜本的な対策が考えられるようになった。県教委は、この解決策を経済的自立と啓発の二点に求め、関係各課と連絡をとって厚生援護の手をさしのべるよう努力するとともに、県下各地で就学督励会を開催するなど、積極的な施策をうち出した。特に問題の多い二十一校を選定し、困難な定員事情の中から福祉教員を配置したが、この制度は、全国ではじめてで問題解決に大きな役割を果たすものであった。(23)

結局ここでも、福祉教員制度の設置に最終的には言及することになる（学校数の食い違い等はここでは問わない）が、ここで示された認識は特筆に値する。長欠問題の深刻さに頭を抱えていた県教委は、登校勧告、登校促進運動、さらには就学督励会の開催など、あの手この手の対策を考え模索を行った。それらのいわば官製の取り組みの延長線上に、くだんの福祉教員制度も位置づけられる、というのがここでの認識である。これまで、主に同和教育運動ないしそれに連なるサイドの資料を中心にして構成してきた福祉教員像とは、きわめて大きく隔たったものであることは言うまでもない。後者の立場に立てば、これまでの関係者による陳情努力を無きものであるかの如く扱い、福祉教員制度を県教委単独の「手柄」のように述べていることに強い違和感をおぼえるに違いない。しかしいまは、拙速にどちらが真でどちらが偽かの断を下す場ではない。むしろ、運動サイドのものの見方に寄りかかってきた者が視野から欠落させていたものについて、この「正史」の語りは鋭い警告を発してくれているとさえ言える。福祉教員の配置が長欠問題に与えたインパクトはドラスティックなものだったに違いなかったと想像できるが、だからと言ってそれが全県をくまなく覆い尽くすような広がりをもったわけではない。二〇校におそらく満たない、ごく限られた一部の学校だけに配置されたのだ。それ以外の大多数の学校に通う大多数の生徒がどのような状況に置かれ、教育者からどのように認識されていたのか。限られた学校・地域への福祉教員の配置は、それら「大多数」側の状況にも何らかの変化をもたらしたのか。くだんの語りは歴史的想像力を刺激し、以上のような問いを喚起する。

さてそれでは、公的文書を離れて、民間の動向をうかがい知る資料を参照しながら、県内各地で広く行われていた長欠生徒への就学支援策をながめてみよう。ここで用いるのも、県全体をカバーする最有力の地元紙である『高知新聞』の記事である。以下の五点の新聞記事は時系列に並んでおり、一九四九年一月から五〇年一月の範囲内のものである。この時期から、紙面上において長欠問題を報じる記事が目に見えて増えていく。

① 不就学生徒は通学の義務ある現新制中学の二年生以下であるが、この二年間まったく出席しなかったものもあり、二年生の方が多い、山間部で通学に不便なためというのをのぞくと大半が家庭の事情となっており身体虚弱、欠陥を主な理由とする小学校の不就学児童六百名にくらべて二倍以上に上り各市町村、学校ではたびたび督促していたがこの際、徹底的に処置することになったもの／子女に義務教育を受けさせぬ保護者は学校教育法によれば一千円、児童福祉法では五千円の罰金をそれぞれ課せられることになっており、この三月これを適用するかどうかなど県教育委員会によってその処置が明らかにされることになった(24)

② 昨報＝県下千二百五十余名におよぶ「学校を忘れた」中学生たちについて十八日の県教育委員会では各市町村当局

に対してさらに督促状を出すよう勧告し、それでも不就学の場合は刑事問題にする最後的処置をとることになった[25]

③　高知軍政部教育課長クラム博士は県下二千名にのぼる不就学児童の問題に関連、父兄ならびに当事者の覚醒を促し十一日つぎのように要望した／最近義務教育の年限が延長されたことは教育に関心をもつ人たちにはよろこばれたはずである、しかし〝実行されぬ法律は無価値〟である、本県には不就学児童が約二千名［中略］いる、病気とかいろいろ理由をつけているが、大部分は父兄や役人が義務を果たしていないからだ、また学校が嫌だからいかぬというものが多いが、このような児童の気まぐれを許すことは県民の恥辱である、その他通学の服や学用品をあたえることの出来ぬ父兄の財政的困難も理由になっているが、教育を怠けるよりはみすぼらしい服装で通学する方がはるかに立派であり尊敬すべきことだ[26]

④　六日、県教委会は高岡郡宇佐町宇佐中学四十九名の不就学生父兄に対して就学督促を行うことを決定した、この不就学生は［中略］主として貧困のため学校へ行かず家事の漁業に従事しているもので同中学校が二回督促したが就学せずさらに同町長から二回督促したが応じないため教育長名義となったもの[27]

⑤　家庭の貧困と教育への無関心から県下一帯に不就学、長期欠席児童が続出し本県教育界に暗い話題を投げかけているが県教委会では二十八日、高岡郡宇佐町につづいて第二次の教育長の登校督促を高岡郡□川、佐川、上ノ加江、香美郡前浜、東川、長岡郡久礼田、上倉、幡多郡清水の各町村の小、中学二十七名に対して発送した[28]

①②④⑤の記事から印象的な言葉を拾えば、目にとまるのは「罰金を課金」、「刑事問題」、「就学督促」、「登校

督促」といった語群で、いずれも教育行政、あるいは学校サイドの長欠問題に対する「高姿勢」をにおわすものである。同じ時期、鳶ヶ池中学校における特別教員の試行配置はすでに二年目を迎え、同和地区の問題を見すえ福岡弘幸による「生産点に立った」長欠生徒への就学支援[29]が精力的に行われていた。それと比べると、あまりにも激しい落差を感じずにはいられない。

またここで特大の注目に値するのが、高知軍政部教育課長クラム博士の長欠問題に関するコメントを紹介した記事③である。クラム（W.A.Cram）は教育心理学の学位をもつ米国人の教育専門家で、高知赴任後次第に県民の人気を博し、たびたび紙面を賑わすことがあった[30]。しかしここでのクラムは厳格な姿勢を崩さず、就学義務の不振の現実を強く指弾している。特に「通学の服や学用品をあたえることの出来ぬ父兄の財政的困難も理由になっているが、教育を怠けるよりはみすぼらしい服装で通学する方がはるかに立派であり尊敬すべきことだ」とまで述べ、貧困問題は就学困難の正当な理由を構成しないという、過酷にすぎるほどの原理原則論を押し立てている。上述した県当局や学校サイドの長欠問題に対する「高姿勢」に調子を合わせたもの、というよりそれをいっそう厳しいレベルに高めたのがこのクラム博士の認識である。当時の占領軍の絶対的権力性という問題はあるにしても、クラムが何らかの形で県教委に対し、長欠問題・不就学問題に対しては情に流されず毅然とした態度をつらぬくよう示唆または指示を与えたことを裏づける根拠は、今のところない。ただいずれにしても、県または学校側の長欠問題に対する「毅然とした」態度について、高知軍政部当局もまた明確に支持する立場だったことは確かなように思われる。

こうした一般地区における長欠・不就学問題、さらに不良化、非行問題に対処する動きで注目に値するのが、福祉教員の正式配置にわずかに先立つ一九五〇年一月に結成された「高知県青少年問題対策協議会」の設置である。

従来から、官民一致して強力な犯罪不良化防止運動が実施せられていたが、あまりにも問題の広範囲のために充分な効果があげられませんでした。このような実情にかんがみ、昨年の第五国会においては、四月十四日衆議院の「青少年犯罪防止に関する決議」五月二十日参議院の「青少年の不良化防止に関する決議」がなされ、これに応じて六月に政府は、内閣に「青少年問題対策協議会」を設置して民間有識者と相携え青少年問題の早期解決に全国的な運動を展開しています。本県においても、これが問題の重要性を深く思い、本年一月十九日青少年の指導、保護矯正に関係のある機関、民間団体及び民間有識者の結集のもとに「高知県青少年問題対策協議会」を設置、犯罪防止、不良化防止に強力な手段を講ずることになりました。この構成は高知県知事を会長とし、副会長には、高知県民生部長、高知県警察隊長、高知県教育委員会教育長、高知家庭裁判所長とし、顧問六名、委員三十九名の強力体で……[31]

上の引用に明確に述べられている通り、この協議会は国の施策に準じる形で行政の主導で作られた純然たる官製組織と考えられる。以後の一般地区における就学支援においては、この青少年問題対策協議会に関わる人々が主体的に動くさまを垣間見ることができる。だが後述するように、この組織においても一筋縄の解釈ではいかない点も存在する。再びここで『高知新聞』の記事に目を転じ、協議会結成以降の長欠・不就学対策の動向を伝える記事を拾ってみたい。引用は時系列で、一九五〇年一〇月以降のものである（以下、傍線はすべて引用者による）。

①　幡多郡下の長期欠席児童は支庁児童福祉課の調査によれば小、中学合せて千二百四十名で深刻な世相を物語り、学業を放棄してまで家庭の重要な一員として働いている／これら児童は今後ますます増加の傾向に／このほど県下少年問題対策協議会溝渕委員ほか二名が来幡、とくに集団的に多く欠席している宿毛町和田、三原村柚ノ木の現状を視察、生活指導を四日間にわたって行うことになった[32]

②　安芸郡奈半利町中学の不就学児童はさる五月溝渕高知大教授の勧誘協力で二十五名が就学したが現在なお六十七名の長期欠席があるので学校側はこのほど同町青少年問題対策協議会、社会教育委員、町署青少年補導係と協議の結果特別学級を編成することになった／長期欠席の理由は通学服や学用品の不足よりも休学のため友だちより学業が遅れてはずかしいことが特別学級編成ですべては解消されるわけで、こんどこそみんな揃って就学してもらおうと趣旨徹底に各家庭を歴訪するはず(33)

③　義務教育の悩み不就学児童の救済が叫ばれているとき、その解決に情熱をささげる青年団がある／安芸郡奈半利町東浜青年団は約三十名に上る同町の長期欠席者を自分たちの力でなんとか登校させる道はないかと、かねて学校側と話合っていたが、これら児童の大部分が家庭の生活難から漁業その他家事の手伝いに使われていることを知り、まず手近な方法として夜学の開設を計画、団員総動員で家庭訪問に乗出した／〝勉強がおくれている〟〝着物がない〟など勧誘は容易でなかったが、雨の日も風の夜もたゆまず訪れる熱意はついに実を結び、このほど病気療養者を除きほとんど全員の説得に成功した／会場は部落のお寺、倉庫などをあてるはずで借受交渉その他の準備を進めている／同校の不就学児童は昨年十月、四十六名に達し学校側では特別学級を編成、民生委員らの協力で勧誘したものの通学者はわずかに十八名、しかもその後脱落者も出るといった有様で……(34)

記事①と②のいずれにも、青少年問題対策協議会（表記ブレ有）、そして溝渕信義の名前が登場する共通点がある。記事③には両者とも登場せず、町の青年団がエージェントとして登場する。他方で記事②と③は同じ安芸郡奈半利町が舞台であり(35)、続き物の記事として捉えて差し支えあるまい。それに対して①は県西部の幡多郡での話である。

三つの記事に共通しているのは、長欠・不就学者への就学支援を報じた記事であるにもかかわらず、エージェントとして福祉教員（ないし特別教員）が登場しない点である。記事①と②において、青少年問題対策協議会が登場するのは、ある意味で当然のことと言えるかもしれない。しかしそこに付随して溝渕信義の名が記されているとあっては、看過できないものがある。溝渕は、高知県農業補習学校教員養成所の教え子であり初代福祉教員となる福岡弘幸のよき理解者であり、福祉教員制度誕生のキーパーソンの一人であった。その溝渕が、今度は長欠や不良化問題などの青少年問題に全県的に広く一般的に対処することを期待された官製団体においても、最前線で助言または実践を行うエージェントとして登場する。キーパーソンに重なりが見られる以上、福祉教員と青少年問題対策協議会との間に、過度な対立軸を持ち込んだり対比を強調しすぎたりすることには、禁欲的であらねばならないかもしれない。

記事②③によれば、奈半利町では長欠児への就学支援策として、欠席生徒向けの特別学級設置を試みたが空振りに終わり、今度は漁業の手伝いに追われる長欠児の生活現実により合わせる形で夜間学級開設を決定した、という経過である。情報が断片的なので深い考察はできないが、「長期欠席の理由は通学服や学用品の不足よりも休学のため友だちより学業が遅れてはずかしい［こと］」というくだりは、物質的環境よりは個人の心がけの問題を重視する志向を表しており、この点は福祉教員とコントラストをなすかもしれない。だが全体としては、長欠児を頭ごなしに断罪するよりは生活の事情に配慮し、なんとか学習環境を保障しようと知恵をしぼっているさまがうかがえ、この点で大きな隔たりはない。やはり、単純な二項対立図式で捉えるには慎重でなければならないことが示唆される。

また上の②③の記事は、青年団のほかにも民生委員、警察官（青少年補導係）、社会教育委員など地域に根づいたさまざまなエージェントが登場する。思えば地域住民にとって、広大な高知県下でわずか二〇名弱しか存在しない福祉教員（特別教員）よりも、青年団員をはじめこうした地域のエージェントたちの方がよほど身近に感じられ、何か問題が起きた際に頼りがいのある存在のはずだ。「福祉教員空白地域」と呼ぶにはあまりに広大すぎるこうした地域で、身近で利用可能な資源だけを頼りに、それぞれが知恵をしぼりながら長欠児への就学支援や青少年不良化対策を試みていったことは、もっと正当に評価せねばならないことのように思える。そして奈半利の夜間学級の事例にみられるように、そのアプローチの内実は期せずして、福祉教員が展開していたそれとかなり類似した性格を、結果としてもってしまう場合もあるように思う。いずれにせよ、こうした名もなき民衆によって担われた実践は、まさに加藤美帆がいうところの「住民たちの自発的な行為を動員しながら」展開された就学支援策そのものである。そしてそれが「戦後の新体制を微細に秩序立てて」いったものであるとするなら、国民国家再編の過程を明らかにするためにはまずもって、このような無名の人々による実践の諸相が、リアリティをもって描き出されなければならないだろう。

✤生活支援の前景化と傷痕としての部落問題

本節で展開している議論は、その論拠となる資料が不十分であるため有効性が非常に限られる。だが仮説萌芽的に論を進めるとすれば、一九五〇年四月の福祉教員制度の本格始動以降、それまで一般的に広く県行政、県教委の手で進められていた長欠・不就学対策に、なにほどかの変化の兆しが生じた可能性はある。その可能性を見きわめるにはさらなる資料収集が必要で、今後の課題とするしかない。しかしその一方で、なにがしかの変化をへた後でもなお、一部の地域に集中化して福祉教員が行った就学支援と、それ以外の地域で諸エージェントが担っていった対策や就学支援との間には、ぬぐいがたい温度差が存在することもまた事実である。

その温度差を端的に示すのが、福祉教員による実践の内実を示すいわゆる福祉教育に対して、教育とは異なるラインの行政組織、具体的に言えば県民生部厚生課が、当初から強く関与していたことである(36)。本章図５－１に目を戻すとわかるように、一九五〇年四月二一日開催の初回の会合時点から出席者のなかに県民生部厚生課係員、児童課係員が入っていたし、同年一二月の第一回発表会の際にも出席者に県民生部関係者が多数名を連ねている。さらに福祉教員による実践のなかにも、折にふれて民生部の影がちらつく。たとえば、再度の引用になるが、以下の一九五〇年九月一八日付高知新聞の記事は、高知市朝倉中学校において福祉教員の働きが功を奏し、長欠・不就学問題が劇的改善をみたことを大きく伝える記事である。県民にこの特別な教員の存在を知らしめた第一報と言ってよい。

朝倉中は四月三十一名いたのが十九名に減ったほか「出席常ならざるもの」が同月十一名あったのが完全就学の好成績を示している。これは今年度から各校に特別教官を配置して就学を促進した好結果とみられているが、同時に朝倉中など県厚生課から学生服三十着を実費で、児童課からは無償で衣服四着の特配を受け学費を補助、またＰＴＡによる補助などによって不就学の主な原因である家庭の貧困を救ったためともみられ……（傍線は引用者による）(37)

よく読むと記事は、「特別教官」すなわち福祉教員の役割に言及しつつも、やはり県民生部厚生課等による直接的な物質的援助が、問題の打開に決定的に重要であったことを示唆している。このように物質的援助が教育関係の中に持ち込まれる点は、その後長欠問題が主要課題であり続けた間変わることのない、福祉教員のユニークな特徴であった。また福吉利雄の「行政機能の接触面」として福祉教員の役割を捉える議論(38)にみられるように、部落住民に対して教育扶助すなわち生活保護制度にもとづく扶助の取得を促す役割が自覚されていた。

このように、長欠・不就学の背景にある部落家庭の貧困は、一貫して公共性の高い配慮の対象とすべき問題として捉えられていた。その一方で長欠問題への一般的アプローチにおいて配慮の対象となったのは、せいぜい昼間働かねばならないといった「家庭の事情」どまりであり、経済的領域まで踏み込むことはなかったものと考えられる。その理由は端的に、物質的アプローチを全県的に広げれば、たちどころに県が財政破たんに追い込まれかねないからであろう。教育扶助獲得を積極的に促すというアプローチについても同様であり、それが教育の課題として広められていくことは決してなかった。これは高知県だけの状況に限らず、日本各地においてもほぼ同様であったことだろう。

ではなぜ、このような温度差＝ダブルスタンダードが発生したのだろうか。この問題を解くためにはやはり、国民国家再編という大きなコンテクストに被差別部落という存在が占める特別な位置取りを理解しなければならない。言うまでもなく日本社会はこの間、大日本帝国の瓦解と植民地の喪失、米国をはじめ連合国軍による占領、サンフランシスコ条約発効による主権回復という激動に次々にみまわれた。日本社会に占める部落の位置づけも変動の波に呑まれ、激変した。戦時体制下においては融和諸団体が同和奉公会に一元化され、国家統制下に置かれたことはすでに述べたが、部落差別の現実は、一丸となって総力戦に挑まねばならない国民（臣民）間の分断を招きかねない忌まわしい話題として、厳重に管理、抑圧された。敗戦後は一転して、軍国主義の汚名を着せられ「同和」の語は占領下においてタブーに近い用語となった。権力の手で、部落差別を想起し語ることは厳重に管理、抑圧されていた点で、戦時下と何ら変わりはなかった。しかし、管理、抑圧されてきたということは、無関心または軽視と同義ではない。むしろ、部落差別問題の意識化がパンドラの箱を開き、現体制の矛盾やほころびをさらけ出してしまうことを熟知していればこその管理、抑圧であったのだ。

長いこうした時間は、一九五二年四月、ようやく終わりを告げた。だが為政者の座に復帰した日本政府もまた、困惑していた。部落差別は日本社会にとって、共同化された無意識の傷痕とも言うべき存在かもしれない。この傷を扱いかねた権力は、またしてもそこに抑圧の蓋をしようとしたのではないか。近代化から取り残され、主要な生産関係から疎外されてきた地域として部落を規定し、社会開発の対象として位置づけ、人々を「停滞的過剰人口」と位置づけ、教育の振興によって近代産業にふさわしい労働力へと変えていく。このような同和対策特別事業のプログラムを粛々と実行することで、あたかも部落をめぐるこれまでのいきさつをなかったかのように封印できたとき、そこに新たな国民国家秩序は完成をみる。その意味で、その目的遂行に資する限りにおいて、被差別部落に対しては金やモノが惜しみなく投下されたのではなかっただろうか。他地域では決して見られなかった、個々の長欠児家庭の経済的困窮に対する配慮が迷いなく行われ、その正当性に疑いがはさまれることもほとんどなかったのではないかと考えるのである。

⚜おわりに

これまで福祉教員制度について本章で論じてきたのは、まず、形式上県の施策という体裁はとっているものの、その全体像を特徴づけるのは、加藤美帆が言うところの熱意ある教員や自発性に富む住民によって発揮された高い自律性にあるという点だった。それは人事のやり方、高知県社会福祉教育協議会の組織運営などに現れるが、それを象徴するのが福祉教員という名称・呼称の定着プロセスだった。当初、その名に冠せられていた教育業界用語の「生活指導」が退けられ、新造語としての福祉教員、福祉教育が成立していく過程を詳しく追った。また占領下という特異なコンテクスト、あるいは暫定か恒久化をめぐるせめぎ合いが、「福祉」という名称選択に影響した可能性を論じた。

また福祉教員による長欠問題への取り組みが、別のエージェントによってなされた一般的な長欠児への就学支援や対策と比べたとき、教育とは別の福祉ラインの行政が当初から組織的に関与し、貧困や経済的困窮を配慮に値する公共性の高い問題として位置づける点で大きく際立つ点を指摘した。これに関しては、戦時体制、占領下、そして占領終結後の時代を通じて部落差別を語り想起することが厳重に管理、抑圧され、そのことでますます部落問題が、日本社会における共同的傷痕としての性格を強め、占領終結後も異なったかたちで抑圧が進行していったことを指摘した。それは部落を封建社会の残滓とみなし、ひたすら社会開発、近代化の対象としてモノ、金の投下を惜しまない姿勢として社会全体に共有化され、同和対策特別事業として政策化もされた。こうした傷痕の抑圧に寄与する限りで、困窮への経済的配慮も正当化されていたのではないかと考察した。

上記のような変化は、たしかに被差別部落の生活向上や改善をもたらしはした。だがそれは同時に、戦後新たに築かれつつある国民国家の秩序に、部落を組み込もうとする営みであり、加藤の言葉を借りれば「文化的葛藤や利害対立も含んだ多様な断層を節合し、収斂させていく役割[39]」を果たすものだった。このように福祉教員制度は、単に戦後教育史上のエピソードにとどまらない、幅広いコンテクストに位置づけて、はじめてその近現代史上の性格を明らかにすることができるのではないだろうか。

注

（1）新学制施行直後からの全国都道府県による不就学・長欠対策のなかでも、一九四八年の福祉教員試験配置は最も早い部類の対策であった（江口怜「敗戦後の不就学・長欠問題を巡る言説と対策の構図――一九五〇年代における都市の貧困を中心に」日本教育学会第七二回大会〔テーマB‐3〕部会報告レジュメ、二〇一三年）。

（2）倉石一郎「福祉教員制度の成立・展開と教育の〈外部〉――高知県の事例を手がかりに」大阪市立大学人権問題研究センター『人権問題研究』五号、二〇〇五年。同「〈社会〉と教壇のはざまに立つ教員――高知県の『福祉教員』と戦後の同和教育」日本教育学会『教育学研究』第七四巻三号、二〇〇七年。同『包摂と排除の教育学――戦後日本社会とマイノリティへの視座』生活書院、二〇〇九年、同「包摂／排除論からよみとく日本のマイノリティ教育――在日朝鮮人教育・障害児教育・同和教育をめぐって」稲垣恭子編『教育における包摂と排除――もうひとつの若者論』明石書店、二〇一二年。同「公教育における包摂の多次元性――高知県の福祉教員の事例を手がかりに」一橋大学大学院社会学研究科『〈教育と社会〉研究』第二四号、二〇一四年。

（3）この状況に一縷の光明がさしたのは、吉田文茂氏の示唆により高知県教育会館屋上の資料庫所蔵資料調査を実施した以降のことであった。本章はその際に発見された資料を活用している。記して感謝する。

（4）加藤美帆『不登校のポリティクス――社会統制と国家・学校・家庭』勁草書房、二〇一二年。

（5）同前、一〇一～一〇二頁。

（6）現在は高知県人権教育研究協議会（県人協）に改称されている。一貫して、県における同和教育を推進し、実践交流の場作りなど多くの役割を果たしてきた。

（7）『戦後高知県教育史』高知県教育史編集委員会、一九七二年、一三一頁。

（8）『解放教育の遺産と課題』高知県同和教育研究協議会、一九八〇年、三五八～三五九頁。

（9）正式の配置に先立つこと二年前の一九四八年四月に、試行的に二名が鳶ヶ池中学校に配置された。その経緯については当事者の一人福岡弘幸が多くの文章に書き残している。たとえば福岡弘幸『道のない道〈中〉』川北印刷株式会社、一九九〇年を参照。

（10）福吉利雄「社会福祉教育協議会の誕生について」高知県教育委員会『教育月報』二巻五号、一九五〇年五月、二四頁。

（11）生活指導という概念については、のちに政府・文部省サイドから出された官製概念である生徒指導との対比で「民衆の側に立つ現場の教師たちが生み出したペダゴジー」だとする評価がある。木村元・小玉重夫・船橋一男『教育学をつかむ』有斐閣、二〇〇九年、一五五頁。

（12）この点に関しては、長岡村（当時）野中地区の関係者を中心とする陳情活動があったことが広く知られている。しかし二〇一四年の資料庫調査の結果、県教員組合から県知事、県議会議長、県教育委員会に宛てた同和教育振興を求める陳情書（一九四九年三月五日付）が発見された。その中にある項目「学校経営上必要ありと認められる学校に専任教員を増員すること」が、後の福祉教員設置に対応するものと思われる。

（13）当日の会合に出席した教員は、西岡力、中沢嘉夫、疋田英雄、岩崎弘、山中浩氣、福岡弘幸、山崎真一郎、谷内照義、福吉利雄、山本実子、川添軍治、久保五九百、川崎誠樹、高野信寛、荒川弥一郎、長尾正利、伊藤敏夫の一七名である（福吉「社会福祉教育協議会の誕生について」二五頁）。このうち鳶ヶ池中学校からは校長の山中、福岡の二名が出席しているのが目にとまる。
（14）上岡武猪「特殊教育について訴える」高知県教育委員会『教育月報』二巻九号、一九五〇年九月、三三〜三四頁。
（15）高知軍政部は一九四九年七月に高知民事部に改称され、さらに同年一一月、整理統合により閉鎖された。その機能は、高松に置かれた四国民事部に移された。
（16）『高知新聞』一九五〇年九月一八日付。
（17）『高知新聞』一九五一年五月一三日付。
（18）『高知新聞』一九五二年一〇月二〇日付。
（19）『高知新聞』一九五三年四月六日付。
（20）一九五二年六月二七日付、文部次官日高第四郎より、教員養成学部を置く国立大学長、都道府県教育委員会宛に発信された文大教第四七二号通達。
（21）そのことを示すものとしてよく引き合いに出されるのが、一九四二年に文部省社会教育局が刊行した『国民同和への道』という冊子である。
（22）吉田文茂「戦後初期部落解放運動の担い手の性格をめぐって――高知県友愛会の運動を素材に」黒川みどり編著『近代日本の「他者」と向き合う』解放出版社、二〇一〇年、二五六頁。
（23）『戦後高知県教育史』六三〜六四頁。
（24）『高知新聞』一九四九年一月一八日付。
（25）『高知新聞』一九四九年一月一九日付。
（26）『高知新聞』一九四九年四月一二日付。
（27）『高知新聞』一九四九年一二月七日付。
（28）『高知新聞』一九五〇年一月二九日付。□は判読不能。
（29）「生産点に立った」同和教育とは、のちに福岡が『腹のふくれる同和教育』などの著書を通して事後的に理論化したもので、部落の生活基盤の強化を伴う同和教育を主張したものである。福祉教員として就学支援を実際に行っていた時点でどこまで行っていたかは別の問題である。

(30) クラム博士については、広瀬典民「W・A・クラム博士と高知県の教育」『研究誌』九号（高知県立高知小津高校、一九七〇年三月）が詳しい。また阿部彰は、地方軍政部教育課の教育官のなかで「教育上の一家言をもち真摯な教育者として誠実かつ対等に日本人と対応し、関係者に感銘を与えた」一人としてクラムの名を挙げている（阿部彰「地方における占領教育政策の展開に関する研究序説」『大阪大学人間科学部紀要』第四号、一九七八年、一三六頁）。

(31) 高知県教育委員会『高知県教育月報』第二巻五号、一九五〇年五月、一三頁。

(32)『高知新聞』一九五〇年一〇月九日付。

(33)『高知新聞』一九五〇年一二月二三日付。

(34)『高知新聞』一九五一年二月一六日付。

(35) この記事の舞台となった地域や地区も被差別部落である。吉田文茂氏からの示唆による。

(36) 福祉教員制度設置に先駆けて、県教組が組合員（校長）を集め一九四九年二月二四日に同和教育振興協議会を開き、県教委への陳情書をまとめている。会合の通知文、陳情書のいずれにも「県（民生部）厚生課の後援」という文言が挿入され、民生部厚生課の関与が早期からのものであったことを物語っている。（県教育会館倉庫所蔵文書、高教組発二四ノ二九）

(37)『高知新聞』一九五〇年九月一八日付。

(38) 福吉利雄「教育扶助について」高知県教育委員会『高知県教育月報』第二巻九号、一九五〇年九・一〇月、一三頁。

(39) 加藤『不登校のポリティクス』一一二頁。

第六章

重症心身障害児の生存と教育

――重症児施設「花明・木の花学園」における学校教育の成立

河合隆平

⚜はじめに

一九七九年度の養護学校義務制実施により、いかなる障害がある場合にも義務教育が保障されることになった。障害がある場合、教育可能性や稼働能力の程度に応じて教育や福祉がどれだけ与えられるかが決められ、就学猶予・免除措置が福祉施設の入所要件とされたように、教育からの排除を前提に福祉への包摂が図られてきたのである。重度の障害があるほど排除の機能はより強固に作用し、いのちをも剥奪する状況を生み出した。

そのなかでも、重度の知的障害と肢体不自由をあわせもつ重症心身障害児（以下、重症児）は、障害種別に仕切られた医療・福祉体系から排除される存在であった(1)。「重症心身障害」は医学概念ではない。「不治永患」といわれて病院（医療保険）から追い出され、さりとて障害種別に対応した既存の福祉施設にも入所できず、「法の谷間」に放置された重度障害児とその家族を救済する弥縫策として、一九六〇年代に定式化された行政用語である。そして重症心身障害児施設（以下、重症児施設）は、病院形態を基礎に福祉的機能を付加するという医療（病院法）と福祉（児童福祉法）をまたぐ施設として誕生した。「独立自活」と「更生」が困難で「社会生活に順応させる」

ことを目的とする重症児施設では、生命・健康維持のための最低限の医療や福祉しか想定されていなかった。しかし、一九六〇年代後半になるとそうした劣等処遇を「飼い殺し」と批判し、重症児を権利と人格発達の主体として承認する「発達保障」の思想と実践が民間施設のなかで創出され、経済成長のもとでの慈善的で残余的な福祉に、人間の生存と発達の権利保障を対置させながら、重症児政策の転換が模索されていく(2)。

一九七〇年代に入り養護学校義務制実施が具体的な日程にのぼると、重症児施設における教育保障は不就学障害児をなくす最後の課題とされた(3)。医療と福祉が救済した重症児を教育の対象に組み込むという空前の課題を前に、学校の実践と仕組みは医療や福祉との緊張関係を生み、社会的な選抜や地位配分という既存の教育の機能や価値を相対化しながら、「生きる屍」といわれた重症児を「生きる主体」へと発達させた。また、学齢超過児の就学は自治体ごとに措置が異なったため、施設内の就学格差をいっそう可視化させた。このように、一九七〇年代の重症児施設において教育保障が生存保障につながる契機を見出すことは、「教育を生存の構成要素に位置づける」ことで「福祉概念や生存概念はどのように拡張できるのか」という「「生存」の歴史学(4)」からの問いに対する具体的な応答をなすだろう。

そこで本章では、京都府亀岡市の民間重症児施設「花明《かめい》・木の花《こはな》学園」（一九六八年開設）に設置された「みのり学級」（亀岡市立亀岡小学校・中学校「みのり学級」、一九七六年発足(5)）を事例として、重症児の学校教育の社会的基盤がどのように形成されたのか、重症児が希求した教育の内実と、その教育経験が重症児のいのちと生活をいかに支えたのかを考察する。みのり学級の教育は、重症児の生存に不可欠な医療と福祉が展開される日常生活に根づくことで成立したのであり、医療と福祉に埋め込まれた生存維持や人間形成の作用と教育の機能を接続することが求められた。本章では、教育と医療・福祉を相互に媒介させることで重症児の学校教育を成立させようとした教師たちの実践と理論の展開に注目しながら、一九七〇年代における重症児の生存と教育の輪郭を浮かび上がらせてみたい。そうしたみのり学級の思想、実践や理論を基底から成り立たせている枠組みを、ここでは重症児教育のペダゴジーと呼んでおこう(6)。

以下、はじめに、花明・木の花学園とみのり学級の成り立ちを概観し、園生の障害や生活の現実に即したカリキュラムと教育実践の構造を明らかにする。次いで、園生の発達的変化を素描するとともに、重症児教育のペダゴジーが教育実践と医療・福祉実践の間で共有されながら、学園の生活と処遇が変容していく様相を捉える。その一方、地域社会において重症児の教育と生存を支える人々の主体形成の諸相、重症児の親たちが学園における教育要求と生活要求を主体化させていく姿を示す。最後に、重症児の生存保障における学校教育の位置とその歴史性をおさえて本章の結びとする。

第一節　「花明・木の花学園」と「みのり学級」の概観

✤「花明・木の花学園」と園生の実態

一九六八年五月、京都府亀岡市の田園地帯に重症児施設「花明学園」が開設した。一九七二年四月、行動障害があり、既存の重症児施設や重度精神薄弱児収容棟に入所できない「動き回る重症児」のために「木の花学園」を開設し、一九七九年三月、両施設は「花の木学園」として再編・統合された。学園には、家庭での養育が困難な重症児が亀岡市のほか京都北部・南部や京都市内から入園していた。表6‐1〜4に園生の実態をまとめたが、園生の多くは重度の脳性麻痺と知的障害があり、基本的な生活習慣が未確立で自力での移動や言葉でのコミュニケーションが困難な発達段階にあった。生活年齢は幼児から成人まで幅広く、一八歳を超えて在園する年齢超過者が半数を占めた。こうした園生の障害状況は、家庭の経済状況や生活環境の乏しさ、教育的働きかけの欠如と

表 6-1　園生の障害診断名

診断名	人数（名）
脳性麻痺	41
知的障害	12
てんかん	10
小頭症	4
髄膜炎・脳炎後遺症	6
ダウン症候群	2
水頭症	1
ルビンシュタイン・テイビ症候群	1
頭部外傷後遺症	1
合　計	78

表 6-2　園生のコミュニケーション能力

反応の様子	人数（名）
《理解反応》	
反応なし	4
身体的接触に反応	19
話しかけに反応	25
単語の意味理解	18
日常会話の理解	12
合　計	78
《表現反応》	
手段なし	16
意味のとりにくい発声や身ぶり	38
単語や意図的な身ぶり	17
2 語文	2
文章	5
合　計	78

表 6-3　園生の移動能力

移動	人数（名）
移動不可	6
軸まわり移動	3
背這い移動	2
腹這い移動	3
肘這い移動	1
半寝返り	2
完全寝返り	9
いざり	5
四つ這い	10
つたい歩行	1
両手支持歩行	3
片手支持歩行	1
独歩（不安定）	9
独歩（安定）	10
走る	13
合　計	78

6-4　園生の生活年齢

年齢	人数（名）
3 ～ 5	5
6 ～ 9	7
10 ～ 12	8
13 ～ 15	10
16 ～ 18	13
19 ～ 21	14
22 ～ 24	12
25 ～ 29	6

出典：重症心身障害児施設花ノ木学園『昭和 53 年度療育実践記録』第 5 号、1979 年、4 ～ 5 頁より作成。

表 6-5　花明・木の花学園（花の木学園）の生活日課

時	5	6	7	8	9	10	11	12	13	14	15	16	17	18	19	20	21
園児日課	更衣 オムツ交換 起床		朝食		歯みがき・洗顔 オムツ交換	保育 / オムツ交換	昼食 / 自由遊び		オムツ交換 / おやつ / 保育 / オムツ交換（入浴 花明・木の花 週2回）			夕食	歯みがき 水分補給 更衣 オムツ交換			就寝	
担任日課				出勤 / 担任うちあわせ	園うちあわせに参加 / 洗面指導	授業	食事指導	休けい	＊1 / おやつ・排泄指導	授業	＊2						

＊１　・午後の授業に向けての話し合い、準備
　　　・午前中の授業の子どもの記録
　　　・週２回ことばと文字の小集団授業
＊２　・午後の授業の子どもの記録
　　　・明日の授業のうちあわせ、準備、その他

出典：亀岡小学校・亀岡中学校みのり学級『みのり――昭和53年度のあゆみ』1979年、14～15頁。

いう社会的要因が重なり合うことで重度化させられていた。学園の心理判定員は入園前の家庭訪問で得た印象を次のように記録している。

　Ｉを除いて経済的に恵まれていると言えず、どの子の両親も働きに出ていて家に放っておかれている状態であった。したがって家庭にあっては生命を保つこと以上のことは何も保障されていないといえる。正しい保育の元にあっては重症児といわれずにすんだであろう。[7]

　表６‐５に学園の日課を示したが、長く在宅生活を送ってきた園生に対して学園では健康管理、食事、排泄、更衣などの生活ケアが一日の大半を占め、生活能力を引き出すために身辺処理を中心とした生活指導や療育がなされた。花明学園では一九六九年二月、障害程度や発達段階に応じたグループ編成をとり、医療や介護に傾斜しがちななか、療育の場をベッドから畳やカーペットに移し

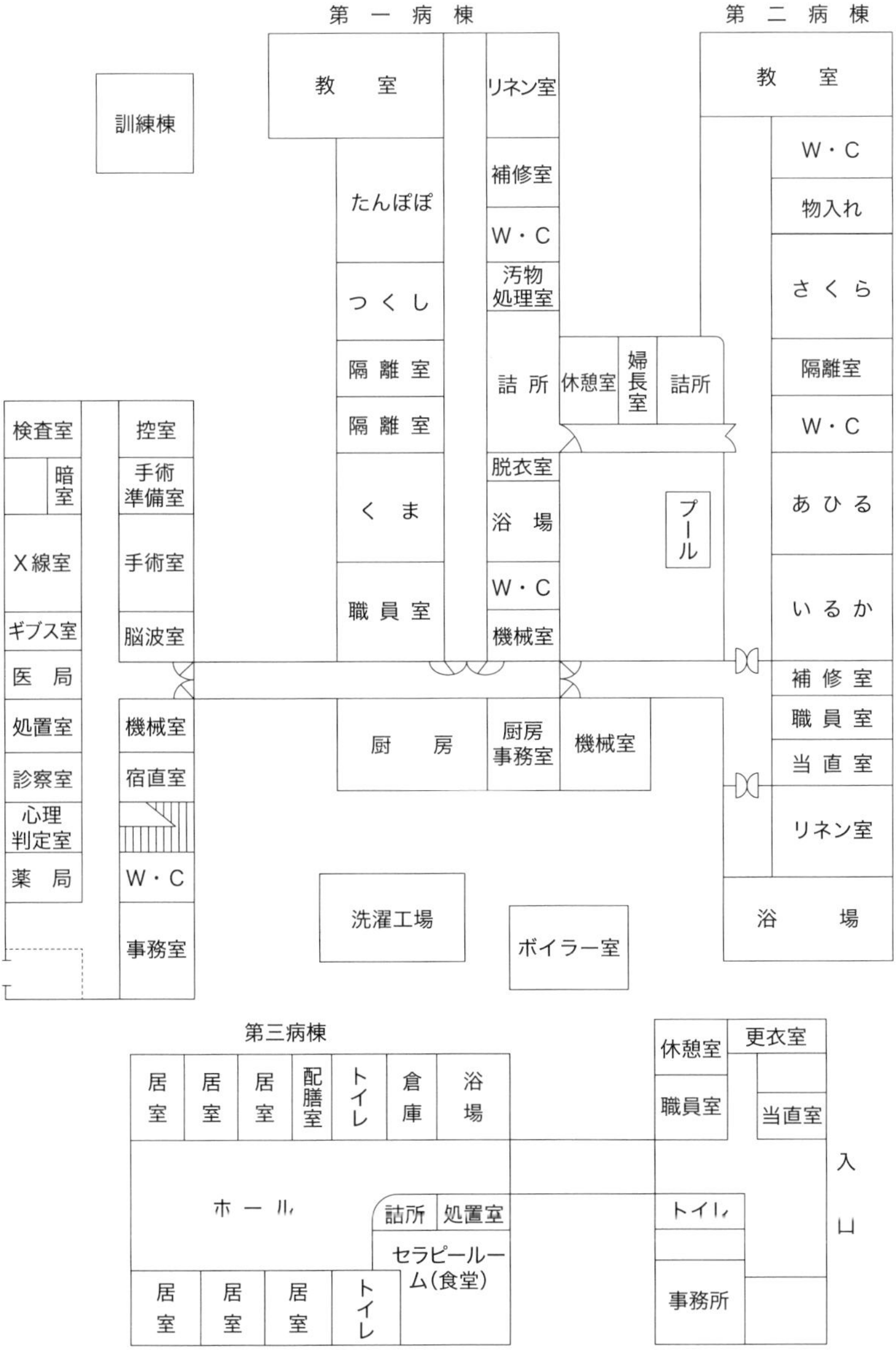

図 6-1　花明・木の花学園（花の木学園）見取り図
出典：重症心身障害児施設花ノ木学園『昭和 53 年度療育実践記録』第 5 号、1979 年、10 頁。

おけるグループ編成と療育・教育課題

療育課題	みのり学級の教育課題
・働きかける対象を増やし、その変化を受けとめる ・生活のリズムをつくる ・遊びの中味づくり	1. 這う力、歩く力を豊かに伸ばす。 2. 手や指先の操作する力を高める。 ・楽器をたたく、筆で描く、ひもをひっぱる 3. 話しことばをひきだすとりくみ。 ・子どもの発達段階に応じた話しかけのとりくみ。 4. 仲間とのふれあいや、かかわりあいを深める。 ・手と手、からだとからだがふれあうとりくみ。
・保育と健康維持・増進（生理的基盤の確立） ・生活リズムの確立 ・姿勢を認識レベルに近づける	1. 子どもの生きようとする力や展望を育て、健康の維持増進をはかる。 ・太陽にあて、大気にふれさせ、抵抗力をつける。 ・すわる、腹這いになる、膝立ちする等の姿勢でがんばる。 ・自分の力で寝返りや移動が少しでもできるようになる。 2. 物を握り、操作する力を強める。 ・楽器の演奏、筆を握って描く。 3. 発達課題による小集団学習の保障。 ・文字指導、ことば指導の充実。 4. ことばかけをしたり、歌や音楽を聞かせたり、からだどうしのふれあいを大切にして豊かな感情を育てる。
・保育と健康維持増進（生理的基盤の確立） ・生活リズムの確立 ・姿勢の変化 ・手指への働きかけ	1. 健康の増進。 ・太陽にあて、大気にふれさせ、抵抗力をつける。 ・すわる、腹這いになる、膝立ちする等、いろんな姿勢でがんばる。 2. 物にふれる力、握る力を育てる。 3. ことばかけをしたり、歌や音楽を聞かせたり、からだどうしのふれあいを大切にして豊かな感情を育てる。
・自分たちの力で生活リズムをつくり出す ・役割の社会的意味を理解させる役割活動 ・子ども同士のコミュニケーションを育てる ・「みんなのために」という意識を育てる	1. 仲間とのふれあい、かかわりあいを深め、ひとりひとりの要求を大切にする子ども集団を育てる。 ・係り活動をすすめていく。 ・全体の核となる力をつける。 ・話し合いの場をもつ（自治活動） 2. 健康の維持と増進 ・みずから健康の維持増進や体力づくりにとりくむ子を育てる。 ・自分や仲間のからだについて知ろうとする子を育てる。 3. 教科学習の充実。 ・文字、数量　・自然の事物現象　・社会の出来事 4. 発達課題による小集団学習の保障。 ・文字指導、ことば指導の充実。
・日常生活動作の自立度を高める ・生活リズムをもたせる ・外界への働きかけを増やし、その変化を受けとめる	1. 這う力、ころがる力、歩く力、走る力を強め、体力をつける。 2. 手や指先の操作する力を高める。 ・しっかり握れる。 ・小さいものがつまめる。 3. ことば、発声、身ぶり、手ぶりで自分の要求が豊かに表現できる。
・動き回れる空間に立体的な広がりをもたせる ・外界への働きかけを引き出し、その変化をしっかりと受けとめる ・生活リズムをもたせる	1. 健康増進・体力づくり。 ・歩く力、這う力を豊かに伸ばす。 ・空間を広げる。 2. 遊びや活動を引き出す素材を豊かに与える。 3. 仲間とのふれあいや、かかわりあいを深める。 ・共通の興味ある教具や遊具を媒介とした仲間との学習。 ・手と手、からだとからだがふれあうとりくみ。 4. ことばによる話しかけを大切にする。
・日常生活全般にわたり職員とのコミュニケーションを重視し、生活の中味を意味あるものにする ・生活リズムの確立	【A グループ】 1. 目的をもって、力いっぱい歩いたり、走ったりする。 階段や変化のある道をしっかり歩く。 2. しっかりからだを動かし、運動能力を高める。 ・マット運動、とび箱、ボール運動等。 3. 集中して課題にとりくめる。 4. 仲間どうしのふれあいや、かかわりあいを深める。 ・手つなぎ　・道具を媒介としたかかわり　・集団遊び 5.「しごと」（労働教育）のとりくみをすすめる。 ・一定の目的や見通しをもって、からだを動かし道具を操作する。 6. ことば、発声、身ぶり、手ぶりで自分の要求が豊かに表現できる。 【B グループ】 1. じょうぶなからだをつくろう。 2. 歩く力をつよめる。 3. 手や指先で操作する力を高める。 ・楽器を鳴らす　筆で描く　ボール等 4. 仲間どうしのふれあいや、かかわりあいを深める。 ・手つなぎ　・道具を媒介としたかかわり　・集団遊び 5.「しごと」（労働教育）のとりくみをすすめる。 ・一定の目的や見通しをもって、からだを動かし道具を操作する。 6. ことば、発声、身ぶり、手ぶりで自分の要求が豊かに表現できる。

および重症心身障害児施設花ノ木学園『昭和 53 年度療育実践記録』第 5 号、1979 年、7 頁より作成。

表 6-6　花明・木の花学園（花の木学園）に

病棟	グループ	生活年齢	認識・言語発達	行動（移動）	特徴
第一病棟	たんぽぽ	5〜9歳、18歳前後が多い	9ヵ月前後が多い	ねたきり：2 這う：3 いざる：2 歩く：3	・身体障害の程度は比較的軽度 ・日常生活動作は断片的に自立
	く　ま	10〜15歳が多い。3歳と36歳も含む	1歳前後と2歳前後が多い	ねたきり：8 這う：2	・重度の身体障害 ・受動的側面が強く、1日の生活が単調になりがち ・健康維持に留意が必要 ・話し言葉を理解できる子どももいる
	つくし	10歳前後と20歳前後が多い	5ヵ月以下が多い	ねたきり：5 座位可：3 歩く：1	・重度の身体障害 ・受動的側面が強く、1日の生活が単調になりがち ・健康維持に留意 ・外界に働きかける力が乏しい
第二病棟	さくら	20歳前後が多い	1歳半〜5歳までが多い	ねたきり：1 這う：4 いざる：3 歩く：2	・軽度の身体障害 ・日常生活動作の自立度は高い ・言語、動作によるコミュニケーションが確立 ・集団的な取り組みが可能
	いるか	20〜25歳が多い	11ヵ月前後が多い	這う：7 いざる：1 歩く：2	・軽度の身体障害 ・日常生活動作は断片的に自立 ・動作指示などの簡単な言葉は理解 ・集団のなかで1人遊びができる
	あひる	15歳前後が多い	5〜9ヵ月が多い	這う：4 歩く（不安定）：8 歩く（安定）：3	・軽度の身体障害 ・日常生活動作は未確立 ・外界に働きかける力が乏しい
第三病棟		6〜30歳	1語文程度の話し言葉を数語獲得しているのは4、5名、他はほとんど話し言葉なし。 指しゃぶり、物を口にもっていく子も多く、0〜1歳前後の発達段階が多い	走る：7 歩く（安定）：5 歩く（不安定）：5 食事・排便・更衣等がほぼ自立しているのは1名、他は全面・部分介助	・軽度の身体障害 ・日常生活動作は部分的自立 ・情緒面の障害が大きい ・心臓、腎臓等の内部疾患のため常時医療的な配慮を要する子どもが数名、けいれん発作は約半数にみられる、聴覚障害とあわせもつ子どもが1名

出典：亀岡小学校・亀岡中学校みのり学級『みのり――昭和53年度のあゆみ』1979年、44〜45頁

表 6-7　みのり学級の児童生徒数・教員数・学級数の推移（1976～1980 年度）

年度		1976		1977		1978		1979		1980※	
児童生徒数		27		48		50		48		51	
小学校	中学校	27	0	45	3	47	3	40	8	31	20
教員数（学級数）		3（3）		7（7）		9（8）		10（8）		14＊（11）	
小学校	中学校	3	0	6	1	7	2	7	3	7	3

※丹波養護学校亀岡分校（小学部・中学部）　＊教頭 1 名含む
出典；京都府立丹波養護学校亀岡分校『1980 年度実践・研究のまとめ』第 1 号、1981 年、7 頁より作成。

たり、合同保育や園外活動を取り入れることで生活環境の拡張に努めた。それでも実態の多様な園生が同じ居室で生活するため、日常的に活動は制約されがちであった。そこで一九七七年二月、花明学園を二病棟制にして部屋を八つに増やし、発達段階や療育課題に即してグループを六つに再編して（第一病棟：「たんぽぽ」「くま」「つくし」、第二病棟：「さくら」「いるか」「あひる」）、より広い空間を確保し、在宅者の受け入れに対応しようとした（表6‐6および図6‐1参照）。

⚜亀岡小学校・中学校「みのり学級」の成り立ち

一九七六年四月、学園内に亀岡市立亀岡小学校の特殊学級として「みのり学級」が設置された。三学級に養護学校や特殊学級での教職経験がある三名の教師が配置され、六〇名の園生のうち二七名の学齢児童が就学し、学齢超過者も学籍のない「聴講生」として授業参加が認められた（花明学園四四名のうち学齢児一七名、木の花学園一六名のうち学齢児一〇名）。翌年度には亀岡中学校の特殊学級が開設されて七学級・七担任となり、京都府立丹波養護学校「亀岡分校」に移行する前年の一九七九年度には児童生徒数四八名、教員一〇名となった（表6‐7参照）。

当時、京都府では不就学障害児をなくす運動を受けて、向日が丘養護学校（一九六七年）、与謝の海養護学校（一九七〇年）、桃山養護学校（一九七四年）が開校し、在宅訪問教育制度（一九七三年）も開始されるなど義務制実施に向けた政策が進められていた。学園がある口丹地域は養護学校のない「谷間の地域」といわれ、養護学校建設運動の一環として学園における重症児の教育保障が注目されたのである[8]。当時の亀岡市は小島幸夫革新市政（一九七五～七九年）のもとで教育・福祉政策が重点化され、地域の運動として、養護学校建設も学園の教育保障も等しく「亀岡の障害児を守る」という点で共同して取り組むべき課題とされたのである。地域の教育・福祉関係者と行政関係者が共同してみのり学級の運営方針を協議、決定する「みのり学級運営に関する協議会」も、そうした地域の公共性にねざした取り組みを背景につくられた仕組みであった。

みのり学級は特殊学級という制度的位置づけにあったが、それは養護学校建設までの暫定措置とみなされていた。一九七七年四月時点で、全国四一ヵ所の重症児施設に入所する学齢児童（一五五七人、入所児童数に占める割合：三八・三％）のうち、七〇・五％（一〇九八人）が就学猶予・免除を受けており、教育形態としては「併設・隣接養護学校」：六一人、「施設内学級」：九〇人、「訪問教師」：一二九人、「施設職員」：一四八人、「その他」：三一人という状況であった[9]。全国的にも希少であった「施設内学級」は京都府としても初の試みであり、その様子がＮＨＫのテレビ番組「教養特集・現代生活と人権（一）障害児と教育権」（一九七七年五月五日放送）として全国放映されて反響をよんだ。

第二節　みのり学級のペダゴジーとカリキュラム

従来「教育不可能」とされてきた園生に対して、みのり学級では「教育に下限なく、発達に上限なし」という理念を、学園の生活に即して具体化するペダゴジーの形成が求められた[10]。学園では健康管理や生活介助が優先されるため、保育時間は圧縮されやすく、職員配置も不十分であり、教育的な働きかけをすることは保育士や指導員にとって大きな負担であった[11]。「「療育」どころか、生命を保たせることすら満足に行ない得ていないのが現状

表 6-8　みのり学級の週間スケジュール（1979 年度）

	月	火	水	木	金	土
午前	共同教育	あひる たんぽぽ	さくら くま	あひる たんぽぽ	いるか つくし	さくら くま
午後	ことば・ 文字指導 （いるか ／つくし）	第三病棟 A グループ	職員会議	合同学習	ことば・ 文字指導 （第三病棟 Bグループ）	

出典：亀岡小学校・中学校みのり学級『みのり学級 4 年目のとりくみ』1979 年、13 頁より作成。

であり、この上なく腹立たしい思いがしてならない」という厳しい環境では、教育を考える余裕などなかった。[12] 保育士や指導員のなかには自分たちが園生のいのちと生活を支えてきたという自負心があり、学校教育に対して消極的な認識を示す者もいた。そうしたなか、学園に常駐する教師たちは、授業以外にも学園の生活介助や療育に積極的に参加して、園生の生命・健康維持に不可欠な介助の技能を学び、医療・介護実践に織り込まれた人間形成の作用を教育の枠組みを通して再構成しながらカリキュラムを考案した。

まず、「力いっぱい生きようとする子／豊かな感情と表現力をもった子（人と人とのかかわりの中で、喜び、怒り、かなしみなどの感情を表現できる子ども）／要求の出せる子／力いっぱいがんばる子／仲間と共にとりくみ、育ちあえる子」という教育目標が設定され、「①生命を守り育て、健康の維持増進をはかる　②障害と発達を科学的にとらえる　③すべての子どもに系統的な「教科学習」を保障しよう」というカリキュラムの基本視点が示された。これをふまえて従来の教科学習を相対化しつつ、「からだ」「しごと」「ふれる・えがく・つくる」「うた・リズム」「みる・きく・はなす」「かず・かたち（文字）」という独自の「教科」領域が設定された。「人間」「主権者」として育つうえで不可欠な「文化」伝達のための教科学習を媒介として、重症児との教育的関係を成立させながら、発達過程に即した系統的学習を保障しようとしたところにみのり学級のペダゴジーの特徴があった。

昭和53年度

5月の予定表

亀岡小学校・亀岡中学校 みのり学級

日	曜	午前 組	午前 場所	午前 主な学習内容	午後 組	午後 場所	午後 主な学習内容
1	月	全員	木の花	共同教育（亀小5年2組と）	B		しごと（植えつけ）
					A		しごと（植えつけ）
2	火	全員	木の花	Ⓐしごと（畑づくり）	B		しごと（植えつけ）
					A		しごと（植えつけ）
3	水			憲法記			念日
4	木	B		しごと（植えつけ）	全員		合同学習
		A		しごと（植えつけ）			
5	金			子ども			の日
6	土	B		みるきく・はなす（自然に親しむ）			
		A		みるきく・はなす（自然に親しむ）			
7	日						
8	月	全員	木の花	共同教育（亀小5年3組と）	B		みるきく・はなす（自然に親しむ）
					A		みるきく・はなす（自然に親しむ）
9	火	全員	木の花	Ⓐからだ（運動会にむけて）	B		みるきく・はなす（自然に親しむ）
					A		みるきく・はなす（自然に親しむ）
10	水	全員		グループ会議出席	全員		研修会
11	木	B		からだ（運動会にむけて）	全員		合同学習
		A		からだ（運動会にむけて）			
12	金	全員	木の花	Ⓑからだ（運動会にむけて）	B		からだ（運動会にむけて）
					A		からだ（運動会にむけて）
13	土	B		からだ（運動会にむけて）			
		A		からだ（運動会にむけて）			
14	日			花明学園大遠足			雨天の場合 午前いるか 午後サクラ たんけん 散く ま
15	月			代			休
16	火	全員	木の花	Ⓐからだ（運動会にむけて）	A		からだ（運動会にむけて）
					B		からだ（運動会にむけて）
17	水	全員		グループ会議出席	全員		職員会
18	木	A		からだ（運動会にむけて）	全員		合同学習
		B		からだ（運動会にむけて）			
19	金	全員	木の花	Ⓑからだ（運動会にむけて）	A		からだ（運動会にむけて）
					B		からだ（運動会にむけて）
20	土			小運動会			雨天の場合 午前 いるか たんぽぽ 授業
21	日						
22	月	全員	木の花	共同教育（亀小5年4組と）	A		ふれる・えがく・つくる（友達の顔）
					B		ふれる・えがく・つくる（友達の顔）
23	火	全員	木の花	ふれる・えがく・つくる.（友達）	A		ふれる・えがく・つくる（ぬたくり）
					B		ふれる・えがく・つくる（ぬたくり）
24	水	全員		グループ会議出席	全員		研修
25	木	A		ふれる・えがく・つくる（友達）	全員		合同学習
		B		ふれる・えがく・つくる（友達）			
26	金	全員	木の花	ふれる・えがく・つくる（ぬたくり）	A		みるきく・はなす（紙芝居）
					B		みるきく・はなす（紙芝居）
27	土	A		みるきく・はなす（紙芝居）			
		B		みるきく・はなす（紙芝居）			
28	日						
29	月	全員	木の花	共同教育（亀中と）	B		みる・きく・はなす（紙芝居）
					A		みる・きく・はなす（紙芝居）
30	火	全員	木の花	からだ（あるく）	B		かず・かたち・文字（数と量）うた・リズム
					A		かず・かたち・文字（数と量）うた・リズム
31	水	全員		グループ会議出席	全員		研修

教員 A.浅田.森.小崎.吉川.明田
教員 B.杉本.糸井.長崎.中沢.

5月の学習内容
- からだ―係のり合体 小運動会の練習（竹道はしる 障害物）
- しごと―畑のうえつけ（スイカ キュウリ ナス トマト）
- うた・リズム―おへそのうた.むすんでひらいて.あいあい.
- みるきく・はなす―紙芝居.自然に親しむ　かず・かたち・文字 数・量
- ふれる・えがく・つくる―ぬたくり.友達　小集団 (文字・ことば)

「へこきよめさん」
「一寸法師」

図 6-2　みのり学級の授業計画（1978年5月）

出典：『みのり』第21号、1978年4月23日。

図6-4　保護者授業参観

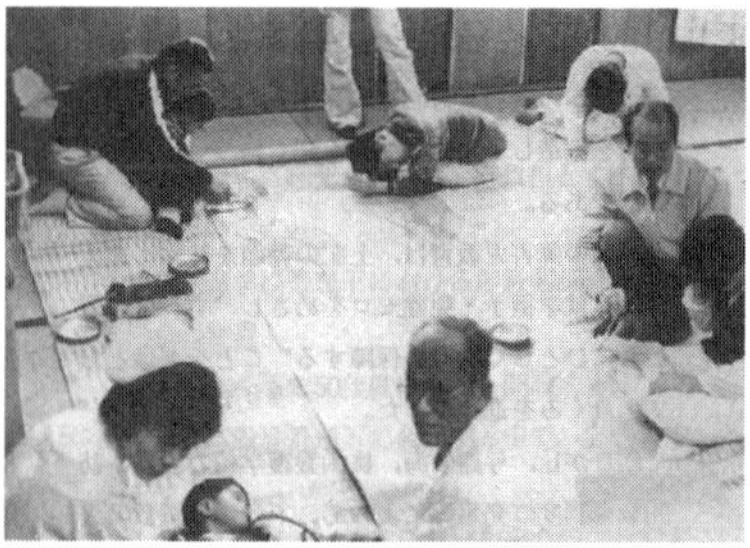

図6-3　授業風景（「ふれる・えがく・つくる」）

出典：亀岡市立亀岡小学校『亀小の障害児教育』1977年、43頁。

表6-8にみのり学級の授業スケジュールを示した。授業は学園の六グループを基礎に、午前・午後一時間の保育時間に合わせて週二～三回行われた。当初は教室がなく、教師が学園の居室やプレイルームに出向いて授業し、同じ居室にいる学齢超過者も一緒に授業に参加させた。一九七七年二月に花明学園が二病棟制となり建物が増築されたことで専用の教室が確保され、生活と教育の場が独立することになった。

グループの実態は多様だが、生命維持と健康増進、見通しをもって生活する力、他者や集団とかかわる力を育てることが共通の教育目標とされた。障害からくる苦痛を和らげ、快・不快の感覚を育てること、食事、排痰、排便といった生理的基盤を整えること、散歩、多様な身体の運動や姿勢の変化を引き出すこと、製作・描画、認識や情動に働きかける文学や音楽、畑の開墾や栽培などの労働のほか、言語・認知発達が比較的高い園生には文字と数の指導も行われた（図6-2参照）。

園生は重度の障害があるため、他者の介助や援助を欠いては生命・健康維持はもとより日常生活を成り立たせることはできない。だから、みのり学級の教育では、園生が生命と健康の基盤を整え、もてる力を安定して発揮できる状態にすることを基本に、変化や刺激の少ない環境のなかでも、人間関係と経験の幅を広げて生きる意欲を育てることがめざされた。むき出しの医療や介護を施すことは「なされるがまま」の生活につながる。それゆえ、園生にとって障害への対処や日常の生活行為・動作の形成は医療や介護の技術に還元されるものではなく、人間的な生存保障に不可欠の文化として再構成される必要があった。「みのり学級の授業は、歌で始まり歌で終るといってもいいぐらい」[13]といわれたように、授業の開始・終了時には「おはよう」「さよなら」の歌で授業時間を意識させた。「呼名」の際にも「おへんじのうた」を歌いながら名前を呼び、園生が返事をすると歌って指さして園生の存在を確認したりした。これには「マヒや緊張の強い子も返事をするまでに一定の準備期間があり、息を吸い込み、口をあけて、返事をするタイミングがつかみやすい」「一人の子どもの名前を呼ぶのに一定の時間をかけるため、目の見えない子どもには身体に触れてやったり、耳の聞こえない子には目の前に行って集中させたり等、重度・重複障害の子ども達にとっては、ゆっくり関わりを持ってとりくめる」という教育的意図があった[14]。

こうして文化伝達を核とするペダゴジーは、重症児が周囲の環境の変化、他者からの働きかけや介助を主体的に受けとめ、自らの心身が引き受ける障害と向き合い、生きる意欲や要求を喚起することをめざして具体化されたのである。

第三節　ペダゴジーの共有と医療・福祉実践の変容

⚜園生たちの学習と発達

学園は生活環境が固定されやすく担当職員も流動的であったが、園生たちは居室から離れた教室に通い、教師との安定した人間関係を形成し、日常と異なる学習を経験するうちに生活のリズムや時間・空間の変化を意識するようになった。ほどなくすると、教育に対して消極的であった学園の職員も授業を節目に生活リズムを意識するようになり、「もうすぐ学校の時間だよ。早くしないと先生がきやはるよ」と声をかけて授業の準備を促したり、授業後には連絡帳を見ながら「今日は学校どうやった?」と言葉を交わすようになったという。[15]

Ｉ・Ｎは一九六四年生まれ、五歳で花明学園に入園し、一二歳で小学一年に就学した女子児童である。脳性麻痺と知的障害があり、寝たままの姿勢で全身の筋緊張が強く、手指にも変形拘縮があるが、人からの働きかけに対して意図的に動かすことができる。学園の「くま」グループに所属し、みのり学級では「一、自分の力で積極的に身体を動かす（少しでも移動する、リズム体操などに取り組み、少しでも自分の力で手足を動かす、いろんな姿勢で頑張る）二、物を握り、操作する力を高める（楽器を鳴らす、紙の片方を指導者がもってちぎることができる）」ことが課題とされた。[16]ここでは小学一年時（一九七六年度）の通知票の所見から、彼女の変化をみてみよう。[17]彼女が授業を重ねるごとに学習に意欲を示し、教師の存在を意識することで授業への期待感が生まれ、次第に見通しや安心感をもつようになる姿がうかがえる。

〔一学期〕

緊張はかなりきついようですが、名前を呼ぶとハイッとはっきり聞きとれる返事が出来ます。周囲の友達と大変仲良くしています。学習に対しての期待と要求は大きく出来なくても、やろうといつも努力します。特に紙芝居、スライドも熱心に興味深く見ることができます。授業の終りの歌をみんなで歌うと大変興奮しますが、次の勉強の日を待ってくれているためだと思っています。

〔二学期〕

授業中に以前のような強い緊張がなくなり、大変リラックスできるようになりました。ハイッと言う返事も一層明りょうです。学習に対しては意欲を持っています。中でも人形劇、かげ絵を見ることが大好きです。スチレン版画もつくりました。握りはまだ確かではありませんが介助されながら作品ができ上がりました。一番よかったことは、二学期は健康に恵まれ授業の日は全部出席できたことです。

〔三学期〕

寒かったせいかベッドの上が多く、プレイルームでの授業に参加する回数が二学期より少なかったのがざんねんです。でも皆と一緒に学習したい意欲は今まで以上に強いものがあります。大きな紙に絵の具で絵を描いたり、粘土をしたり、劇（大きなかぶ）をしましたが、中でも友達と一緒にやる劇には大変意欲を示し、自分のする役など自分の意志で選びました。返事はよくできます。授業の終りにいつも泣きましたが、今学期は一度も泣きませんでした。次に先生達が来てくれることをよく理解し、安心感を持つようになったからだと思います。

⚜生活の改変と医療・福祉実践の変容

みのり学級の教育によって園生が主体的に変化するにつれて、学園の実践も見直されていく。学園では、授業以外の生活日課、学校と区別される生活指導や療育実践の質が問われたのである。「生活にリズムをつけよう」（いるか）、「自分の出来る事を増し、生活のリズムを確立しよう」（あひる）という療育目標が設定され、時間や場面の切り替えを意図的にし、設定保育も計画的な内容に変更されていった[18]。たとえば、学級の実践にならい、毎朝グループごとの「朝礼」で名前を呼んで日課を確認し、食事前後には全員で挨拶することで仲間意識を育てたり、「役割活動」や「お手伝い」をすることで日課に主体的に参加できるようにした。名前を呼び、身体を揺さぶることで活動の開始を意識させること、食前に手を洗い、おしぼりで顔を拭いて食べやすい姿勢を整えることは、生理的基盤の不安定な「寝たきり」の園生にとって「起きていることに意味を持たせるとりくみ」でもあった[19]。学園の日課を園生にとって主体的で生活実感が伴うものへとつくり変える取り組みは、みのり学級のペダゴジーを取り込むことで生存保障の基底を拡張することにつながったのである。

こうして、学園の生活を改変していくうえで、医療関係者とペダゴジーを共有することが大きな課題であった。わずかな気候や気温の変化で体調を崩しやすい園生を前に、教育に対する医療関係者の評価は消極的であり、健康・安全管理面からも慎重であった。そこで、教師たちは朝の申し送りに参加して前夜からの園生の状態を伝達してもらい、看護師に「健康カード」を提出して園生の健康状態のチェックを受け、毎月病棟のケース会議に参加しながら医師や看護師との信頼関係を築こうとした。園生の良好な発達も功を奏し、「二四時間コンタクトして、メシを食わせ、オムツを交換するのがここの子の教育だ[20]」と認識する医師や看護師にもやがて教師の実践が受容されていくことで、医療実践が教育の一環に位置づけなおされていく。たとえば、浣腸等の医療処置を授業時間の前後にずらして行うことが自然排便を促す取り組みにつながったように、対症療法的な処置で生活を制限することのない、園生の健康増進や発達を保障する医療・看護へと変化していった。一九七八年一一月、みのり学級の児童・生徒七名が京都・大津方面に一泊二日で初の修学旅行に出かけている。それは看護師の同行や宿泊先での医師の健康診断など、学園からの全面的な協力を得て実現できたものであった[21]。

第四節　重症児の生存と教育を支える人々と仕組みの創出

⚜教職員と保護者の主体形成と協同

みのり学級の実践のもう一つの課題は、地域に重症児の生存を支える人々を生み出し、学校教育の社会的基盤を重層的に築くことにあった。ここでは地域の学校の教職員、保護者、子どもたちがみのり学級とどのようにかかわり合ったのかをみておこう。

亀岡小学校・中学校では、全教職員が全校児童生徒の教育に責任をもつという認識に立ち、教職員がみのり学級の授業に定期的に参加することで重症児教育への理解を深めながら、全校的な支援体制を組もうとした。教師たちは「ゴロンと寝そべっている子」「体を二つ折りにしている子」「何やら声をあげながら廊下へはい出していく子」の姿に戸惑いながら、「オムツ交換」や「オヤツ」を体験し授業に参加することで自己の教育観を捉え返していく。「今自分は何をするべきなのか。迷うというより唖然としてしまって我々の方が強度な緊張感に陥ったという方が正しかったかも知れません。……重障児といえども、やはり人間として豊かに発達で〔き〕る可能性を持っているということと教育とのつながりをひしひしと感じました」（小学校教師[22]）。「はずかしいことですが、この道三十年、私は重障児に直接せっしたことはありません。何か心の中に一石を投じたように感じました。それは何か現在自分ながらにもわかりませんが、亀岡中学校に三名の子どもが位置づけられ、すべての子ども達に対する、教育の責任の重さを背に感じます」（中学校教師[23]）。こうした本校教職員による主体的関与は、みのり学級の教師たちをおおいに励ました。

保護者も授業参観を企画してみのり学級との接点をつくった。当初は育友会の一部の役員のみの参観であったが、一九七八年度には一六回の授業参観に延べ二二三〇名の保護者が参加し、「ズボンやエプロン姿で直接授業の中に入り、同じ親としての立場から子どもに接し、授業の援助をしてくれ[24]」たという。ある母親は「机に向ってするだけが教育でなく、障害児の教育とは、まわりの者の暖かな理解、肌と肌のふれ合いをもって理解していくことが何よりも与える教育ではないか」と感じ、「あれ取ってこれ手伝ってというがままに育てて来た我子に、親も反省し子にもいろいろと話して聞かせてやらねば」と省みている[25]。しかし同時に、「自分の子がこの様にして生れて来なくてよかった」という思いがわき起こり、「部屋へ入るとこみあげてくるものが先立ち障害児たちにも、そして御両親たちにも、申訳ない気持ちになり」、「医学が進歩しているとはいえ逆に障害児がふえているということはとても残念なことです」とも述べている。

育友会の保護者たちは言葉を失うほどの衝撃を受けながらも、「生徒さんとの肌のふれあいの中でとても心よい、心あたたまるものを、多く受け、私達一同全員が又訪ねたいという気持になった」[26]と一様に語っていた。保護者にとって重症児という社会的に忘れられた子どもたちとの出会いや人間的交流は、自分の価値観を大きく問い直さずにはおれない経験であった。そして、その心揺さぶられた経験や思いを学校や地域で伝え合い、家庭でわが子に語りかけることで重症児に対する理解の啓発や教育の必要性を訴えていったのである。[27]

⚜共に学び、育ち合う子どもたちの自己形成

こうした教職員や保護者の主体形成と協同に支えられて「共同教育」は実践された。みのり学級では当初から「民主的人格の形成をめざして相互に学び合い、育ち合う共感関係を育て、民主的な関係の発達を追及する」という理念のもと、地域の学校との「共同教育」に取り組んだ。第三病棟（木の花学園）と「さくら」グループの園生を中心に、毎週月曜日の午前中に亀岡小学校・中学校の通常学級や特殊学級との活動のほか、地域の他の学校とも交流し、学園側もこれを「園外保育」と位置づけて支援体制をとった。本校で実施される授業では運動遊びやゲーム、園生が栽培したサツマイモの調理のほか、合同の運動会や遠足などが行われた。共同教育は年間三〇回ほど実施され、みのり学級担任や学園職員から離れようとしなかった園生も次第に自分から小・中学生と手をつないだり、集団活動にも安定して参加できるようになったという。

園生と初めて接する小・中学生のなかには「きたない」「こわい」「かわいそう」と率直に表現する子どももいた。それでも、園生との意思疎通や活動の共有が少しずつできるようになり、クラスで相互の経験を作文に綴り、話し合うなかで自己形成へとつなげていく主体性も生まれた。小学六年女子は「みのりの人たちにとけこめなかったこと」が「悲しい」。「いくら仲良くしようと思っても、心の奥では、だ液がきたないと思ったりしている。先

生のように仲良くしたい。A君や、Nちゃんと肩を組んで歩きたい。早くこんな思いをなくしたい。それがわたしの一番の願いだ[28]」という。中学三年女子は「世の中には、寝たきりの人もいる。目の見えない人もいる。でも、みんな自分なりにがんばって生きているのだ。私も生きようと思う。がんばって生きようと思う[29]」と「生きる」ことへと意識を向けていた。「「かわいそう」じゃなくて、その人と同じ気持ちになって、その人の気持ちを考えたい[30]」という中学一年女子のまっすぐな意思は、共同教育がめざした「民主的人格」や「民主的な関係」の内実を物語っている。

また、園生のなかには体調を崩して亡くなる者もいて、児童会・生徒会のメンバーが教師と共に告別式に参列して弔辞を述べた。生存の淵を生きる園生の姿は、障害のない子どもたちに生きることの尊さと脆さの両方を伝えたのではないだろうか。

小・中学校で共同教育を経験し、地元の高校に進学した女子生徒はこう述懐する。「あの頃は、気づいていませんでしたが、みのり学級との共同学習という本当の意味は、お互いに学び合う……という事で、決してどちらか一方が壁をつくったり、特別な感情をもって接したりする事ではないと思います。／難しいけれど、相手の立場になって考えられる事と、必要以上に親切にする事は、全然違うというのも、共同学習で私が学んだことです[31]」。みのり学級との共同教育は、お互いに学び合い、相手の立場に立って考えるという民主主義を肌感覚で学んだ経験として、卒業後も地域で学び生きる子どもたちのなかに残り続けたのである。

また、夏休みには地域の小学校で「たのしいつどい」が開催された。これは、「障害を背負わされている子どもたちが、自分たちの地域の中でたがいに手をつなぎあうとともに、地域の中にいっそう手をひろげていく力をそだてる[32]」ために、みのり学級をはじめ、同じ地域にいながら出会うことのない特殊学級や養護学校の児童生徒の交流を目的として始められた行事である。また、花明学園の夏まつりも「さくら」グループを中心に地域の小学校の児童生徒と共に準備を進めたり、近隣の農家に野菜販売を呼びかけたりすることで、「より一層地域に根付いた行事[33]」として定着していった。

このように、みのり学級の教育実践は、障害の重い「子どもたちを軸に[34]」、かれらとかかわる主体を重層的に立ち上げることで、学園の内と外に重症児の生存を支える仕組みを創出した。その場合、「人間として健康かつ文化的に生きていく上で必要な諸権利を総合的に保障していくための砦、人間を大切にする思想（人間やその生命の尊厳）を地域に広め、民主的な地域をつくっていく砦[35]」として養護学校が希求されたのである。生存保障の仕組みの中心に学校を定位した教育実践は、学園で人生の大半を過ごす園生にとって地域社会の人々の出会いとつながりをつくり出す契機となったのである。

第五節　重症児と共に生きる家族の教育要求

✤教育の要求主体になりゆく親

当初、学園の親たちのなかでは、わが子が健康に生きることを最優先に考えて医療や介護の充実を求める声が強く、「この子には、一生学校という所は縁のないものとあきらめて居た[36]」人も少なくなかった。しかし、学級通信『みのり』（一九七六年六月創刊）や家庭訪問によって学級の様子が伝えられ、面会日に行われる公開授業でわが子の生き生きとした姿に触れることで教育に対する認識と要求が徐々に押し広げられていった。以下に紹介する学級通信で母親が綴った教育への思いは、多くの親たちに共有されていたものと思われる[37]。

首もすわっていない、歩くことも、座ることも、食事から、排便着がえ、何一つ自分でできない子どもです。自力では、一日たりとも生きていけない、そんなわが子に教育なんてとても考えられないことでした。それどころか子どもたちの負担にならないかと、心配までしておりました。／ところがどうでしょう。学校の先生が園生に学習をはじめられたと聞いて十日ぐらいたった面会日に、学園に行っておどろいたことは、学園全体が何となく、木の新芽のように、生き生きとして見えたことです。ふしぎに思って、指導員の先生におたずねすると、「みんな、学校の先生がきてくださるのを待っている。」ということでした。

ある父親は、夏休みの帰省の折に「重度の障害で立つ事も出来ない」息子が「身体は家に帰って居ても、心は「ガッコウ」に行っているのが痛い程読み取れた」という。(38)また、ある母親は「まるで自分の成績を渡されるが如く緊張し胸はどきどきし口の中は唾液がなくなりカラカラになった」と、初めて「普通の子供と同じく通知票をいただくことのできた喜び」を語った。(39)そして、みのり学級の教育経験は、医療や福祉から排除されてきた親のなかに平等の感覚や社会への信頼を芽生えさせた。

重症児であるがために常も差別され、軽視され、世の中のかたすみで小さく暮らしておりましたが、初めてこの子達にも平等にあつかって下さったことのよろこびと感謝でいっぱいです。(40)

一九七六年一二月、花明・木の花学園の親の会は、京都府知事と京都府教育委員会、亀岡市教育委員会に対して、学齢超過者の学籍付与、教師の増員、口丹地域の養護学校建設を求めて陳情した。この時、教育への切実な要求を綴った文集『花明・木の花学園児童教育保障に関する親のねがい』が添えられ、学齢超過者三四名の親全員が亀岡市教育委員会に「入学申請書」を提出している。学齢超過者の親たちは「この子ども等も生まれ乍らに教育権を持って居ります。障害あるが故に、教育を受けたくても受けられないのです。／就学の猶予や免除の手続きは、好んでしたのではない。この点をはき違えの無い〝立法〟〝行政〟の措置を講じて下さい[41]」と「先生の好意」に依らない「教育権」保障を求めた。すでに学籍のある園生の親たちもまた学齢超過者の教育保障を訴えた。

親からすれば、家族でも手に負えないわが子を学園で預かってもらえるだけでありがたく、それ以上は要望しにくい。しかし、教育を通じてわが子が格段に発達していく姿を目の当たりにした親たちは、権利意識にめざめ、要求主体へと変容していったのであり、生活向上と教育保障の要求は不可分なものとして受けとめられたのである。

たとえ障害が重くても、自分の力で精一杯生きるよう努力している毎日です。この子たちをより人間らしくみんなと生活が出来るようにと願ってやみません。／教育によって少しずつ今の生活が向上できますよう、豊かな笑顔が見られますようにどうか学齢超過を問わず等しく教育の保障が受けられますようお願い申し上げます[42]。

こうした親の教育の要求と認識の深まりが、学園の生活の質の捉え直しにつながり、学園の処遇に対する要望も次第に高まっていったという[43]。親の運動には地域の障害者運動、学校の教職員組合、施設の労働組合からの支援も加わり、一九七七年度から一八歳未満の学齢超過者一五名に小学校（第四学年ないし第五学年）の学籍が付与されることになった。

⚜重症児と共に生きる親の群像

一九七八年七月、みのり学級では文集『みのり』を発行する。文集は、第一部：「子どもたちの詩」（教師による園生の紹介）、第二部：「ともに歩んできた道」（家族の手記）、第三部：「子どもたちとともに、なかまとともに」（教師、学園職員、小・中学生の手記）の三部構成である。ここでは家族の手記を通して、重症児と共に生きる親の喜びや受苦の経験、そこに表われた教育への希求を読み取りたい。

文集ではまず、「生まれてくる子どもが、みな元気な子どもばかりと、思い込んでいた(44)」ところ、「どの医師にかかっても、神仏にたよっても、一向に良いきざしはみえず、同じ時期に出産された近所の了供さんとの差は、日に日に大きく開き、私達家族を失望の底に落し入れるのに充分であった(45)」と突然障害児の親になった絶望感が語られる。そこから、医療に見放されてもなお治療や訓練の効果を求めて「雨の日も風の日も、暑い日も、毎日背中におんぶして、マッサージや内科の医院など、一日に三軒、四軒の医院を廻って、手当を受ける毎日(46)」が始まる。そうした経験を「親と子が一つになった毎日のたたかい(47)」、「いつでもペアで苦闘の連続(48)」と表現するところに、母親の母子一体意識の強さがうかがえる。

そして、社会の差別に苛まれながら入園を決断するまでの葛藤、幼いわが子を家庭から引き離すことの苦悩は深かった。

どんなことがあっても施設は入園させまいと思っておりましたが、あまりにも冷たい世間にこの子は家にいるのが幸せか、広々とした施設等がよいのであろうかと迷いました(49)。

しかし、学園に入園してわが子が生き生きと発達していく姿は、母親の強固な養育責任の意識をいくらかでも緩和し、わが子なりの生活が家族から自立した場で築かれていくことを実感させたようである(50)。

不自由な子供程愛着がわき、親の膝元にて養育するのが最上の幸せと信じ二六年間育てて来ました。／ですから暫くの間は、……Yのシッコを気にせずに、朝まで続けて寝てみたいと思っていましたのに、心身共に力なくすっきりしませんでした。……在宅中、愛情をかたむけ、何毎もYちゃん、Yちゃんで過して来た事が、余りにも微々たる貧弱な内容であったことを思い、集団生活に慣れて、親では最初から解らないんだ、出来ないんだ――と決めつけて、やらせなかったこと、考えもしなかったことを療育・教育あわせて心を通わせて、懸命に根気良く御指導して下さいます。

正月には、授業でわが子の作成した年賀状が届き、教材として扱った遊びや歌も帰省中の家族団欒に一役買った。こうして「施設と共に生きるであろうわが子」が自立して生活を送る姿は「もう良くならなくてもよい。親の生きている間は好きなものを食べさせてやろう。そうして親より一時間でもよいから死を見届けてから……[51]」という切ない願いを払拭し、親に生きがいを与えたのである。

たとえ体は不自由でも、私のただ一人の子どもとして、私の支えとなり張りのある毎日を送ることができるのです。[52]

このように重症児のいる家族としての生活と自らの人生を維持しようとする親の主体性は、家族依存型福祉のもとで親としての心構えと責任を強調することで施設の拡充を求めた、同時代の重症児の親の運動が提起した主体性[53]との隔たりを感じさせる。とはいえ、母親がわが子の成長に自らの老いという事実をつきつけられながら、わが子の養育をめぐる責任意識と社会化との間で揺らいでいたことが、次の手記からもうかがえる。

大きな赤ちゃんの我が子に親の足腰にも、がたがきて、子供の重みにたえかねるこの頃です。／ともすれば、しずみ

図 6-5　丹波養護学校亀岡分校プレハブ校舎
出典：浅野武男氏所蔵。

がちな心を強く持ち、自分自身が強く生きることこそ、子供達を守る只一つのささえであると頑張ります。[54]

✤教育の希求と主体性の回復

親たちの受苦的経験として、「義務教育といわれながら、受け入れ側の義務は守られず、受ける権利はありながら、「就学猶予」をお願いする形で、権利を放棄させられました」[55]というように、教育からの排除は共通であった。「子どもの手を引いて、学校の門をくぐれたら――ねたきりの子どものまくら元で姿を頭に描きながら、一日泣いた日の事は今でも忘れません」[56]。だからこそ、教育を受けることのできる喜びは大きく、「不自由な体の中から何かを引き出して下さろうとする先生方の御努力」[57]に目を見張ったのである。一方、この文集には「子どもたちの姿を描くことを通して子どもたちの「要求」や「願い」に一歩でも近づこう」[58]、「どの子もが持っている、素晴らしい笑顔のうらにある、御両親や、御家族の方々の御努力（それはもう、筆舌には尽しがたいものでしょうが――）を、みのり学級の財産にしていきたい」[59]という教師たちの思いが込められていた。親が感じとった「何かを引き出す」という〝education〟の実践は、園生や家族を教育の客体として捉えるのではなく、人間的な交流を積み重ね、かれらの要求や生き方に共感しながら自らの仕事の意味を学びとろうとする教師たちの教育観の反映であった。「重症児にも平等に権利をあたえて下さった[60]」という親の権利や平等の意識には、こうした教育への信頼が投影されていたといえる。

文集を手にした親たちは「同じ悩みを克服して、強く生き抜いておられることがよくわかり私達も強く生きていかなければならないと思いました[61]」と語っている。園生一人ひとりの生きた証が刻まれ、家族の喜びと苦悩が綴られたこの文集は、日常的に交流することのない親同士の思いをつなぎ合わせることで気持ちを立て直し、重症児と共に生きようとする家族の主体性を回復させるものであった。

⚜おわりに

一九七九年四月に丹波養護学校が開校し、一九八〇年四月には同校「亀岡分校」（小・中学部）が開校、学園の敷地内に「学校」という大きな看板を掲げたプレハブ校舎が誕生した。一九八四年には設備の整った新校舎が完成して高等部も設置され、一九九〇年度には全日授業が実現する。念願の養護教諭や機能訓練担当教員も配置され、学校における密度の高い教育と生存の保障が実現したが、生活の場と学校との密接なつながりは弱まり、学校では生活が掴みにくく、学園では教育が見えにくくなった。「卒業後」も含めて学校の実践や経験を生活に再接合することが課題とされ、学校の実践に回収されない学園の生活の質とそれを支える療育や生活指導が新たに求められたのである。独立校舎となり「学校に行く」ことができなくなった学齢超過者や年長者に対して、学園が授業に替わる「サークル活動」を始めたこともそうした課題への対応の一つであった。

先に紹介したI・Nも亀岡分校の中学部、高等部へと進学した。最後に、高等部三年（一三歳）になった彼女の生き生きとした姿を紹介しよう[62]。

朝六時からワーワーいうくらい学校が好きである。学校に行けるかどうかの判断に困るような体温の時、看護婦さんから「お茶か牛乳を飲んだら下がるかも分からないから飲もね」と言われると、あまり好きでない牛乳などもゴクゴク飲んだりする。ともかく学校へ行くためならどんなことでも頑張れるのである。……同じ頃、『面会日、お母さんが帰ると泣く』ということがなくなり、また、それまで人見知りがはげしく顔なじみの先生とだけしか食事出来なかったのが、だんだん誰からでも食べさせてもらえるようになってきた。……自ら他に対して積極的に働きかけること、「見通し」につながる自分なりの構え、親離れ、など〝自立〟の道を歩み出したのである。「学校へ行きたい」はこうした背景から出てきたのである。

I・Nの学園での生活は「学校へ行きたい」という彼女の願いによって精彩を与えられ、「自立」へと向かった。彼女は一九八八年三月に高等部を卒業、いのちの危機を幾度か乗り越え、現在も学園（現・花ノ木医療福祉センター）で暮らしている。

重症児施設は、医療や福祉から排除され「生きられない」状態に追いやられた重症児のいのちを救済したが、生活の質の向上をはかる十分な条件を備えていなかった。そうしたなか、みのり学級の教育は、かれらが「生かされる」という水準にとどまらず、生命と健康の脆弱さを抱えながらも「生きていく」という人間的な意欲の獲得と主体形成を志向した。そこでは重症児の心身機能や能力を高めて支援と依存を極小化させていく主体ではなく、他者と関係を取り結びながら要求を表出する主体として発達させることが、かれらの心身の生理的基盤の成熟にまでさかのぼって求められた。それゆえ、重症児が他者の働きかけを受けとめる主体として発達することと、かれらの人間的な実存と要求を承認し、共に生きようとする他者とのつながりをつくり出すことは不可分であった。共同教育の実践は、その具体的な取り組みの一つであった。

そして、医療や福祉を教育と分節化し、代替関係におくことは、医療や福祉を劣位な水準に押しとどめることになる。みのり学級と花明・木の花学園の実践は、医療や福祉がペダゴジーを媒介することで、重症児のいのちと生活の保障を亢進させる可能性を示した。今後、それが社会的合意となり、医療と福祉の供給構造が変容していく様相を具体的に検討しなければならない。

一九七〇年代の養護学校づくり運動は「学校づくりは箱づくりではない、民主的な地域づくりである」という思想を掲げ、養護学校が地域に受け入れられる前提として、障害がある場合も含めたすべての住民の生存が保障される地域づくりを求めた。みのり学級の教育実践は、地域社会から閉ざされがちな施設においても、そうした学校＝地域づくりの可能性を見出し、人々の主体形成が重層的に連鎖することによって重症児が包摂されていく社会を照射した[63]。それこそ、どんなに障害が重い子どもも学べる学校を創出する社会的基盤にほかならなかった。養護学校義務制実施への道程が開かれた一九七〇年代、社会の複合的な排除を受けてきた重症児にとって学校とは、生存保障要求の集約点であり、教育、医療、福祉の結節点として希求されたのである。

一九七〇年代半ば、「学校に行くことが普通になるや子どもは学校に行かなくなった[64]」という。学校化社会の定着と近代学校批判が進み、子どもたちが就学を苦役と捉え、学校に対する逃避や反発によって生存を維持しようとしたその時代に、障害のある子どもたちは生存保障のために学校を希求し、養護学校義務制が実現した。多様な教育機会の保障と学校に行くことの相克が具体的な学校制度改革の議論にまで到達している今日、「生きる」ことに定位しながら、「学校に行きたい」という願いの歴史性と、そのもとでの学校の相対化をめぐる生きられた教育経験に学ぶ必要がある。

［付記］浅野武男氏、糸井利則氏、永野耕作氏、Ｉ・Ｎさんのご両親には、聴き取り調査に応じていただくとともに、貴重な資料

をご提供いただきました。また、みのり学級に関する資料の多くは、清水寛氏が収集、複写されたものを閲覧させていただき、その際、船橋秀彦氏に便宜をはかっていただきました。記してお礼申し上げます。

注

（1）田中昌人『講座・発達保障への道②夜明け前の子どもたちとともに』全国障害者問題研究会出版部、一九七四年。

（2）糸賀一雄『福祉の思想』日本放送出版協会、一九六八年。

（3）窪島務・田中昌人・田中耕二郎・渡部昭男「重症心身障害児施設の教育保障の実態と課題」『障害者問題研究』第二〇号、一九七九年、五九～六八頁。

（4）大門正克「「生存」を問い直す歴史学の構想――「一九六〇～七〇年代の日本」と現在との往還を通じて」『歴史学研究』第八八六号、二〇一一年、二九～四一頁。

（5）みのり学級に関する先行研究として以下を参照。浅野武男「障害児の発達権保障をめざして――重症児施設入所児と教育保障」『季刊・教育法』第二六号、一九七七年、八二～八七頁、清水寛「障害児の教育と福祉――障害の重い子どもたちにたいする義務教育保障の実践・運動をとおして」小川利夫・土井洋一編著『教育と福祉の理論』一粒社、一九七八年、三七八～四三六頁、依田十久子「「重症心身障害児施設―花の木学園」における教育保障と学校の役割」『東京大学教育行政学研究室紀要』第一号、一九八〇年、一～一六頁。

（6）教育社会史研究の方法論としての「ペタゴジー」概念については、木村元編著『日本の学校受容――教育制度の社会史』勁草書房、二〇一二年を参照。

（7）「療育記録（昭和四三年五月二七日）」（横書き・ペン書）。浅野武男氏（元花明学園／木の花学園心理判定員）所蔵。

（8）木の花学園の学齢児童一名が、一九七二年度の地域の小学校への就学を見送られたことが契機となって花明・木の花学園の教育保障が問題化し、その問題が「口丹養護学校設置促進協議会」（一九七一年結成）でも取り上げられるようになった。口丹養護学校設置促進協議会『みんなの力で口丹に養護学校を――学校づくり地域づくりの運動とその経過（中間まとめ）』一九七六年、九一～九四頁。口丹地域の養護学校づくり運動の経過は「〈座談会〉与謝・丹後の障害児教育運動三〇年の歩み」

『季刊・教育運動研究』第六号、一九七七年、一三一～一三九頁を参照。
（9）亀岡市立亀岡小学校・中学校『みのり――昭和五二年度のあゆみ』一九七八年、九頁。
（10）カリキュラムの概要は、亀岡小学校・亀岡中学校みのり学級『みのり――昭和五三年度のあゆみ』一九七九年、一一～一四頁を参照。
（11）一九七九年度は、在園生七八名に対して、看護部二八名、指導部（保育士、指導員）五四名の合計八二名の職員が配置されていた。当時、ほとんどの民間重症児施設の職員配置が対児童比二：一であったのに対し、花明・木の花学園では一：一以上の手厚い配置であった。しかし、交代勤務で二四時間のケアにあたるため生活介助以外の保育や療育時間の確保は困難であり、腰痛等の職業病が深刻化し、園生の一時帰宅などの緊急措置がとられたこともあった。
（12）「療育記録（昭和四三年五月三日）」。前掲、浅野氏所蔵。
（13）亀岡市立亀岡小学校・中学校『みのり――昭和五二年度のあゆみ』一二一～一二三頁。
（14）同前。
（15）全国障害者問題研究会花ノ木学園サークル『みちしるべ――療育・二〇年のあゆみ』一九九一年、二〇～二一頁。ある指導員は「学校の先生がやっているような仕事を、やりたいというのが大学を出たころからの私のねがいでした。そういう夢を持ってここへきたんですが、そういう意味では、私の夢はいまは消えたともいえます。個人的にはくやしい気持ちです。でも一歩さがって、子どもにとってはどうかというと、発達し、喜んでいるんですから、自分は我慢しようと思ってます」と複雑な心境を語っていた。本田英郎『いのちのふれあい――重度障害児の教育現場から』一九七九年、ぶどう社、一九八頁。
（16）「昭和五三年度みのり学級　個人別課題」（ガリ版刷）。糸井利則氏（元亀岡小学校みのり学級担任）所蔵。
（17）通知票はI・Nさんの両親が所蔵。父親は初めて通知票をもらった時の感慨を次のように綴っている。「各学期の様子が文章でていねいに書き記されていました。三人の先生のお名前が連名で表に書かれたこの通知票第一号は他の通知票とともに最も大切な記念品としてわが家に保存されています」。「わが家の大事な宝」京都府立丹波養護学校亀岡分校『亀岡分校五周年記念文集みのり』一九八五年（ガリ版刷）。
（18）重症心身障害児・者施設花明学園『昭和五二年度療育実践記録』第四号、一九七八年。
（19）同前、三九頁。

(20)本田『いのちのふれあい』一七六頁。
(21)亀岡市立亀岡小学校・中学校みのり学級『ぼくも行った!!修学旅行　昭和五三年度』(ガリ版刷)。
(22)「みのり学級の授業に参加して」学級通信『みのり』第一三号、一九七七年七月二〇日(ガリ版刷)。
(23)「みのり学級を参観して」同前。
(24)亀岡市立亀岡小学校『亀小の障害児教育』一九七七年、一〇六頁。
(25)「みのり学級参観学習に思う」『みのり』第二号、一九七六年七月一七日。
(26)「「花明学園」を訪ねて」――みのり学級授業参加の亀小学級育友会の委員のお母さんの手記」『みのり』第九号、一九七七年三月。
(27)「障害児に温かい目を――交歓会で思う――うかがえる先生方の苦労」(亀岡市・主婦・三一)『京都新聞』一九七六年六月一三日付。永野耕作氏(元花の木学園保護者会会長)への聴き取り(二〇一五年五月二一日)によれば、亀岡小・中学校育友会と学園の親の会との接点はあまりなかったという。
(28)亀岡小学校六年「みのり学級との共同学習について」亀岡市立亀岡小・中学校みのり学級『昭和五三年度みのり文集第一号』一九七八年(ガリ版刷)。以下『文集』と略記。文集や学級通信の手記を引用するにあたり、氏名を除いてタイトルおよび児童生徒の場合は学年のみ注記し、引用箇所にある氏名はすべてイニシャルで表記した。
(29)亀中三年一一組「共同学習の感想」『みのり』第二四号、一九七八年七月一八日。
(30)亀岡中一年六組「共同教育のかんそう」『みのり』第二八号、一九七八年一二月二三日。
(31)亀岡高校(亀小卒)三年「共同学習」京都府立丹波養護学校亀岡分校『亀岡分校五周年記念文集みのり』一九八五年。
(32)「たのしいつどい」実施要項」(ガリ版刷)。
(33)重症心身障害児施設花ノ木学園『療育実践記録昭和五三年度』第五号、一九七九年、七八頁。
(34)「編集後記」『文集』。
(35)亀岡市立亀岡小学校『亀小の障害児教育』一九七七年、一一一頁。
(36)「入学」『文集』。
(37)「障害児に楽しみが一つできました」『みのり』創刊号、一九七六年六月一五日。
(38)「みのり学級に思う」『みのり』第五号、一九七七年。

(39)「夢の通知票」『みのり』第一四号、一九七七年九月二五日。
(40)「みのり学級の先生様へ」『みのり』第四号、一九七六年一〇月（印刷不鮮明により発行日判読不能）。
(41)『花明・木の花学園児童教育保障に関する親のねがい』一九七六年。
(42)同前。
(43)浅野氏ならびに糸井氏への聴き取り（二〇一五年四月一七日）による。
(44)「この子と共に」『文集』。
(45)「雪の夜卓哉を思いつつ……」『文集』。
(46)「この子と共に」『文集』。
(47)同前。
(48)「たかあきちゃんと私」『文集』。
(49)「障害児と私」『文集』。
(50)「入園して」『文集』。東京都立小平養護学校ＰＴＡ広報部の機関紙に寄稿された母親の手記にも、障害のある子どもの育児と教育に対する母親の責任意識の大きさが表われており、母親同士の交流やＰＴＡ活動が母親の負担を緩和していたとの指摘がある。『小平市史　近現代編』二〇一三年、五八三頁（第六章第四節　大門正克執筆）。
(51)「障害児と私」『文集』。
(52)「この子と共に」『文集』。
(53)堀智久「重症児の親の陳情運動とその背景」日本社会福祉学会『社会福祉学』第四七巻二号、二〇〇六年、三一～四四頁。
(54)「我が子を施設にお世話になって」『みのり』。
(55)「盛り合わせ」『文集』。
(56)「入学」『文集』。
(57)「雪の夜Ｔを思いつつ……」『文集』。
(58)「子どもたちの詩」『文集』。
(59)「みのり学級記念文集づくりについての御協力のお願い」（ガリ版刷）。

(60)「障害児と私」『文集』。

(61)「家庭訪問を終えて」『みのり』第二五号、一九七九年九月二〇日。

(62)「自分の存在を精いっぱい主張するようになったIさん」丹波養護学校亀岡分校『みのり』第八号、一九八八年、九九～一〇〇頁。

(63)今回十分に論述できなかったが、花明・木の花学園でも、養護学校義務制をめぐる対立が存在した。学園では第二組合（松花苑労組）が施設内学級・養護学校分校構想に反対し、地域社会への包摂を求めて亀岡小・中学校本校への通学を主張する職員もいたが、永野氏によれば、当時ほとんどの親がそうした「共生・共育」論に与することはなく、みのり学級の教育を全面的に支持したという。

(64)木村元『学校の戦後史』岩波新書、二〇一五年、一五頁。

第Ⅲ部 生計を支援する

就労と家族・地域・企業

第Ⅲ部では、生計支援と題して、教育による生計維持方法がどのように模索されたかを、いくつかの事例を通して明らかにすることをめざす。とりわけ就労を準備する職業教育に焦点をあてて、労働を介した教育と福祉の関係性とせめぎあいを提示したい。

公権力あるいは企業や組織などの第三者が、教育のかたちをとって人々の生活に介入する職業教育は、一方で各人の生存を保障する福祉としての役割を果たす。そしてまた、人々の生活をコントロールし、種々多様な軋轢や対立を生み出す側面もあわせもつ。生計を立てるための前段階をなす職業教育には、じつにさまざまな形態がある。この第Ⅲ部は、その時代その地域の社会が、生計を維持する労働につなげるための職業教育をどのようなものとして想定し、提供したか、それを受けた対象者たちと家族の関係、彼らがどのように社会に包摂されたのか、それがどの程度困難だったかを考察している。

職業教育として第一に挙げられるのは、学校を卒業したか卒業見込みの、主として青少年が、将来の就労のために技能を習得することである。また近年イギリスなどで見られる、福祉の受給要件としてあるいはワークフェア制度のもとでの給付受給要件となっている場合もある。そのほかに、犯罪者や非行少年の更生手段として利用されることもある。浮浪者や浮浪児を収容して労働させるための準備段階として活用されることもあり、第七章（三時）はその一例を示している。

職業教育は、受けられなければ意味がない。コラム３（岡部）は、民間の慈善組織が徒弟修行にさまざまな支援をする職業教育のための環境整備の例を紹介している。この環境整備が、弱者保護を意味する「パトロナージュ」事業として展開されたことは、「福祉」が一面で「施し」の意味を帯びていることを如実に示しているといえよう。

職業教育には、成人教育の一環である場合や、就労してからのキャリアアップにつながる場合もある。第八章（土井）が紹介するのは、キャドベリー社による従業員への継続教育および企業内での技能養成である。この企業の職業教育は、年少従業員に補習学校で知識を増やすことや技能習熟を後押しすることで、彼らのキャリア選択の幅を広げる篤志活動でもあった。

第九章（北村）やコラム４（中野）が示すように、職業教育には戦争障害者や肢体不自由児が生計の手段を得られるようにと提供された例もある。とはいえ彼らにとっての職業教育は、経済的自立のためというよりも、身体機能の改善もしくは活用に重点が置かれ、就労に直接的には結びつかないケースも少なくなかった。

生計支援としての職業教育は、以上に挙げたように多様であり、労働を準備するための教育とその教育を人びとが受けられるようにする福祉の複合形態を取り、教育を受けたからといって必ずしも生計維持の手段を獲得できたわけではなかったが、少なくともその可能性を得るための準備作業でもあった。ここでは、行政に加えて企業や協会など民間の力で考案・運用された職業教育が提供された論理や、家族も含めた当事者がそうした論理とどのように関わったのかについて明らかにする。

（北村陽子）

第七章

「労働の訓練／教育」による浮浪児への支援
——一九世紀末のマンチェスタ認定インダストリアル・スクール

三時眞貴子

✤はじめに

「労働」は個人にとっても、家族にとっても、社会にとっても重要な問題である。どこで、どのように働くかは、個人の選択であるが、経済／労働市場の状況、政策、家庭の状況、慣習など、選択肢が与えられるか否かも含めて、前提となる多くの要因によって規定されてきた。有閑階級を除けば、基本的には働かなければ生きていけない状況の中で、高齢や身体的な理由から労働者になれない者たちや、働き手を失った子どもや寡婦などに対する支援は、イギリスの場合、チャリティあるいは救貧制度の枠組みで行われた。その一方で、さまざまな事情で犯罪者となった者たちは長きにわたって支援の対象から除外されていた。彼らは非公式の社会的制裁かあるいは公的な裁判システムに基づいて処罰の対象となっていた。こうした状況に変化が現れるのは、都市化の進展とともに「犯罪」に関わる諸問題を解決すべく明確かつ公的な制度が必要とされ、政府が犯罪者処遇に本格的に介入した一九世紀初頭のことである(1)。

一九世紀前半イングランドの産業諸都市は工業化、都市化に伴って大量の移民・移住者の流入を経験した。たとえば一七〇〇年頃は人口約八〇〇〇名とイングランドでも一九番目であったマンチェスタは、一八〇一年には約九万五〇〇〇名、一八四一年には約三三万一〇〇〇名と急激な人口増加を経験し、ロンドンに次ぐ第二の都市となった[2]。市会や市長、治安判事ら地方行政を担った者たちは治安の悪化を懸念し、貧民の取り締まり・管理に強い関心を寄せた。「犯罪」としてみなされる行為も前世紀よりも多様化し、庶民院で証言したある人物は、従来であれば見逃されてきた年少者によるスリも厳しく取り締まられるようになったと述べた[3]。一八二四年には浮浪者取締法が制定され、物乞いや戸外就眠など最底辺の者たちの生きる手段も逮捕理由の一つとなり、路上の取り締まりが強化された。

一九世紀は「統計の時代」「数字の時代」といわれており、犯罪統計も一八五六年に州および自治都市警察法が制定されて以降は年度ごとのものが利用できる。これによれば一九世紀半ばをピークに六〇年代から世紀末までに正式起訴該当件数は急激に減少し、その後、緩やかに上昇する。二〇世紀に入ってからは、第二次世界大戦中に急増し、その後一時的に減少した後、再び上昇に転ずる[4]。一九世紀前半は一九世紀半ばのピークに向けて、断片的な犯罪統計からも人々の実感からも犯罪が増加していた時期として捉えられており、とりわけ年少犯罪者の増加に危機感が寄せられた[5]。たとえば一九世紀半ばにロンドンの「労働と貧民」に関する実態調査を行い、その結果を新聞『モーニング・クロニクル』に寄稿し続けたヘンリー・メイヒュー（Henry Mayhew 1812-1897）は『ロンドン犯罪者向け刑務所』の中で次のように述べた。

刑務所を空にする唯一の方法は、見捨てられた子どもたちに注意を払うことだ。長きにわたって、国家がそのパターナルな義務を忘れたために、不道徳で不誠実な子どもを育てることを余儀なくされてしまった。我々が見捨てられた極貧の子どもたちに無関心であったせいで、我々の国は「危険な諸階層」と呼ばれる者たちであふれている[6]。

こうした「将来の犯罪者となる極貧の子ども」へのまなざしは、「極貧の子どもは根っからの犯罪者」といった類のものではなく、基本的には「貧困という環境が犯罪へと走らせる」といったものであり、子どもの「教育可能性」を含み込んだ捉え方となっていた。この時期、「教育」の提供を前提として、物乞いを含めた犯罪以外の手段では生きていけない貧しい子どもたちに対する処遇が、犯罪少年に対する処遇と不可分な形で進められることになる。なぜならば両者を区別することは現実的にも不可能であったからである。具体的にはボランタリ活動として極貧児童だけではなく年少犯罪者をも教育対象としたラゲット・スクール連盟が一八四四年に発足する一方で、そうしたボランタリ活動を前提とした法的整備も進んだ。一八五七年に枢密院教育委員会の管轄のもと、七歳以上一四歳未満の「浮浪児、極貧少年、秩序を乱す子どもたちのケアと教育の改善を目指す」ことを目的としたインダストリアル・スクールを設置することを規定したインダストリアル・スクール法が制定されたが、実際には各地でボランタリ活動によってすでに設立されていた避難所やラゲット・スクールが、補助金受給を目的としてインダストリアル・スクールとしての認定を申請するという状況を作り出した[7]。本章が対象とするマンチェスタ認定インダストリアル・スクールもまた、一八四六年にボランタリによって設立された若者向けの避難所がラゲット・スクールを経て、インダストリアル・スクールの認定を受けるという典型的なパターンを辿って開設された。一八六一年にインダストリアル・スクールは内務省管轄となり、一八六六年にはイングランドに先駆けてインダストリアル・スクール法を制定していたスコットランドとイングランド両方を対象とする包括インダストリアル・スクール法が定められた。その後、何度も改訂されるが、この一八六六年法がインダストリアル・スクールの基本的な枠組みを規定した。

ニューカースルのインダストリアル・スクールを研究したW・プラームスは当時のインダストリアル・スクールの目的を①極貧の子どもたちを犯罪に満ちた生活から救うこと、②そうした子どもたちに基礎教育を提供すること、③彼ら／彼女らに働き方、生計の立て方を教えることであったと述べている。[8] 彼女はニューカースルのインダストリアル・スクールの場合、前者二つの目的は達成されたが、三番目は失敗したと述べる一方で、とりわけインダストリアル・スクールが刑罰システムとして利用されたことを指摘し、子どもたちを犯罪から遠ざけたことを評価した。[9] 一方子ども史家S・フロストは、インダストリアル・スクールを、子どもが大人と同じ刑罰を受けていたことや同じ刑務所に処遇されていたことから生じる課題を解決するために導入された「刑務所の代替物」と位置付けつつも、刑務所よりも孤児院に近いと保護の側面を強調した。[10] 実際、個々のインダストリアル・スクールによっても、また時期によっても異なるが、「浮浪」を含む犯罪少年の処遇の場であることが強調された場合と、「浮浪」を含むネグレクトされていた極貧の子どもの保護が優先された場合もあった。とはいえ、どちらの子どもに比重が置かれていても、あるいは両方の要素を持った子どもを対象として含みこんでいたとしても、インダストリアル・スクールが子どもたちの教育の場であっただけではなく、食事と寝床を提供する場所であったことは間違いない。重要なのは在学期間規定が基本的には一六歳になるまでとなっていたことであり、数年にわたる長期間の収容ではあるが一生ではないという状況の中、「生きることに困難を抱えていた」子どもたちを一定の年齢まで育てあげ、社会に送り出す役割を担っていたことである。

インダストリアル・スクールではその名の通り、教育の一環として「生産労働に従事する」ことが決められており、受注生産を行い、その利益を学校の資金の一部に充てることが一般的であった。受注生産の内容は、簡単で注文を受けやすかった薪や洗濯などから、学校が雇った職人のもとで子どもたちが徒弟修業しながら仕立屋や印刷業などに従事して製品を作り出すといった本格的なものまで学校や時期によってさまざまであった。先述の通りプラームスは、ニューカースルのインダストリアル・スクールでは子どもたちに働き方、生計の立て方を教えることには失敗したと分析しているが、その理由を教師や学校管理者が特定の職業技術を教えるのではなく、

表 7-1　マンチェスタ認定インダストリアル・スクール年表

1846 ～ 1852 年：ボランタリ避難所兼スクール・オブ・インダストリ
（1851 年：バイロム・ストリートへ移転）
1853 ～ 1858 年：ラゲット・インダストリアル・スクール
（1857 年：アードウィック・グリーンへ移転）
1859 ～ 1873 年：ラゲット認定インダストリアル・スクール（一部居住型）
（1861 年：内務省管轄に）
（1871 年：分校バーンズ・ホーム開設。本校はアードウィック・グリーン校と呼称）
1874 ～ 1922 年：マンチェスタ認定インダストリアル・スクール（完全居住型）
（1877 年：セイルに女子のためのインダストリアル・スクール開設）

出典：*Annual Reports of Manchester Industrial School, Ardwick Green*, 1847-1894 (3rd-5th, 7th-48th) (RfNo. GB127. M369/1/4/1-4, Manchester Central Library) から作成。

利益の多い薪割りなどの簡単な労働に従事させることを重視し、仕立屋や印刷業などの職業訓練を疎かにしたことを指摘している。[11]「労働の訓練／教育（industrial training/education）」[12]として何を提供すべきかは二〇世紀に入っても、課題として議論され続けることになる。一八九六年の政府報告書でも、インダストリアル・スクール内に、職業に就かせるための実践的な教育よりも子どもの規律や道徳を重視する傾向があったことを強く批判し、もっと子どもたちが自ら生計を立てて生きていけるようにしなければならないと述べられており、「労働の訓練」に「教育的価値」がなければならないとする意識は折に触れて強く主張された。[13]実際に「労働の訓練／教育」として何が行われたか、何が行えたかは学校によって異なっていた。

本章では教育に対する国家介入の一つとして捉えられているこの「浮浪児、極貧少年、秩序を乱す子どもたち」を成功裏に社会へ送り出すことを期待されていたインダストリアル・スクールにおける「労働の訓練／教育」に関するケース・スタディを試みる。具体的には一九世紀半ばにはイングランド第二の都市となるほどの急速な都市化を経験し、浮浪や物乞い、窃盗などを犯した犯罪少年たちの改善と処遇が急務の課題とされたマンチェスタを取り上げ、マンチェスタ認定インダストリアル・スクール（以下、ＭＣＩＳ）で行われていた「労働の訓練／教育」の理念と実態を明らかにし、マンチェスタにおける浮浪児／犯罪少年に対する「生計支援」、すな

図 7-1　マンチェスタ認定インダストリアル・スクール（アードウィック・グリーン校）
出典：*Annual Reports of Manchester Industrial School, Ardwick Green*, 1878 の扉絵（RfNo. GB127. M369/1/4/2 ,Manchester Central Library)。（Manchester Libraries and Archives から掲載許可）

わち彼らが社会で生きていくための方途に関する支援がどのようなものであったのかの一端を示す。

第一節　ＭＣＩＳが目指したこと

一九世紀半ばのマンチェスタは急激な人口増加を経験しており、人口の一五～二〇％が極貧だといわれる状況であった[14]。マンチェスタ中心部に設立されたＭＣＩＳは表７・１にあるように、たびたび移転し、名称を変更した。移転の主な理由は収容人数の増加であるが、一八五九年の名称変更は「認定」という言葉が示す通り、一八五七年のインダストリアル・スクール法の適用を受けた結果であり、一八七四年には完全居住型のインダストリアル・スクールとして分校であるバーンズ・ホームも含めて再出発した[15]。

一八四六年九月に完全ボランタリな避難所として始まったＭＣＩＳは、当初から国教会のマンチェスタ主教が筆頭庇護者であり、エルズミア伯爵、ランカシャ州長官、マンチェスタ市長、マンチェスタ聖堂参事会長ら、聖俗双方のマンチェスタの有力者が庇護者として名を連ねていた。彼らの庇護を獲得しえたＭＣＩＳの目的はどのようなものだったのだろうか。以下は一八五八年の年次報告書に記載された目的である。

この国の歴史の中でも現在は、社会の下層にいる者たちの教育と一般的な福祉を促進する善意ある多くの運動という点でみれば、卓越した時期となるでしょう。日曜学校システムやメカニクス・インスティテュートの発展、無料図書館や公共浴場、公園、ラゲット・スクール、そして感化院の設立、さらに他の多くの同様の慈善的な組織が作られています。その中でも、最も重要な地位を占めるものがラゲット・スクール運動です。〔中略〕

これらのネグレクトの子どもや不運のせいで堕落した子どもたちに教育を与え改善するための学校が、この国の至る所に設立され始め、なにがしかの成功を収めています。

我々の学校はこの地区では最初に設立されたこの種の機関であることを誇りに思います。一一年前は不確かな実験でありました。今や本学は永続的に成功した機関となっており、年々ますます隣人からの栄誉と称賛を受けています。紳士淑女の皆様がこの福祉に興味を持ち、この成功に後押しされ、ありがたいことに時間と資産をささげてくださることで、ますますこの福祉が促進されています。(16)（〔　〕内は引用者、以下同じ）

この目的が示された一八五八年はまだ「ラゲット」の名を冠しており、MCISもまた、「ネグレクトの子ども」「堕落した子ども」を教育によって改善するための運動として認識されていたラゲット・スクール運動の流れに位置づくものとされている。完全居住型の認定インダストリアル・スクールとなった後の一八八九年の年次報告書に記載された細則には以下のように書かれている。

本学の目的はプロテスタントのあらゆる宗派の子どもで、保護者にネグレクトされているか、他の理由で極貧やホームレスの状態にあり、悪徳や犯罪に染まる恐れのある子どもを受け入れ、訓練することです。彼らは一八六六年のインダストリアル・スクール法、一八七六年の基礎教育法、一八八〇年の改正インダストリアル・スクール法のもと、行政官によって委託されます。

ボランタリ・ケースは学校管理者の判断によって認められます。費用は関係者か保護者によって支払われる必要があります。

労働の訓練に適していると学校医が保証しなければ、入学することはできません。(17)


ここでも「ネグレクトの子ども」と「極貧やホームレスの状態にあり、悪徳や犯罪に染まる恐れのある子ども」という二種類の子どもを対象としているが、しかし一八五八年当時が「堕落した子ども」としていたのに対し、「恐れのある子ども」というより幅広い表現へと変化している。一八六六年の包括インダストリアル・スクール法以降、インダストリアル・スクールでは、一四歳未満の物乞いや浮浪、極貧、孤児だけではなく、一二歳未満の罪を犯して刑罰を受けた子どもが内務省によって送致されることになっていた。それに加えて、一八七六年の改正基礎教育法でも五歳以上の子どもで特別な理由もなしに基礎教育を受けていない場合や浮浪状態や保護者が養育していない場合、浮浪者や犯罪者と一緒にいた場合なども裁判所命令で送致されることとなり、一八八〇年の改正インダストリアル・スクール法では売春婦と一緒にいた場合も送致されることとなった。この収容対象者の拡大は、本格的な犯罪者となる前に「堕落した大人」と引き離す、あるいは「子どもだけでいる状態」にしないことが重視されるようになったことを反映していると考えられる。(18)

本章に関わって重要な点は、「労働の訓練に適していると学校医が保障しなければ入学できない」という点であろう。すなわちインダストリアル・スクールは「労働の訓練」を受けることが前提であるので、その点から学校医による検査が行われたのである。(19)一八七一年八月二一日に確認され、定められた規則では、ＭＣＩＳで行われる教授は次のように規定されていた。

世俗教育の内容は、読み、綴り方、書き方、数字からなる。宗教教育は聖書を用いて行われ、キリスト教の教義と教えを毎日教えられる。労働の教育は印刷業、靴製造、仕立て、袋製造などで行われる。子どもたちは少なくとも一日六時間これに従事する。[20]

ここで明らかなように「教育によって改善」するMCISの教授内容は、読み書き計算を主軸とした基礎教育、宗教教育、労働の教育であった。MCISの場合、詳細は後述するが、「労働の教育」は実際に特定の職業に関わる労働を行って製品を生み出し、販売することであった。インダストリアル・スクールの目的や特徴を理解するにあたって、基礎教育とは別に「労働の教育」が設定されていることは非常に重要である。なぜなら当時、一般の労働者階級子弟が通う国庫補助金を受けた基礎学校では「特定の職業のための教育は行わない」という原則があり、基礎学校では職業教育が行われていなかったからである。一八八八年に最終報告書が出された基礎学校のための王立調査委員会（通称クロス委員会）では「手工教授」を基礎教育に導入するべきか否かが議論されたが、しかしそこでもまた、基礎教育では特定の職業訓練を行わないという原則が確認された。もちろん労働者階級が将来就くことになる職業に有益な「製図」や「基礎科学」は教えられていたが、それらはいずれも必修ではなく、教えられる場合でも一般教育の範囲内であることが強調されていた。職業上の訓練は家庭や現場の責任であり、学校は一般教育を行う場所だとする主張が何度も繰り返し行われた。[21] 一方、救貧児童が収容されていたワークハウスでは職業訓練が行われていたが、しかし一八八〇年代以降、救貧児童を基礎学校に通わせる教区連合が増加するにつれ、ワークハウス内での職業訓練を行えなくなったことが問題となる。[22] 同じ労働者階級向けの学校とはいえ、公営の基礎学校と、救貧児童のためのワークハウス、そして「見捨てられた子どもたち」向けのインダストリアル・スクールでは、生きていくための手段を身につけることに関しては、教育理念、目的だけではなく、実態もまた異なるものであった。

第二節　「悪徳や犯罪に染まる恐れのある子ども」の発見

実際に子どもたちはどのようにしてインダストリアル・スクールにやってきたのだろうか。この点についてはマンチェスタ学務委員会の議事録が手掛かりとなる。一八七〇年基礎教育法第二七、二八条によって学務委員会にインダストリアル・スクールへの公費補助と同校を設立・維持する権限が与えられたことを受けて、マンチェスタ学務委員会内にインダストリアル・スクール委員会が設置され、一八七一年二月八日に初会合が開かれた。メンバーは学務委員会の委員であり、委員長は委員から選ばれた[23]。委員会は月一、二回開かれており、四、五名の委員に加えて、ときおり意見聴取のためにマンチェスタ内のインダストリアル・スクールの教師や管理者が呼ばれた[24]。この議事録を読んでいくと、マンチェスタでは、学務委員会の巡視員（Beadle）[25]、警察、一般の人々からの通告など、多様なルートで「悪徳や犯罪に染まる恐れのある子ども」が発見されていた状況がわかる。発見された子どもたちは、学務委員会の巡視員預かりとなり、その処遇が検討された。たとえば一八七一年八月二六日の議事録には過去八週間に学務委員会の巡視員が対応した「悪徳や犯罪に染まる恐れのある子ども」に関する報告書が転記されている[26]。それによれば巡視員は、八週間で一〇八名（少年八三名、少女二五名）の浮浪児に対応した。そのうち少年四名がまだ発見されたばかりで身柄を預かっている状態であったため、発見後に学務委員会が責任を持って調査、報告する対象となった子どもは彼らを除いて八〇名であり、残り二四名のうち二二名（少年一八名、少女四名）が行政官送り、二名（少年）が救貧法管轄の保護委員会に送致された。学務委員会の監視下に置かれた八〇名中、調査途中に行方不明となった少年が七名いたが、残りの七三名に関しては何らかの対応がなされていた。親に警告を与えたケースが六二名（少年四四名、少女一八名）と最も多く、続いて監視中が九名（少年六名、少女三名）、家庭に戻った子どもが二名（少年）であった。行政官送りとなった二二名中、行政官判断で最終的に放免となったものが三名（少年一名、少女二名）、親に警告を与えたケースが八名（少年七名、少女一名）、認定インダストリアル・スクールへの収容が決定した子どもが一一名（少年一〇名、少女一名）であった。保護委員会に送致された二名はいずれも認定インダストリアル・スクールへの収容が保護委員会によって決定された(27)。この対応件数は他の時期の報告書と比較すると若干多めであるが、しかしながら、親への警告が最も多かったこと、対応した子どもの状態によって行政官や保護委員会に送致され、その判断によって認定インダストリアル・スクールへの収容が決定していたことは共通している。学務委員会所属の巡視員が浮浪状態で発見した子どもに関して、自ら保護者の有無や養育の状態を調査し、その状況に応じてさまざまな対応をしていた状況がうかがえる。とりわけ学務委員会が学費を負担することになるインダストリアル・スクールに送致された子どもの親を「可能な限り」訪ねておりその様子も記載されている。たとえば最も極貧家庭にいた子どもに関して次のように述べている。その子どもの親は「週一〇シリングで五人の家族を養い、家賃も払わなければならず」、内務省が要求する「インダストリアル・スクールへ収容するためにかかった費用一五シリング六ペンスと、週一シリングの収容代」を支払うことはきわめて困難である、と(28)。内務省規定ではインダストリアル・スクールに入所させる場合、行政官命令であっても親が収容代の一部を負担することになっていたが、実際には、こうした極貧の者たちが支払うことは不可能であり、各学校は寄付や地方からの補助金、子どもたちの受注生産で得た利益等で補う必要があった。このようにすべての浮浪児が発見とともにインダストリアル・スクールへと送られたのではなく、まずは家庭環境や子どもの様子が調査され、その結果に応じてインダストリアル・スクールへ収容するかどうかの決定権を持っていた行政官あるいは保護委員会に送るかどうかが判断された。その選別基準がどうなっていたのかは定かではない。収容された子どもの状況をみるとかなりひどいネグレクトを受けていた子どもが多かったことから、親に警告を与えても養育する見込みがない場合に行政官の判断を仰いだとも考えられる。[29]一つはっきりしている基準は、「労働の訓練／教育」に耐えられるかどうかであった。身体に障害があったり、病気の場合は収容することはできなかった。実際、物乞いをしているところを巡視員に発見され、行政官命令でインダストリアル・スクールへの送致が決定していたある少女は、決定から送致までの間に天然痘を発症したため、収容が取り消された。その後、彼女は職に就いたことが報告されている。[30]こうした病気や足が不自由なことを理由に「不適格」とされる子どもがいることへの懸念は、現場でも問題視され、一八七一年六月二八日にＭＣＩＳの代表として学務委員会で証言したＭＣＩＳの学校管理者ブライアン牧師（Rev. J. F. Bryan 生没年不明）は、将来的な受け入れを目指して、この点に学務委員会が注目し、調査することを強く要請している。[31]

浮浪児の最大の特徴は、その多くが孤児ではなかったことである。実際、処遇の中で最も多かったのが「親への警告」であり、これは浮浪児の保護者が誰なのかを特定できたことを示している。また一八四七年九月から一八九四年一二月までのＭＣＩＳ収容児童五五六三名のうち、孤児はたった五％程度であり、四九％は両親ともに揃っていた。[32]多くの先行研究では、この点に関して親がいたとしてもネグレクトされており、見捨てられていたとして、子どもたちが放置されていた状況を描いているが、一方で、インダストリアル・スクール側が問題としたのは、彼らの多くが非嫡出子で法的後ろ盾を持たないことと、むしろ親が子どもを手放したがらないことであった。先述のブライアン牧師はその理由を物乞いさせるのに便利だったからだと分析しており、「完全に見捨てられていた子どもは少なかった」と述べている。[33]実際、ＭＣＩＳの子どもたちの中には親に物乞いをさせられていた時に発見された子どもが数名であるが判明しており、浮浪児を家庭から引き離し、受け入れるインダストリアル・スクールにとって、養育を完全に放棄している親よりも子どもを手放したがらずインダストリアル・スクールへの送致をしぶる親の方が問題であったのだと思われる。

認定インダストリアル・スクールへ送られた子どもたちは、浮浪児として発見された子どもの一割程度であり、非常に限られていた。この点は学務委員会でも何度も問題となり、収容定員をいかに増やすかが常に最大の課題として認識されていた。一方で浮浪児が一様に同じ処遇を受けたのではなく、その家庭環境に応じて選別され、多様な処遇に分類されていたことは、「子どもを養育する」ことが親の責任だとする前提を踏まえて、どの程度、何に関して行政が介入すべきかをめぐって、行政自身が実態に応じた対策・処遇の方法を模索していたことを示している。

第三節　ＭＣＩＳにおける「労働の教育」と卒業後の進路

先に見た規定では印刷業や靴製造、仕立て、袋製造など具体的な労働に従事することを通して教育が行われることになっていたが、実際にはどのようなことが行われていたのだろうか。最も大きな特徴は「労働」が受注生産を意味していたことである。すなわち地元マンチェスタや近隣から仕事の注文をもらい、それを学校に雇用された親方や先輩徒弟の指導のもと、ＭＣＩＳの子どもたちが校内の作業場あるいは校外の指定された場所で、その仕事に従事して製品を生産するというものである。男子は印刷業、靴・木靴製作、袋製作、家具・建具、仕立て、薪割り、園芸、パン焼きに、女子は縫物、編み物、洗濯といった仕事に従事した。その中には自分たちや入学者用のために行う製作・修繕もあったが、基本的には職人のもとで受注された製品を製作した。一八五一年の年次報告書には子どもたちを生産労働に従事させることが「もっとも本質的で役に立つ活動の一つであり、支援者たちが貢献しうるもの」と述べられており、労働に従事させることで子どもたちに「勤勉の習慣を身に付けさせる」と同時に「学校の運営資金の半分を補充できる」と記載されていた(34)。すなわち「労働への従事」の目的は

表 7-2 1887 年のバーンズ・ホーム（分校・男子校）における産業労働部門（275 名）

【学校内の作業場】
仕 立 て 部 門：2 人の仕立屋を雇用。50 名の少年が仕立てを学ぶ。
靴 製 造 部 門：2 人の靴職人を雇用。45 名の少年が靴製造・修理を学ぶ。
家具・建具部門：1 人の職人を雇用。10 名の少年が学ぶ。
パ ン 焼 き 部 門：1 人のパン職人を雇用。12 名の少年が学ぶ。
【学校内：その他】
塗装：1 名、粉ひき小屋：20 名、かまたき：3 名、守衛：4 名、助教：1 名（モニトリアル・システム）、洗濯室：8 名、バンド・掃除：30 名（教会や学校行事等で演奏。軍用バンドと金管楽器・管楽器・ドラム・横笛から成るバンドがあった）
【学校外】
庭師部門：1 人の庭師を雇用。20 名の少年が学ぶ、その他：7 名
【フルタイムの生徒】
基礎教育をフルタイムで受ける生徒：28 名

出典：*Annual Reports of Manchester Industrial School, Ardwick Green*, 1887, p.32 から作成 (RfNo. GB127. M369/1/4/4).

二つあった。一つは子どもたちに勤勉な労働者となる資質を身に付けさせること、そしてもう一つが収入源とすることであった[35]。実際、この労働部門の売り上げはＭＣＩＳの収入に大きく貢献し続けた。たとえば一八八一年のアードウィック・グリーン校の会計報告によると、収入の一八％を子どもたちの労働によって稼いでいた[36]。

男子校であった分校バーンズ・ホームはマンチェスタの都市中心部に設置されたアードウィック・グリーン校とは異なり、農業系の労働に従事できるようにと郊外に設置された。一八八七年のバーンズ・ホーム校の労働部門の状況は表７‐２の通りであった。仕立てや靴製造、家具・建具、パン焼きなど生産部門においては職人を雇用し、その指導のもと、子どもたちは働いた。バーンズ・ホーム校の特徴である庭仕事は、徒弟支度金を支払って庭師から学び、実際に校外に出て庭仕事に従事した。アードウィック・グリーン校でも一八八五年にはパン焼き、仕立て、靴製造に徒弟支度金が支払われていた記録が残されており、同年の報告書では「本学はまさに「生産労働の小箱」であると自らを評している[37]。アードウィック・グリーン校でもっとも主要な部分を占めていたのは印刷業であった。同

校で導入されていたのは凸版活字印刷であり、二台の機械があった。一台は一名の年長の徒弟が、二台目は二名の年少徒弟と二名の補助係、計四名で動かしていた。一年間に印刷されたリストを示そう。

葬儀用カード・名刺・入場票　一万四八三〇枚、仕入れ書　一万六九五〇枚、受領証　一万二一五〇枚、報告書三七〇〇冊、手稿本　三万八五九〇冊、シラバス　二四三〇冊、規則　四七九六冊、チケット　六万五五〇〇枚、小冊子の表紙　八六二〇枚、讃美歌集（本）　一〇〇〇冊、讃美歌集（紙）　五八〇〇枚、ポスター　二五六八枚、カタログ　四〇〇冊、担保票　四万六五〇〇枚、市議会用の書類　一万三一八〇枚、受取帳　二九冊、紙袋　四七五二個、大量の書類　七部、本学の書類[38]

これをみるとかなりの量の仕事を受けていたことがわかる。学校側からすれば、注文することも重要な支援の一つであり、同報告書では「唯一お願いしたいことは、矯正という点から子どもたちをもっと役立つもの（serviceable）とするために、さらなる皆様の支援を必要としているということです」と述べ、「注文」という形での支援を訴えている。さらに「聖職者や他の人々は、多数の働き手を必要とする注文を見つけ出してくださることによって、我々をおおいに支援してくれます」と述べ、すでに支援している人々に向かって感謝の気持ちも記載している。この文章からも判る通り、労働の経験が子どもたちを矯正するのに適しているという意識があり、そのための注文は非常に重要な地域からの支援の一つであった。

こうした在学中の労働経験は進路にどのように生かされたのだろうか。たとえば一八五三年の年次報告書には「印刷業に従事することが少年たちに学校を出た後、かなりのアドバンテージを与えると子どもたちに強く意識されている」と述べられており、子どもたちが在学中の労働に従事しながら将来の就職を意識している様子が垣間見える。[39]また、一八五五年の年次報告書では「二ヵ月間で一五名の少年が自分で服を作る技術を教授され、そのうちの幾人かが仕立屋で働く保証を得た」と述べられており、実際に在学中の労働が進路に結びつく事もあったことがうかがえる。[40]

実際に在学中の労働が将来の職業に結びついた事例はどの程度あったのかを明らかにするために、一八七五年、一八八五年、一八九七年（アードウィック・グリーン校のみ）の退校者名簿に記載されていた在学中の仕事と進路を分析した。[41]その結果、一八七五年の退校者六八名中一三名（一九％）が在学中の仕事と同種の就職先に決まり、一八八五年の退校者一一〇名中四七名（四三％）が同様に同種の労働に従事した。一八九七年では一〇〇名中二一名（二一％）の退校者が同種の労働に従事した。とりわけ靴職人に顕著であり、在学中に靴製造で働いていた一八名中、九名が各地の靴職人のもとに雇い入れられていた。一方で、何年にもわたって定期的に生徒を受け入れていた工場もあり、こうした退校後の雇用も学校側にとっては重要な支援の一つであった。驚くべきことは、死亡、病気、保護者のもとに戻った生徒を除いて、全員を就職させていることである。その意味でMCISは「保護者に見捨てられた子どもたち」を学校での教育と訓練を通じて社会に還元する役割を果たしていたと言えるだろう。子どもたちを改善し、有用な人材、すなわち労働者として社会に送り出すことを、学校側は自らの役割だと自覚していた。実際、一八八二年の年次報告書には、MCISが行っている「偉業」として、二つの点が挙げられている。すなわち「第一に子どもたちを悪行から引き離すこと、第二に彼や彼女を社会の有用な一員（a useful member of society）に作り変えること」であった。[42]

第四節　退校後の追跡調査

退校後も一九歳になるまで、すなわち退校年度及びその後の三年間にわたって追跡調査を行うことが内務省の通達で決められていた。しかし内務省管轄になる以前からＭＣＩＳでは退校後の生徒の様子を雇用主に尋ねており、その返事が年次報告書にも記載されている。たとえば一八五九年の年次報告書に記載されたサルフォードのある作業場の雇用主からの手紙には「Ｓ・Ｆ［生徒のこと］の道徳と日常の言動はすべて我々がその年齢の少年に望むものであったことを伝えたいと思います。彼は礼儀正しく、やる気があり、勤勉な若者です」とあった。またオックスフォード・ロードの工場の雇用主からは「あなた方からお尋ねのあった三名の少年はこの工場で働いています。彼らの監督者の報告書によれば、彼らの振る舞いは申し分ありません。最も年少のＪは一三歳未満なので工場の学校に週一回、半日通っています。教師の評価は監督者と同じだということも申し添えておきます」としたためられていた。[43] ここで評価されている点は職種とも関連するのかもしれないが、仕事の質よりも本人の振る舞いや道徳である。これはＭＣＩＳの労働の教育の目的が「勤勉の習慣を身に付けさせる」ことであったように、学校側がもっとも気にしていた点であり、雇用主もその点を評価していた。一八六三年の年次報告書には、「我々の学校は真のインダストリアル・スクールである。仕事をしてお金を得ているし、子どもたちに勤勉の習慣を身に付けさせている」と述べられており、学校側がこのことをインドストリアル・スクールの使命であると強く意識している様子が判る。[44] ここで大事なのは、道徳の改善や勤勉の習慣の獲得が「労働の訓練／教育」によって行われたと捉えられていたことである。「教育的価値」の高い「労働の訓練」をしていることが、学校の利点として主張されたのである。

内務省管轄になって以降はもっと厳密な調査を行っている。たとえば一八七六年のバーンズ・ホーム校の報告書には以下のように記載されている。

退校後の生徒管理は効果的に維持されており、できるだけ彼らと学校が連絡を取り続けるようにしている。

毎月の報告のシステムがこれ〔退校後の生徒管理〕に対して非常に役立っている。毎月一二日に印刷された報告用紙を学校から送り、生徒は雇用者か信頼できる人物に記入してもらい、一五日までに学校に返送する。これはもっとも有益な方法であり、年間一二通の報告書を受け取ることになる。彼らがとてもよくやってくれているので証明書を送るのに何の心配もせずにいられるし、また彼らは適切に自己管理している姿を示してくれるので、これらの証明書をお願いする際の懸念は払しょくされている。彼らが規則に従わない場合は、疑われることとなり、すぐに職場に訪問して軽率な行動をしていないかを調べることにしている。(45)

ここから毎月、雇用主から子どもたちの状態についての報告が行われていたことがわかる。これは雇用主側にとってもかなりの負担となったと思われる。この点からもインダストリアル・スクール出身の子どもたちを雇用することが支援の意味合いを帯びていたことが伺える。この記述に続けて、毎年、退校者の子どもたちの様子を「よくやっている」「疑わしい」「感化院送致」「刑務所に入所／有罪判決」「不明」という項目に分けたデータが示されている。一八七一年から一八七六年に入学した子どもたちの状況を示したデータをみてみよう。該当時期に入学した五四〇名中、在学者や転校等を除いた退校者は一八〇名であり、そのうち、よくやっているとされたのは一六五名の九二％だった。この中には病気（四名）や元の生活に戻ったもの（四名）が含まれていたが、彼ら以外は全員が職に就いていた。圧倒的多数の子どもたちが、労働者として「よくやっている」と評価されたのである。この「よくやっている」という言葉のあいまいさは先行研究でも指摘されている点である(46)。記述した学校側の判断基準もそうであるが、子どもたちの労働環境や条件など、実際にどのような労働に従事していたか、子ども自身は自らの労働をどのように捉えていたのか、今後明らかにしていく必要があるが、路上で浮浪状態にあった子どもたちが「所在を明確にした形で働いている」ことを、当時の人々が目に見える「成功」として捉えたとしても不思議ではないだろう。

さらに一八七七年以降、ＭＣＩＳではこの退校後の追跡調査のための視察官が任命されるようになった。彼は本校と分校合わせて最終的には三校すべての退校者の追跡調査のための訪問を行った。以下は一八八七年バーンズ・ホーム校の退校後の追跡調査について記載されたものである。

退校後の少年たちの監視は一九歳になるまで実施されるが、これは校長である私［ドナルド・ロス（Donald Ross 生没年不明）］の重要な義務である。この職務のために任命されたニュートン氏［サミュエル・ニュートン（Samuel Newton 生没年不明）］は、日常的に活動しており、労を惜しまず、満足のゆく方法で職務を遂行している。この監視下にいる少年の平均人数は二五〇名である。退校した最初の年は、一人ずつ一月に一回、訪問し、二年目になると二ヵ月に一回、三年目と四年目は三ヵ月に一回、訪問する。結果、退校してから監視下から外れるまで、少年たちは少なくとも二二回の訪問を受けることになる。不安定さが確認された少年には必要なくなるまで訪問し、離職した少年にはできるだけの支援を行う。私は定期的にあらゆる訪問の報告を受けることになっている。［後略］(47)

ここから四年間にわたって綿密な訪問調査が行われていることがわかる。しかもこの訪問が単に子どもの労働者としての振る舞いや仕事ぶりを確認、評価するだけではなく、失業した子どもたちへの支援をも含んでいることがわかる。さらに子どもたちを就職させるだけではなく、その後の人生をも支援すべきだという意見を学校側が持っていたことを示す史料がある。

内務省によって依頼された報告書は訓練の成果を示してくれるが、今回の報告書は私［ドナルド・ロス］が最も満足するものであった。少年たちの多くが自らをよく管理し、彼らが置かれている状況の中で満足のいく結果を出している。我々は彼らが一九歳になるまでこの責務［退校後、生徒の状況を監視続けること］を続けなければならず、彼らはニュートン氏やその他の職員の訪問を定期的に受けることになっている。一八八五年には一一〇〇回の訪問が行われ、その数分の報告書が作成された。この方法は非常に優れており、困難を軽減することができる。またつねに助言が可能であり、折にふれて支援し、仕事を失えば新たな仕事を見つけることもできる。この方法は年々、効果をあげているけれども、私はこの都市により多くのことができる施設を設置するべきだと考えている。その施設はすべての出身者が就職先、助言、支援を必要とした際に赴き、決まった時間に視察官と会うことができるというものである。視察官は雇用主が彼に依頼したらただちに少年を雇用させることができるよう求人情報を知っておく。これによって就職先を求めている出身者に職を提供するだけではなく、退校時の就職の際に、少年たちの要求にも応えることができるものとなる。［後略］(47)

MCISで教育・訓練を受けた子どもたちがこうした訪問調査をどのように捉えていたのか、あるいはおそらくはスティグマを貼られることになったであろうインダストリアル・スクールで学ぶことをどのように受け止めていたかは、この史料からはまったく見えてこない。しかしながらどのような理由からであれ、子どもたちが社会に出て、そこで働きながら生きていくことを支援したいと学校側が真摯に願い、この点を課題としてそのための方途を模索していたことをこの史料は示している。

⚜おわりに

MCISの目的は、保護者がいても適切な保護を得られていない子どもを社会で役立つ人材に育てること（「改善」）であり、そのことは設立当初から一九世紀末に至るまで強く意識されていた。子どもたちを「労働」に従事させることで「改善」を行うという方法は、擬似的な職業「体験」や「教室」での職業技術の教授とは異なり、実際に親方のもとで「教育的価値」のある訓練を受け、製品を作り販売することであった。この点はこうした徒弟修業的な「労働の訓練／教育」を軽視したニューカースルの事例と比較すると、ＭＣＩＳの特徴ともいえるだろう。もちろんマンチェスタでも子どもたちの道徳は非常に重要な問題であった。退校後の雇用者からの手紙からも、学校側の記述からも「礼儀正しく真面目な人材の輩出」が重要であったことがみてとれる。これが大事にされたのは、子どもの人格形成が重視されたというよりも、生きる手段である「労働」に必須の資質であったからだと思われる。就職斡旋時だけではなく、その後も継続して追跡調査を行ったことで、学校は社会へと送り出すだけではなく、真に社会で「役に立つ」人材にするためには支援し続けることが重要だと認識した。さらに先述の史料にあるように子ども自身の就職に関する要求に応えたいという意識も垣間見えることから、継続的に働くためには子どもの意思が重要であると捉えていたと考えることもできよう。

本来であれば、「家庭」や「現場」の責任で行うはずの「労働の教育」を、「適切な保護を得られない子ども」に限って行政が行うというこのシステムは、「社会の一員に育てること」に誰が責任を負うのか、という問題に対して国家が示した一つの解決策でもあった。法律が定められ国家政策の一環として開始するこのシステムはしかし、まさに地方の問題であった。各地で従来から行われていたボランタリ活動を基盤とし、かつそうした活動の支援者に地方行政を担っていた人々が含まれる状況の中では、私的なボランタリ活動と公的な行政による支援というような区分をすることも不可能であったし、地方社会の課題にさまざまな立場の人々が「複合体」となって取り組むことは必然的なことであった。

なぜマンチェスタでは実際に子どもたちを社会に送り出すことが比較的可能であったのか、この点に関してはマンチェスタの地域経済や行政の在り方なども含めた詳細な分析が必要だと思われるが、一つ言えることは、年会費や寄付といった金銭的な支援以外にＭＣＩＳが願っていた地域の人々からの二つの支援、すなわち「受注」と「退校後の雇用」を得られる状況にあった、ということが大きかったのではないだろうか。それはマンチェスタの地域経済が潤っていたことやマンチェスタの名士たちが後立てになっていたことだけでは説明できない。支援に関わった地域の人々がなぜ「悪徳や犯罪に染まる恐れのある子ども」を教育によって改善し社会に還元することに賛同したのかを明らかにする必要がある。本章で示したようにマンチェスタでは「悪徳や犯罪に染まる恐れのある子ども」を発見して適切な対応をとるために、本人や家族に対して、学務委員会の巡視員や警察、あるいは学校関係者、行政官、保護委員のメンバー、また今回は示すことができなかったが、ボランタリな活動として学校を訪問し、子どもたちと関わった「市民」など、じつに多様な人々が関わっていた。このことは、インダストリアル・スクールの運営が「市民」の協力なしにはうまくいかないことを意味しており、地域全体で「見捨てられた子どもたち」を支援し、社会へと還元する体制を作ることの重要性を示している。

［付記］本研究の一部は、日本学術振興会科学研究費助成事業基盤研究（Ｃ）（研究課題番号二六三八一〇三二）『一九世紀後半イギリスにおける「浮浪児」の処遇と教育』（研究代表者　三時眞貴子）の助成によるものである。

注

（１）Ｊ・ブリックスほか（吉村伸夫訳・注）『社会と犯罪――英国の場合　中世から現代まで』松柏社、二〇〇二年、一三～一五九頁。
（２）Ｊ・Ｍ・エリス（松塚俊三・小西恵美・三時眞貴子訳）『長い一八世紀のイギリス都市　一六八〇―一八四〇』法政大学出版局、二〇〇八年、二〇六～二〇七頁。
（３）*Report from the Select Committee on Education in England and Wales together minutes of Evidence, Appendix and Index*, 3 Aug. 1835, pp.

786-787.

（4）ブリックスほか『社会と犯罪』二七一～二七二頁。

（5）三時眞貴子「浮浪児の処遇と教育——一九世紀後半マンチェスタを事例として」広島大学大学院教育学研究科教育学教室『教育科学』二九、二〇一二年、六～一九頁。

（6）Henry Mayhew, *The Criminal Prisons of London and Scenes of Prison Life*, London: Griffin, Bohn and Company, 1862, pp. 414-415.

（7）年少犯罪者に関する法律の整備もこの時期に進められた。たとえば一八四七年には大人とは異なる基準で刑罰を言いわたすこととなる年少犯罪者法が、一八五四年には感化院送致を規定した若年犯罪者に関する法律が制定された。

（8）Wendy Prahms, *Newcastle Ragged and Industrial School*, Stroud, 2006, p. 89.

（9）*Ibid.*, pp.10-11, 14, 89-90. 実際に一八八四年に出された政府報告書でも統計データを用いて少年犯罪者数の減少を指摘し、それが感化院とインダストリアル・スクールのおかげであると結論付けていた、とダックワースもプラームスも指摘している。Jeannie Duckworth, *Fagin's Children: Criminal Children*, Hambledon and London, 2002, p. 237; Prahms, *Newcastle*, p. 19. 一方で、ダックワースはまた、こうした評価、すなわち多くの研究者や行政官がインダストリアル・スクールを「教育達成」からではなく、危険な社会的状況から子どもを引き離し、より好ましい環境で育てたと評価している点に疑問を呈している。労働の教育の進路との関係や基礎教育の学業成績の分析など、それぞれのインダストリアル・スクールが果たした／果たせた役割も異なっており、ケース・スタディを集めていくことが求められている。

（10）インダストリアル・スクールに対する評価としては、子どもたちが再犯を繰り返しながら犯罪者として生きていくという典型的なパターンに陥ることがなくなったと述べ、子どもたちを「悪い環境」から引き離した点から意義付けており、ブラームスとほぼ同様であった。Duckworth, *Fagin's Children*, p. 226. Ginger S. Frost, *Victorian Childhoods*, London, 2009, p. 135. インダストリアル・スクールは日本でも「勤労学校」や「授産学校」などさまざまに訳されてきたが、その内実はほとんど明らかとされていない。イギリスにおいても史料上の制約もあり、内部史料を用いて具体的には明らかにした研究は少ない。三時「浮浪児の処遇と教育」九～一〇頁。

（11）Prahms, *Newcastle*, pp. 89-90. この点は、政策の場でも議論された点であり、一九一一年に出された政府報告書でも「非教育的労働」、すなわち薪割り、紙袋製造、家事労働や農業労働に就かせることを禁止するよう勧告している。Mary G. Barnett, *Young Delinquents; a Study of Reformatory and Industrial Schools*, London, 1913, pp. 194-195.

（12）ＭＣＩＳの規則・細則では、五〇年代は「労働の訓練」、七〇年代になると「労働の教育」という言葉で表現されているが、議事録や報告書等をみると、どの時代でも言葉が区別なく使用されていたようである。そのため基本的には「労働の訓練／教育」として表現するが、文意や表現上、どちらかに限定したほうがいいと判断した場合、あるいは史料をそのまま抜き出している場合は、それぞれの言葉で記載した。
（13）Barnett, *Young Delinquents*, p. 22.
（14）Leon Faucher, *Manchester in 1844: its Present Condition and Future Prospects*, London, 1844, pp. 37-38.
（15）一八七六年教育法によって五歳以上の子どもの教育が義務化され、就学督促が強化されるにつれ、「不就学」が問題となる。インダストリアル・スクールはその受け皿としても利用されるが、そのことによって短期のインダストリアル・スクールや週日インダストリアル・スクールが設置されていく。ＭＣＩＳはこうした不就学児童のためのインダストリアル・スクールとは異なり、完全居住型にすることで従来からの「見捨てられた子どもたち」のための寄宿制インダストリアル・スクールとしての存続を示した。
（16）*Annual Reports of Manchester Industrial School, Ardwick Green, 1847-1894* (3rd-5th, 7th-48th) (RfNo. GB127. M369/1/4/1-4) の中の一八五八年年次報告書五頁を参照。
（17）*Annual Reports*, 1889, p. 63.
（18）詳しくは三時「浮浪児の処遇と教育」二四～三二頁。
（19）ＭＣＩＳでは設立当初から外科医が学校医としてかかわっており、また一八六三年以降は歯科医があらたな学校医として加わっている。
（20）*Annual Reports*, 1887, p. 72.
（21）*The Final Report of the Royal Commission Appointed to Inquire into the Working of the Elementary Education Acts, England and Wales*, London 1888, p. 146-148.
（22）三時眞貴子「一九世紀末イングランドにおける救貧児童の教育——公立基礎学校への進学をめぐって」『愛知教育大学研究報告（教育科学編）』第六〇輯、二〇一一年、一三〇頁。
（23）初会合の委員長はＷ・Ｒ・カレンダー（Jr.）氏であったが、二回目はＨ・バーレイ氏であった。これは暫定的な委員長であったらしく、三回目の議事録に正式にカレンダー（Jr.）氏が委員長に選出された、と記載されている。Proceeding of the Industrial School Committee, 8 Feb. 1871, 17 feb 1871, 20 march 1871, *Minutes of Miscellaneous Committee, Manchester School Board*, p. 19, pp. 22-23, p. 48, M65/1/2/1, Archives & Local History, Manchester Central Library（以下、*Minutes* と記載）.

（24）当時は、本章が対象とするマンチェスタ認定インダストリアル・スクール（プロテスタントの子どもが対象）のほか、一八七一年に設立されたカトリック系のインダストリアル・スクール（少年用と少女用）が存在した。

（25）一八七一年六月二八日の学務委員会議事録に、巡視員としてパウア氏が選出されたことが記載されている。彼の勤務時間は午前九時から午後一二時までと午後六時から一一時までであった。路上にいる子どもたちを発見するために巡視するという職務であるため、夕方から夜にかけての時間も勤務時間となっていたことがわかる。この職が設置された理由として議事録では、警察ではなく行政の手によって子どもを発見して処遇するのが望ましいからであると記載されている。Proceeding of the Industrial School Committee, 28 June 1871, *Minutes*, p. 97.

（26）Proceeding of the Industrial School Committee, 26 Aug. 1871, *Minutes*, p. 140.

（27）一八三四年の新救貧法によって、中央行政局として救貧法委員会が設置され、実際に地域で救貧行政を行う単位であった教区に代わり、救貧連合が行政単位となった。各救貧連合において救貧行政を担ったのが保護委員会であった。一八五〇年代以降、ワークハウス外で救貧を受けていた子どもの教育費を救貧費から負担する教区連合が増加し、救貧児童にどこの学校で教育を受けさせるかは保護委員会が決定していた。

（28）Proceeding of the Industrial School Committee, 15 Sep. 1871, *Minutes*, p. 157.

（29）収容された多くの子どもが「ボロボロの服」をまとっているか、「ほとんど裸」の状態で発見されていた。三時「浮浪児の処遇と教育」二四〜三二頁。

（30）Proceeding of the Industrial School Committee, 26 Aug. 1871, *Minutes*, p. 140 に、少女が天然痘にかかったため収容が取り消されたことが記載され、15 Sep. 1871, *Minutes*, p. 155 では彼女が働いていることが報告されている。

（31）Proceeding of the Industrial School Committee, 28 June 1871, *Minutes*, p. 94.

（32）*Annual Reports*, 1847-1894.

（33）Proceeding of the Industrial School Committee, 28 June 1871, *Minutes*, pp. 93-94.

（34）*Annual Reports*, 1851, p. 6.
（35）学校側が後者を堂々と報告書に記載していたことは、おそらく収入源になるほど子どもたちの労働の生産性が高いことが、質の高い労働の教育を行っている証拠になると考えていたからだと思われる。一方、ワークハウスにおける職業教育に関して、クロス委員会の証言台に立ったロンドン区の学校査察官ホルゲイトは、委員会から「職業教育は子どもたちへの教育的な観点から行われているのか、それとも学校の出費削減のためか」という問いに関して正直に後者であると認めつつ、それがワークハウス・スクールの理想とはかけ離れていると述べ、子どもたちを安い労働力として利用している状態への危機感を示している。三時「救貧児童の教育」一三〇頁。
（36）*Annual Reports*, 1881 p. 22. 総収入額四三三五ポンド五シリング六ペンスのうち、七六二ポンド一一シリング三ペンスが産業労働部門の売り上げであった。収入源の一位は政府補助金で二二一一ポンド六シリング八ペンス（五一％）、第二位は学務委員会からの委託金九九八ポンド一シリング（二三％）であり、売り上げは第三位であった。
（37）*Annual Reports*, 1851, p. 22.
（38）*Annual Reports*, 1858, p. 8.
（39）*Annual Reports*, 1853, p. 7.
（40）*Annual Reports*, 1855, p. 6.
（41）*Discharge Register 6 Jan 1896-17 Sep. 1906 of Manchester Industrial School, Ardwick Green*, (RfNo. GB127. M:69/2/2/2-6) のうち、一八七五年、一八八五年、一八九七年の退校者について分析した。
（42）*Annual Reports*, 1882, p. 13.
（43）*Annual Reports*, 1859, p. 15.
（44）*Annual Reports*, 1863, p. 5.
（45）*Annual Reports*, 1876, p. 16.
（46）Barenet, *Young Delinquents*, p. 165.
（47）*Annual Reports*, 1887, p. 33.
（48）*Annual Reports*, 1885, pp. 31-32.

COLUMN 3

職業教育の危機とその対応

一九世紀フランス青少年支援事業「パトロナージュ」

岡部造史

フランスにおいて、都市の青少年の職業教育は伝統的に同業組合（ギルド）が管理する徒弟制のもとでおこなわれてきた。しかし一八世紀末のフランス革命によって同業組合が廃止されると、徒弟制は契約を結ぶ当事者間の私事となり、またその後の工業化によって機械化や分業が進展すると、その存在理由そのものが脅かされることになった。こうした状況の中、一九世紀には親方が徒弟に対して適切な職業教育をおこなわないといった「徒弟制の危機」が問題とされることになった。たとえば一八四〇年代後半のパリ商業会議所の調査によれば、成人労働者一七人につき徒弟は一人しかおらず、しかも書面での契約によって雇用されている者はその中の二二パーセントに過ぎなかった。

この「危機」への一つの対応策をなしていたといえるのが、当時「パトロナージュ協会」または「パトロナージュ事業」と呼ばれた民間事業であった。現在こうした事業としての「パトロナージュ」といえば、青少年の余暇活動を指導する「青少年クラブ」を指すが、一九世紀においては青少年の支援をするさまざまな事業がこの名称で呼ばれており、なかには彼らの職業教育を支援するものも存在したのである。この事業を担っていたのは貴族や上層ブルジョワであり、初期のものの多くはカトリック教会と何らかの形で連携していたとされる。

もっとも、実際に対象となる青少年のカテゴリーや運営の形態はさまざまであった。たとえば一八二三年にパリで設立された「孤児の就職斡旋のための青少年委員会」は、当初一五歳未満の孤児を対象とし、彼らの職業教育（徒弟奉公）に必要な費用の負担や徒弟奉公契約の際の立会い、さらに彼らの奉公先の訪問などの活動をおこなっており、一八三〇年までの間に約一〇〇人の子どもが支援を受けたと推測されている。その他に、技能習得のための学校を建設したり、さらに刑期を終えた青少年犯罪者を支援する団体なども存在し、こうした事業の数は一九世紀末にはフランス全体で数百にのぼったとされる。

パリの「オトゥイユ徒弟孤児事業団」における徒弟たちの様子（年代は不明だが、おそらく19世紀後半のもの）

出典：同団体のホームページ［http://www.apprentis-auteuil.org/histoire-et-fondateurs.html］（最終閲覧日：2016年5月27日）より。

「パトロナージュ」とは元来、強者による弱者の保護、いわゆるパトロン・クライアント関係を指す語であるが、近代以前の身分制や共同体的秩序が崩れる一方、現代的な国家の諸制度がまだ整備されていない一九世紀フランス社会において、こうした非公式の社会関係は重要な意味を有していた。上記のような「パトロナージュ」が職業教育の支援にどれほど寄与したのかについては不明な部分が多く、また「徒弟制の危機」の問題がそれだけで解決されたわけではないが、ここでの事業が「パトロナージュ」の名称で呼ばれていたことは、当時の「支援」そのものの性格を考える際にきわめて示唆的な事例と言えよう。

参考文献

Catherine Duprat, *Usage et pratiques de la philanthropie : Pauvreté, action sociale et lien social, à Paris, au cours du premier XIXe siècle*, t.2, Paris, Comité d'histoire de la Sécurité sociale, 1997.

Jean-Baptiste Duroselle, *Les débuts du catholicisme social en France (1822-1870)*, Paris, PUF, 1951.

Lee Shai Weissbach, « *Oeuvre Industrielle, Oeuvre Morale* : The *Sociétés de Patronage* of Nineteenth-Century France », *French Historical Studies*, v.15, n.1, 1987, pp.99-120.

第八章

企業福祉としての教育支援
——二〇世紀前半キャドベリー社の補習教育と人材育成

土井貴子

本章では、民間企業の教育支援を取り上げる。事例として、従業員の教育に積極的な企業の一つであったキャドベリー社の教育支援に焦点をあてる。そこでは誰を対象にどのような教育支援が行われたのか、経営者側が何を意図して支援した教育・人材育成だったのか、教育を提供する側にとっても受ける側にとってもそれがどのような意味をもったのかについて検討し、同社の教育支援のあり様をみていきたい。まず最初に、キャドベリー社の従業員の特質と採用について概観する。その後、教育支援のうち、最初に若年従業員を対象とした補習教育の支援を取り上げる。次いで福利の一環としてのレクリエイションと成人教育のなかでの教育支援について、最後に職業上の技能やキャリアの向上につながる人材育成としての企業内教育について考察する。その際、労働と福祉と教育の関係に着目したい。教育と労働の関係でみれば、第七章（三時）で取り上げられたように、教育の場から労働への移行もあるが、労働の世界からの教育支援もある。本章では、後者の視点から民間企業による企業内外での多様な教育支援を学校教育と成人教育の展開のなかで考察する。キャドベリー社は、企業福祉として従業員に対する福利厚生給付を積極的に導入した企業の一つであった。企業福祉の進展とともに導入された教育支援について考えたい。キャドベリー社においてどのような教育が提供されたのかを考察することを通して、一民間企業による福祉のなかの教育のあり様を学校教育、成人教育、そして企業内教育の側面から検討することを試みる。

第一節　キャドベリー社の発展と従業員

キャドベリー社は、イングランドの中西部の都市バーミンガムにあるココア・チョコレート製造会社である。同社は、一八三一年にジョン・キャドベリー（John Cadbury 1802-1889）によって興され、キャドベリー家によって経営された。[1]キャドベリー社の事業は、一八六〇年代に良質で純度の高いチョコレート飲料『ココア・エッセンス』の開発、生産、販売によって拡大した。その後一八七九年にキャドベリー社は、バーミンガム郊外のボーンヴィルに生産工場を移し、経営を拡張した。ココアは、一九世紀末には子ども向けのおいしくて体によい飲み物として広まっていた。キャドベリー社の成長は、個人消費の増大と食生活の変化を背景とした生活へのココアの浸透によるものであった。一九〇〇年代に入り、キャドベリー社は、現在まで続く代表的商品の一つである固形チョコレート「デイリー・ミルク」を開発した。同社のココアとチョコレートは、家庭、職場、カフェなどで広く消費された。[2]

ココアとチョコレートの大衆消費によって発展したキャドベリー社は、一九〇六年の時点で四〇四一名の従業員を抱える大企業に成長した。[3]その後も従業員数は増え続け、一九二五年にその数は戦間期最多の一万九〇二名に達した。一九三五年までの一〇年間の従業員数は機械化によって漸次減少するが、一九三八年頃には一九二五年の水準にまで回復した。

一九〇六年の従業員の年齢構成をみると、一四歳未満の従業員が五一名、一四歳から一八歳未満の従業員が

図 8-1　キャドベリー社ボーンヴィル工場
右側の建物はダイニング・ルーム。グラウンドの奥はココア工場。
出典：I. A. Williams, *The firm of Cadbury 1831-1931*, London, 1931.

八一七名、一八歳以上の従業員が三一三七名であった。一八歳未満の若年従業員の割合は、全体の二割に上った。また、女性従業員が全体の六三％を占めた。従業員の構成を詳細にみると、性別によって差があることがわかる。女性従業員は、若年従業員の割合が高かった。一四歳未満の従業員五一名はすべて女性であり、一八歳未満の若年従業員は女性従業員の二五％に上った。勤続年数は、女性従業員の方が短い。勤続年数二〇年以上の従業員の割合は、男性の場合一割であったが、女性の場合は三％弱であった。[4]このことは、女性従業員は結婚後退職するという慣行によるものであった。[5]

女性、特に女性若年従業員の雇用は、経営の拡大や機械化といった会社の経営方針に左右された。機械化の時期、女性従業員数の減少率は高く、新規採用が抑えられたため若年従業員の割合は低下した。機械化が最もすすんだ一九二九年には、女性若年従業員の割合は女性従業員の約一〇％にまで低下した。[6]一方、従業員数が増加に転じると彼女らの割合は上昇し、一九三六年以降は女性従業員の半数以上を占めるにいたった。[7]

第一次大戦直前の従業員数は六〇〇〇名強であったが、この頃キャドベリー社は、毎年六〇〇～七〇〇名程の若年従業員を新規採用した。採用は、地元の職業紹介所を通じて行われた。取締役であったエドワード・キャドベリー（Edward Cadbury 1873-1948）によれば、多くの従業員を毎年採用しなければならないため、職業紹介所を利用することで会社の採用基準に達している応募者のみを選考したという。従業員のなかでも工員の採用方針は、適応力の高い若年層から雇用し、入職後に育てるというものであった。選考の観点は、教育面での技能、全体的な傾向と性格、身体的能力であった[8]。選考時の教育面での技能は、基礎学校での成績が基準となった[9]。基礎学校の成績は従業員カードに記録された。一九一二年頃には、女性の場合でも、ほぼすべての採用者が卒業時に基礎教育段階で最高の第七学力水準にあった。

基礎学校の成績は、家庭環境を判断する基準でもあった。高い学力水準を獲得している子どもは、学校の出席率も高い。学校の成績は、子どもを毎日学校に送り出すことができる良好な家庭の子である証だとの判断があった。同時に、成績のよい子どもたちは、学校で規律や従順さをしっかりと身につけていると捉えられた。実際に入職後の調査で、基礎学校で高い学力水準にあった従業員は、出来高払い分の賃金が高いという結果が出た。学校の学力水準の高さは、生産性の高さと一致するとも考えられていた[11]。

選考時の身体能力は、工場医によって判断された。工場医は、すべての志願者を診察した。身長、体重、視力、聴力、心臓や肺、歯の状態、そして一般的な外見によって、キャドベリー社の従業員に適しているかどうか、どの職種に適しているかが報告された。全体的な傾向と性格は、取締役との面接によって判断された。面接では、声のトーン、性格、清潔さなどがみられた。そのほかに、女性の場合、通勤距離も採用基準の一つであった。鉄道が整備されるまでは、工場の半径二マイル以内に住んでいることが雇用の要件であった[12]。

事務職は、工員とは異なる採用基準があった。その志願者は、基礎学校において第七学力水準の成績をおさめた者、もしくは中等学校で学んでいた者に限定された。さらに、学力試験が課された。試験は、読み・書き・スペリング・地理・算術でおこわなれ、志願者は高得点を取ることが求められた[13]。

従業員の学歴をみてみると、一九一四年までは大半が基礎学校卒業者であった。その学歴は、戦間期に上昇する。一九二八年から一九三七年までの全従業員の学歴調査によれば、女性従業員は、およそ七七%が基礎学校出身者、二二%が中等学校卒業者、一%程度が大学卒業者であった。一方、男性従業員は、基礎学校出身者は七〇%弱に減り、中等学校出身者が若干増え、およそ二五%を占めた。さらに、パブリック・スクール出身者や大学卒業者が合わせて五%程度であった。第一次大戦前の時期と比較すると、男女ともに基礎学校出身者の割合が減少した。基礎学校出身者の割合は女性のほうが高く、男性と比較すると一〇%の差があった[14]。

第二節　若年従業員に対する補習教育支援

キャドベリー社で従業員の教育が組織的に行われるようになったのは、一九〇六年からである[15]。キャドベリー社は、同年、工場教育委員会を組織し、教育計画を導入した。同時に、一六歳以下の若年従業員に対する教育支援を組織的に開始した。かれらが夜間に補習教育を受けられるよう、会社が授業料を負担し、授業日の残業を不承認とした。工場教育委員会は、対象となるすべての若年従業員が近隣の夜間補習学校へ受け入れられるよう、地方教育当局と連携して調整を図った。教育コースを編成し、男子を対象とした商業・普通コースと女子を対象とした家事・普通コースを設けた。男子のコースには、英語、数学、歴史と地理、フランス語、技芸、簿記、機械学と物理学等の科目を、女子のコースには、英語、数学、技芸、裁縫や料理などの家事科目、生理学、衛生等の科目を四年間にわたって段階的に配置した[16]。

キャドベリー社は、前述のように、一九〇六年時点で全従業員の二割を占める八六八名の若年従業員を雇用しており、その多くが一三か一四歳で基礎学校を離れて入職した工員たちであった。かれらのような基礎教育後に中等教育を受けることなく労働の世界に入った青少年の教育問題は、二〇世紀初頭になって政策上の課題とみなされるようになっていた。当時、基礎学校の整備が進み、基礎教育後の教育を提供するいくつかのタイプの上構型の学校が伸展していたし、中等学校が漸次整備されつつあった。また、第二次産業革命期のドイツやアメリカの台頭に対する危機感から、経済成長や技術革新と教育制度との関連が意識され、夜間学校や補習学校への関心も高まった。たとえば、マンチェスタ大学の教育学教授であったサドラー（Michael Sadler 1861-1943）は、一九〇七年にイングランド及び各国の補習学校・補習教育について調査し、イングランドにおける一七歳以下の青少年に対する補習教育の義務化をめぐる問題を議論している。(17) キャドベリー社は、こうした状況のなかで、いち早く若年従業員に対する教育支援を開始した。

キャドベリー社は、若年従業員に対して採用の際に補習教育を受けることを雇用条件とし、就学を義務付けた。採用時に保護者に夜間補習学校への参加に対する同意を求める手紙を送り、次のように就学義務化の理由を説明した。(18)

同社の少年少女に関する方針を簡単に説明しようと思います。このことは、保護者のみなさまにとっても関心のあるところでしょう。私たちは、みなさまが私たちと協力して子どもたちに最良の教育を提供したいと望んでおられることを知っています。

私たちは、この国のあらゆる少年少女が、一六歳までは日常生活に有益な当たり前のこととして教育を継続する機会を持つべきだと思います。そうなれば、かれらが教育の成果をもっとも良く生かすことができる年齢になった時、自らの将来に向けて優れた基礎を築くことになるのです。かれらには、一六歳以降、多様な道が開かれるべきです。かれらがすすみたいと希望する商業上のキャリア、技術上のキャリア、あるいは一般的なキャリアに関して、自ら選択できる道が開かれるべきなのです。

人生の最良の数年間を十二分に生かすことが、最も重要です。このことを成し遂げるために私たちは、従業員に継続的な教育コースを提示しているのです。一年間の活動はその次の活動につながります。すべては、生徒がそれぞれに自らの最終キャリアを選択する過程への誘因となるのです。

キャドベリー社は、若年従業員たちが人生のなかで大切な一時期を工場で過ごしており、かれらに補習教育が必要であること、そしてそれはかれらの将来の選択肢を広げるものであると保護者に説明した。

キャドベリー社は、若年従業員に対する補習教育の支援を経営者側の道義的責任の範囲にあるものとみなしていた。一九二〇年代以降経営の中心的な役割を担ったジョージ・キャドベリー・ジュニア（George Cadbury Junior 1878-1954）は、産業や商業のための教育を議論する経営者らの会合の場で「産業においてわれわれが教育を必要とする理由」と題する講演を行い、企業における教育支援の必要性を論じている。その理由は、「産業の効率性という点においてだけでなく、産業を遂行することでコミュニティを傷つけるべきではないという点においても、多大な責任が経営者であるわれわれの側にある」とし、「われわれは、どのような形であろうと、労働者を労働の結果として身体的、精神的、そして道徳的に能力の劣る市民にしてはならない」からであった[19]。しかしながら現実には、労働者たちは工場で長時間単調な労働に従事し、機械の一部になることが求められる。こうした状況を考えると、経営者は、発達上まだ教育が必要な時期であるにもかかわらず、学校から離れて労働の世界に入っている若年従業員に対して教育を支援する責任がある。一四歳までの学校教育では「基礎が築かれただけ」であり、そこで教育を終えるべきではない。「土台の上の建物は、機会があれば、これから築かれる。」コミュニティにおける将来の市民である若年従業員は、「俊敏であり、健全な身体と自由な精神をもつべきだ」。そのために、「精神的、身体的に発達でき、生命の美しさや崇高さをいくらか吸収できる適切な機会」が必要だと論じた。その実現可能な方策として、本来なら中等教育を受けるべき若年従業員に対して一週間のうちの一部を補習教育にあてるべきであると述べた。ただし、働き始めた少年少女の自然な性行は、自由なものである。かれらが教育を継続するためには、教育を強制することも必要だ、とみなしていた。そうすることで、「健康で、機敏で、清潔な少年少女」を育成できる、とかれは主張した[20]。

ジョージ・キャドベリー・ジュニアは、若年従業員に対する教育支援の目的を、第一によき市民の育成、第二に心身の健康の維持向上、そして第三に一般的知能の発達と定め、就学を義務化し、経営者の責務としてかれらが教育を継続できるよう支援すべきと論じた[21]。こうした議論は、当時青少年の道徳的退廃や生活の変化に不安を抱き、青年期の教育に関心を持っていた者たちに共通する議論であったと考えられる。前述のサドラーらによる補習教育の議論においても、若年労働者の労働時間の制限、全雇用者に対する一七歳以下の従業員の昼間補習教育の義務化、健康な生活と市民の義務に向けて訓練する教育コースの国家による推進に議論の方向性が集約されつつあると捉えられていた[22]。

イングランドにおける補習学校の設置は、一八九〇年代に学務委員会が基礎教育段階の教育機関として夜間の補習学校を設置したことから始まる。二〇世紀に入り、昼間補習学校も設立されるようになり、基礎教育後の教育機関として発展した[23]。キャドベリー社は、基礎教育後の学校にも中等学校にも通っていない青少年たちに対する教育を整備しようとする機運が高まりはじめていた二〇世紀初頭に、補習教育をめぐる議論を実践するかたちでいち早く若年従業員に対する補習教育を支援した。

図 8-2　ボーンヴィル女子昼間補習学校の授業風景（基礎生物学クラス）
出典：W. A. Wray and R. W. Ferguson ed., *A day continuation school at work, papers by twelve contributors*, London, 1920.

⚜女子若年従業員に対する補習教育支援

キャドベリー社は、一六歳以下の若年従業員全員を対象に教育支援を開始したのち、その支援対象と就学期間を漸次拡大していった。支援対象を、一九〇九年に一七歳以下に、一九一〇年には一八歳以下の従業員に引き上げた。[24]さらに、一九一三年には、就学する学校を夜間から昼間補習学校に変更した。すべての部門の一八歳以下の若年従業員に昼間補習学校への就学を義務づけ、雇用の条件とした。これにより若年従業員は、昼間に補習教育を受けるようになった。キャドベリー社は、授業料とあわせて、補習学校での学習にあてられた時間分の賃金を原則支給した。[25]

キャドベリー社は、組織的な補習教育の支援を開始した当初から、性差なく一六歳以下の全従業員に補習教育を支援した。女子に対しても男子と同等に補習教育を支援したことは、同社の教育支援の特徴の一つと言えるであろう。女子若年従業員はどのような補習教育を受けたのであろうか。彼女らが通ったボーンヴィル女子昼間補習学校の教育をみていこう。

ボーンヴィル女子昼間補習学校の教育目的は、「道徳的立場から、社会的立場から、個人の立場から、女性であることで生じる義務と責任を幅広くかつ楽しく果たすことに役立つ徳性を涵養し、習慣を形成すること」にあった。(26) 開校以来ずっと校長をつとめていたカーター（A. E. Carter 生没年不明）は、設立一〇周年を記念して生徒および卒業生向けに学校誌に書いた学校のあゆみを振り返る論稿のなかで、教育の目的を次のように述べている。

私は、あなた方全員が私たちの目的を理解していると信じています。私たちの目的は、あなた方が私たちと学校でともに過ごした時間が、あなた方にとって自らの生き方を知る手助けとなり、それによってあなた方を以前よりもすてきで高潔な女性に、賢く、知的で、有用な市民にすることなのです。(27)

キャドベリー社では、女性は結婚後に退職し家庭に入ることが慣例となっており、補習学校では良き女性、良き母親の育成が重視された。カーターは、補習学校での教育の意義を次のように述べている。

彼女たちは、学校を去る前に、育児法や子どものしつけといった科目に関する確かな知識を習得しようと決意するでしょう。そうすれば、彼女たちに母性という最高の特性が与えられるかもしれません。無知であるために、人生がねじ曲げられたり、妨げられたり、傷つけられたりはしないかもしれません。(28)

女子若年従業員は、英語、体育、健康科目の三科目を必ず履修した。一四歳のクラスの典型的な時間割は、英語を一時間、体育を一時間、健康科目である生物学を四五分、数学を四五分、集会一五分であった。カリキュラムで特徴的なのは、健康科目である。この科目は、カーター校長が独自に計画、立案した科目であり、一九一六年頃から試行錯誤しつつ導入されていた。一九二四年の査察報告書によれば、健康科目は、生命への畏敬の念を教育することを方針とし、生徒たちが一四歳で生物学を、一五歳で人体生理学を、一六歳で家庭看護を、一七歳で育児法を、一八歳で基礎心理学やしつけを学ぶよう体系的に編成されていた。科学を重視し、最初に生物学と人体生理学を配置していることは、この科目の特徴である。各科目の内容ならびに方法の面においても、科学的なアプローチ、理論的な学びと演習、生活への応用が意識された。たとえば育児法の授業は、バーミンガム地域を中心とした当時の乳幼児福祉の説明から始まり、次に妊産婦のケアと出産準備を、そして産後の乳幼児の食事や入浴等のケアを学び、乳幼児の体重の変化や一般的な発達の過程、乳幼児の病気と訓練を学ぶ構成になっていた。[29]良き女性となるための中心科目に位置づけられた健康科目は、基礎学校で「良き家庭の主婦」となるために教えられていた教育の中心であった家事科目とは異なるものとしてカリキュラム化されていたと考えられる。基礎学校で教えられていた家事科目は、家政、料理法、裁縫、育児法を含む家庭管理であった。[30]ボーンヴィル女子昼間補習学校では、家事科目は健康科目とは別に開設されていた。しかもそれら科目は、選択科目であり、一七歳以上の任意のクラスで学ぶようカリキュラム化されていた。校長のカーターは、家事科目が生徒たちにとってさほど重要だとは考えていなかった。彼女たちが朝食の準備と後片づけをして出勤し、帰宅後も後片づけ、洗濯、掃除といった家事労働に従事していることを知っていた。カーターは、女子の教育を家事科目に限定することに批判的な立場をとっていた。[31]ボーンヴィル女子昼間補習学校では、良き女性の育成として基礎学校で教えられていた家事科目とは異なる健康科目が中心に据えられ、科学を重視し、家庭看護、育児法、しつけが段階的に教えられるよう計画されていた。

女子若年従業員たちは、そのほかに、フランス語、数学、歴史、公民、経済学、音楽、芸術、自然史等からいくつかの科目を選択し、学ぶことができた。なかには、中等教育や職業教育に関わる幅広い科目の試験を行い資格を付与する王立技芸協会試験委員会の試験に挑戦する者が、毎年一定程度いた。たとえば、一九二五～二六年には、英語の基礎に二八名、中級に二七名、上級に九名、数学の基礎に一五名、中級に一二名、フランス語の基礎に四名、中級に三名が合格している。(32) ただし、キャドベリー社は、補習教育では授業時間が短く、一部優秀な女工が関心を持っていた王立技芸協会試験委員会やケンブリッジ大学地方試験機構といった資格付与試験団体が行う外部試験の準備にはならなかったとの見方を有していた。また、奨学金を獲得できるまでの水準には達しなかったとされる。(33) とはいえ、きわめてまれな事例ではあるが、後述するように、学校の奨学金を利用して上級の学校に進学し学習を継続した生徒もいた。(34)

女子若年従業員たちは、工場での労働後に学校の課外活動に参加できた。毎週月曜日の夕方に設けられたクラブの時間は、彼女たちにとって幸せな時間であった。(35) 彼女たちは、ゲーム、合唱、ダンス、散歩などを楽しんだ。その他にも演劇サークルや聖歌隊を組織し活動していたり、スポーツ大会や学習成果等を展示し競うコンペティションを催したりした。同窓会も組織されていた。同窓会が毎月開催する、ガーデン・パーティ、ダンス、朗読会、講演会、慈善活動などに参加できた。(36) 彼女たちは、在学中もそして卒業後も、ボーンヴィル昼間補習学校で組織された社会的余暇活動を享受しえた。

⚜キャドベリー社とボーンヴィル昼間補習学校の関係

キャドベリー社の若年従業員が通ったボーンヴィル昼間補習学校は、バーミンガム市教育委員会管轄下の学校であった。そのため、学校の運営、財源の確保、カリキュラムの決定、教職員の配置は、バーミンガム市教育委員会が担った。とはいえ、同校は、キャドベリー社が従業員に昼間補習教育を義務化するのにあわせて一九一三年に開学した学校であった。当初からキャドベリー社の全面的な支援を受けた。キャドベリー社は、全若年従業員を生徒として送り出すだけでなく、校舎を提供し、その維持費も負担した。また、同社のグランドやプールも貸し出した。基本的に教師の任命はバーミンガム市教育委員会によったが、体操と水泳の教師だけはキャドベリー社が任命した[37]。かれらは、身体的に問題を抱える従業員を発見した場合、その情報を工場医に報告した。

キャドベリー社の従業員が、ボーンヴィル昼間補習学校の生徒の大半を占めた。開校当初から他の工場の従業員も在籍したが、一九三七年の時点で、男子生徒の七〇％が、女子生徒のおよそ八六％がキャドベリー社の従業員であった[38]。当然、キャドベリー社と学校は、密接に連携する必要があった。普段は工場で働く従業員を昼間に学校に送り出すために、登校日等についての調整が必要であったし、学校からの要望を受け入れることが求められた。またキャドベリー社は、学校から従業員の出席状況や成績等の報告を受け取った。それは、昇進時の資料として用いられたり、奨学金受給の審査における判断材料とされたりしたという[39]。

ボーンヴィル昼間補習学校のカリキュラムには、普通教育と身体訓練を行うことが規定されていた。キャドベリー社は、原則、カリキュラムの編成権を持たなかった。ただし、バーミンガム市教育委員会の下に設置された昼間補習学校諮問委員会のメンバーにキャドベリー社の代表も加わっていたし、カリキュラムを社内で議論していた。たとえば一九一九年に、工場教育委員会でボーンヴィル女子昼間補習学校のカリキュラムに家政を加えるよう市教育委員会に提案することが決まっている[40]。

キャドベリー社の教育ディレクターであったファーガソン（Reginald Ferguson 生没年不明）は、工場と地方教育当局のどちらが補習学校を運営するべきかについて論じている。彼は、教育内容の市場性の高さと移転可能性で判断すべきとした。特定の工場においてのみ実践できる方法や過程を教育する、高度に専門化された転用性の低い教育を内容とするのであれば、工場が学校を運営すべきであるが、労働者をよりよい市民にするための普通教育を提供するのであれば、地方当局が学校を公費で運営すべきだと主張した。

ファーガソンは、キャドベリー社が学校を直接運営しないことにメリットがあるとみなしていた。地方教育当局の運営する学校であれば、従業員は、工場とは異なる環境で学ぶことができ、かつ他の工場の従業員と交流する機会を持つこととなる。このことは、教育上有益であるだけでなく、彼らが毎日の仕事や不平の種について意見を交換したり、同じような労働環境の工場で自分たちが抱く不満が特別ではないことを知る機会になると捉えていた。このことは若年従業員の不満の抑制につながると考えられていた(41)。

以上でみてきたように、キャドベリー社での昼間補習教育の支援は、公教育制度が拡大していくなかで、基礎学校を終えた後に中等学校へ進学し学習を継続することが困難な状況にあった若年従業員に不完全ながらも公的な普通教育を受ける機会を与えるものであったとみることができる。他方で、学校から得られる教育の結果を従業員の身体管理や昇進等に利用しており、就学が従業員の不満の吸収に役立つとも考えられていた。キャドベリー社にとってそれは、労務管理の方途の一つでもあった。

第三節　成人教育と連携した教育支援

キャドベリー社の教育支援は、前述のように一九〇六年から組織的に実施されたが、それは二〇世紀に入り進展した企業福祉のなかに位置づけられる。イングランドでは、多様な産業の企業が従業員とその家族に対して状況に応じた福利厚生給付をおこなっていた。医療、保健、貯蓄、家族手当、レクリエイション、教育など、なんらかの福利厚生が提供された(42)。給付のあり方は、従来型の経営者の自由裁量による「親切心からの給付」もあったが、組織的な福利厚生給付もあった。企業は、組織的な福利厚生給付によって、労働者が抱く疾病、障害、老齢、失業の恐怖を和らげることや、職場環境と生活環境の維持、改善による労働不満を取り除くことなどを目的としていた。企業にとって福利厚生給付は労務管理に有効だと捉えられ、とりわけ大企業が積極的に導入した。また体系的な福利厚生給付は、それを労働者の権利と位置づけることでもあった。企業によっては労務政策に労働者の意見が反映されるような仕組みが設けられることもあった。

こうした企業福祉の進展の背景の一つには、企業経営者側の労働運動に対する不安があった。一八八〇年代末からは新組合主義運動がおこったし、第一次大戦前には労働争議件数が増加し、労働不安のムードが醸成された。さらに戦時下には戦争を批判する労働運動が激化し、戦後の不況によって労働運動が高揚した。企業にとって、労働者の争議行為を抑えるためにも組織的な福利給付は有効であると考えられた。

キャドベリー社でも、二〇世紀に入り、従業員に対する組織的な福利給付に関心が寄せられた。同社の場合、上述の経営的な理由からだけでなく、信仰上の理由もあった。企業内福利厚生給付に最も積極的であったのは、クエイカーの実業家たちであった。かれらは、労働者に対してキリスト者としての義務を負っていると信じていた。続いて、キャドベリー社の教育を含む福利厚生について具体的にみていこう。同社は、一九世紀末から医療、年金、そして教育に関して福利厚生計画を導入した[43]。それは、従業員の生計の保障と福利のために提供された。生計の保障は疾病、障害、老齢、失業といった不確かさに対する補償であり、福利は勤務中であるか余暇時間であるかにかかわらず、日々の生活における余暇活動や幸福のために提供されるものであった。

キャドベリー社で生計の保障として最初に導入された福利厚生給付は、病気休職期間手当であった。拠出制の病気休職期間手当は、一九〇二年から始まったが、国民健康保険が導入されてからはその不足分を補うものであった。次に国家による老齢年金の導入に先立って一九〇六年に男性の拠出制年金計画が、一九一一年に女性のそれが導入された。五〇歳以下の男性従業員は、全員が年金基金に参加したという。また、寡婦となった従業員の元妻にも年金基金から給付が行われた。さらに戦間期の一九二三年には家族手当と短時間労働手当が導入された。家族手当は第三子以下の子どもに一人当たり週五シリングを給付するものであり、短時間労働手当は季節による生産の変動による労働時間の減少による差を取り除くためのものであった。こうした企業福祉は、企業にとっては会社の将来のための投資であった。キャドベリー社は経営の合理化ではなく生産を需要にあわせる経営管理の組織化を試みたといわれるが、福利厚生給付はそうした経営管理のためであり、著しい成功をおさめたと評価される。(44)

次に福利をみていこう。その主たるものは教育とレクリエイションである。キャドベリー社では、演劇、音楽、スポーツ、園芸、カメラ、フォークダンスなど、さまざまな余暇活動を楽しむ従業員たちの団体が数多く組織された。また、そうした余暇活動に関わって、従業員とその家族を対象とした行事が催された。たとえば、四日間にわたるボーンヴィル工場音楽フェスティバルが一九一三年から毎年開かれ、楽器演奏と歌唱の技術が競われた。最終日には社外の人も大会に出場でき、数千人の聴衆が集まった。(45)おそらくボーンヴィルの娯楽イベントの一つであっただろう。こうしたレクリエイション活動は、毎月発行される『ボーンヴィル工場誌』に掲載され、工場内外に示された。キャドベリー社は、従業員の余暇活動を奨励し、工場にはグラウンド、ホール、プール、食堂といった施設を整備した。

キャドベリー社は、福利として先にみた若年従業員に対する補習教育だけでなく、全従業員を対象としたさまざまな教育支援をおこなっていた。工場の教育委員会が主催するガーデニング、救命救急、靴の修繕等のクラスも実施されたし、従業員が外部の教育団体や学校での教育に参加することを支援するものもあった。キャドベリー社において工場で働く労働者の余暇活動として教育支援が重視されたこの時期、労働者階級の「アソシエーション文化」の開花と成人教育の進展がみられた。(46)労働者は、労働者クラブ、労働組合、生活協同組合、友愛協会といった娯楽、政治、相互扶助、教育などにかかわるアソシエーションに複数所属し、余暇活動に参加した。(47)こうした労働者のアソシエーションでの教育活動を含み込みつつ、労働者を対象として成人教育も進展した。労働組合等の労働者組織の支持を受けて労働者への教育を支援した労働者教育協会と大学とが協力、連携して成人教育を展開していた。キャドベリー社でも、従業員が成人教育の場に参加できるよう支援した。たとえば、バーミンガム大学に開設された産業特別コースで学ぶ従業員を援助している。このコースは、主として大学人が講師をつとめ、近代史、近代商業、国及び地方行政、近代科学、エリザベス朝の文学といった科目を月曜日と火曜日の週二日間二六週にわたって昼間に学ぶ非職業的な産業コースであった。一九一九年から労働者教育協会とバーミンガム大学とが組織した成人教育を推進する委員会である合同委員会のもとで始まったこのコースは、バーミンガム大学によって設けられた特別の学科に位置づけられ、まとめ役として専任の教員が配属されるなど組織的、体系的なものであった。修了者には大学による修了資格も授与された[48]。

キャドベリー社は、産業特別コースが始まった一九一九年一一月、バーミンガム大学から同コースへの支援をもとめる手紙を受け取った。コースの受講対象者は契約した労働組合の組合員であったが、開講してみると受講者が期待したほどには集まらなかった。そのためキャドベリー社に依頼がきたのである。工場協議会の下に組織されていた福利余暇活動委員会で支援の可否を検討することとし、翌月、会社を訪れたバーミンガム大学の教員による説明を受けた。議論の結果、従業員を派遣することとし、失われる給料の七五%を奨学金として保障することを決定した[49]。キャドベリー社は、一九一九〜二〇年の途中からすぐさま男女各一名の従業員を送り出し、一九二〇〜二一年からは男女各三名ずつを支援した。この奨学金は、男性従業員だけでなく女性従業員にも等しく給付された。一九二〇〜二一年に奨学金を給付された女性従業員三名についてみると、全員が基礎教育しか受けていない女工たちであった。一名は一四歳で基礎学校を離れてすぐに入職した二一歳の製箱部門の女性であったが、もう二名は一七歳で入職した当時二五歳の点検部門の女工と二〇歳で入職した当時三一歳の製造部門の女工であった。しかも後者二名は、いずれもこのあと五〇代後半までキャドベリー社で働き続け、最終的には職長をつとめたきわめてまれな女工たちであった[50]。ともあれ、彼女らはいずれも、工場での職務には直結しない非職業的教養教育を収入が低下しても受けたいと望む女工たちであった[51]。キャドベリー社は、こうした従業員たちの教育を大学と連携しながら支援した。基礎教育しか受けていない彼女たちにとって、参加したのが労働組合員を対象とした正規の課程ではない大学の産業コースであったとはいえ、そこでの学習に多くの困難があったことは想像に難くない。ただし彼女らは、労働組合ではなく会社の支援を得て学ぶことができた。彼女たちの場合、労働組合の支援を得て学んだ他の労働者成人学生と比較して職場や家庭で生じた摩擦は多少軽減されたであろう[52]。

その他に、福利として奨学金も提供された。キャドベリー社は、工場協議会の下に奨学金委員会を設置し、従業員やその子弟を対象とした奨学金計画を導入していた。従業員の子弟を対象とした中等学校の奨学金が提供されたし、エンジニア部門の男性従業員が大学やカレッジで学ぶことができる奨学金が準備されていた。女性従業員を対象とした奨学金もあった。たとえば、ハリス（E. Harris 生没年不明）という女性従業員が一九一七年からバーミンガム大学とウッドブルック・カレッジとが連携して実施した公共事業や社会福祉サービスについて体系的に教育するソーシャル・スタディ課程で学ぶ機会を得ている。彼女は、キャドベリー社の奨学金に加えて、生活協同組合と労働者教育協会の奨学金も受給し、学習を継続した[53]。

第四節　人材育成としての企業内教育

キャドベリー社が支援した教育のもう一つは、企業内での人材育成のための教育・訓練である。同社では、戦間期にはすでに、就業期間、職能や部門、職階別の企業内教育が発達していた[54]。それは、工員、事務職員、エンジニア部門の従業員を対象としたものがあった。工員を対象とした教育では、新入工員を対象とした研修、工場の一定の部門にみられた技能伝達のための職業クラス、職長になるための教育、これらが組織的に計画、実施されていた。キャドベリー社では、これまでみてきた教育支援と同様に、女性に対する企業内教育も男性従業員のそれと同じく充実していた。本節では、女工を対象とした企業内教育・訓練についてみていく。

まずは女工が入職時に一週間にわたって受ける研修をみてみよう。キャドベリー社では新入工員の教育コースを「イニシエイション・スクール」と呼んだ。一九二四年の女工を対象としたイニシエイション・スクールでは、主として規則や安全、製造関連、福祉関連の授業が組織され、余暇活動を含む工場で働くうえで必要なことが幅広く教えられた。そのほかに、工場見学、工場の歴史や生産工程などをまとめたランタン講義、身体訓練や知能検査、作業着の裁断法の実習も行われた。そして最終日の午後に「私が最初の一週間におこなったこと」というテーマでのエッセーの作成が課せられた(55)。

イニシエイション・スクールは、キャドベリー社の経営組織が拡張し、多様なタイプと年齢の従業員が雇用されるようになったために制度化された企業内の教育の一つである。一四歳で入職する工員が学校から労働に円滑に移行できるよう、またかれらの適性を判断するために、組織的な教育が行われた。イニシエイション・スクールでは、シラバスが作成され、時間が細分化、スケジュール化され、講義に加えてエッセーの作成やテストも課されており、学校化した教育であった。

キャドベリー社では、従業員の訓練は、技術学校ではなく入職後に経営者が行う方が適切であると考えられていた。高度に専門化された職であったり、特定の工場での職であるなら、従業員を徒弟とみなして技術を持つ実践的な人物が職場で訓練する方がよいとされていた。こうした方針のもと一九一〇年頃から一部の部門で職業クラスが導入された。たとえば厚紙製箱部門では、職長が女工を育成するクラスが他の部門に先駆けて設けられた。その内容は、女工たちが指定された箱をひたすらに製作するというものであった。それによって彼女らが手先を鍛え、正しい製箱方法を身につけるよう訓練した。また、適性のない女工を他の部門に異動させることもできた。この職業クラスは、かつてインフォーマルに各職場で行われていた技能の伝達を、経営の拡大に伴って、性別、部門別に組織化したものであった[56]。

最後に、職長になるための教育コースをみていこう。女性の職長養成コースの内容は、経済学、産業法、国際市場、企画、原価計算、賃金、統計、有限会社、広告といった経営に関わる科目、原材料、仕入れ、製造、輸送といった生産工程に関わる科目、教育、訓練、健康、年金、基金、工場協議会といった福祉にかかわる科目で構成された。同コースでは、これまでの経験を幅広い工場経営の知識と結びつけることがめざされた。その内容は狭義の非職業的教育とみなされていた。職長という特定の職務にむけての教育であったが、興味深いのは、受講対象者が職長への昇格が決まっている女工ではなく、幅広い希望者であったことである。一九二五年にはおよそ一〇〇名の女工がコースに参加していた。コースは約六ヵ月間にわたって、週一回、午後の勤務時間に実施された。午後の勤務時間を三つに区切り、二つの講義と討論あるいはまとめで構成された。このコースには、他の企業内教育とは異なり、チューター役の女性事務員が配置されていた。彼女は、すべての講義に参加し、女工たちと議論をし、彼女らを揺り動かし、理解の手助けをすることが求められた。すなわち女工たちの「案内役、導き手、友人」としての役割を担うことが期待されたのだった[57]。こうしたコースのあり方は、大学拡張講義やチュートリアル・クラスといった大学成人教育のそれと似通っている[58]。それは、少人数の受講生が講義と討論とで構成されるクラスにおいてチューターとともに非職業的教養教育を学ぶものである。職長教育コースは、意欲ある従業員に対して経営に関わる幅広い教養主義的な教育を支援するものであった。参加した女工たちにとっては、日々の機械の一部のような仕事から離れ、会社経営に目を向ける機会になったと考えられる。前述の職業クラスのあり方とは対照的であった。

⚜おわりに

本章では、二〇世紀初めから戦間期までのキャドベリー社に焦点をあて、企業における従業員に対する教育支援について考察を試みた。キャドベリー社は多様な教育支援をおこなっていたが、その中心に位置づけられるのは、基礎教育後の学校教育として進展した補習教育であった。女子若年従業員に提供された補習教育は、「女性であることから生じる義務と責任」を果たすことができるよき女性の育成を目的とした教育であり、それは産業とは直接結びつかない女子のための普通教育であったことを確認した。基礎教育後の学校教育の整備とともに、選挙法の改正や社会福祉政策の導入に伴う「市民」への関心の高まりを背景に、経営者側は企業が補習教育を支援する意味を健全な市民の育成という点から説明した。

次いで、企業福祉の側面から教育支援を検討した。補習教育の義務化、奨学金の提供、クラスの開設、レクリエイション活動への援助、これらで従業員の福利厚生の充実を図った。教育支援が重視された背景には、経営者側の労働者の教育要求に対する理解があった。ジョージ・キャドベリー・ジュニアは、従業員たちが教育を求めており、かれらの教育要求には三つのタイプがあると捉えていた。タイプの一つは、自らの周囲にある経済的勢力や社会的勢力についてよりよく理解したいと望むタイプの者たちであり、かれらのなかには労働者教育協会や大学等によって実施されていた産業史や経済学の講義を受けたいという願望があった。こうした従業員の要望を満たすことは、かれらが、労働者と経営者の双方が直面している問題を正しく理解する助けになり、ひいては戦闘的な労働争議の抑制につながる、このようにかれは理解していた。「産業上の紛争は、ほとんどいつも、無知と疑念によるものである。その両方が広い意味での教育の欠落による。」かれはこのように考え、労働者たちに技術教育だけでなく、普通教育を支援すべきと主張した。なかでも、批判し判断する力や、産業や経済の動向を見定める力を育てるために大学での教育を支援することが望ましい、との考えを持っていた(59)。キャドベリー社では、奨学金の提供によって大学レベルの成人教育も支援した。こうしたキャドベリー社の教育支援のあり方は、一九〇八年以降に労働者教育協会と大学とが連携して展開した成人教育の動向に重なるものであった。

最後に、従業員数が増加し、会社の規模が拡大すると同時に、異なるタイプの従業員を雇用する必要が生じたことから組織的に導入された企業内教育を入職直後の「イニシエイション・スクール」、一定の技術が求められる部門でのスキル向上のための職業クラス、そして職長養成コースについて検討した。これらの教育支援は、企業における狭義の職業教育であった。本章で取り上げたのはキャドベリー社という一企業の教育支援の事例にすぎないが、労働と福祉と学校教育・成人教育とが結びついて展開された企業の教育支援であった。

注

（1）キャドベリー社の経営は、一八六一年にジョンの息子であるリチャード・キャドベリー（Richard Cadbury 1335-1899）とジョージ・キャドベリー（George Cadbury 1839-1922）に引き継がれた。一八八〇年代に入るとリチャードの息子であるバロウ・キャドベリー（Barrow Cadbury 1862-1958）とウィリアム・キャドベリー（William Cadbury 1867-1957）が経営に参加した。さらに九〇年代に入って、ジョージ・キャドベリーの息子であるエドワード・キャドベリーとジョージ・キャドベリー・ジュニアがそこに加わった。戦間期を通じてずっとキャドベリー家が会社の経営を担った。

（2）キャドベリー社を含むイギリスのチョコレートの歴史については、武田尚子『チョコレートの世界史――近代ヨーロッパが磨き上げた褐色の宝石』中央公論新社、二〇一〇年、サラ・モス／アレクサンダー・バデノック著（堤理華訳）『チョコレートの歴史物語』原書房、二〇一三年を参照。

（3）キャドベリー社は、一九〇六年の時点で、従業員数でみる企業規模八五位の企業であった。

（4）Cadbury Brothers LTD, Annual Employment Returns, 1891-1925, Men, Women, Boys and Girls, in the employmert of Cadbury Brothers

LTD, December 31st 1906.

（5）Cadbury Brothers LTD, *Industrial record 1919-1939, a review of the inter-war years*, Bournvill, 1947, pp. 60-61.

（6）Cadbury Brothers LTD, Annual Employment Returns, No. 2, Men, Women, Boys and Girls, in the employment of Cadbury Brothers LTD, December 31st 1931.

（7）*Ibid*., December 31st 1940.

（8）Edward Cadbury, *Experiments in industrial organization*, London, 1912, pp. 1-3. また、キャドベリー社の従業員の雇用については、Cadbury Brothers LTD, *Industrial record 1919-1939*, Ch. 5, 平尾毅「キャドベリー社における産業福祉と労務管理（一八九九―一九一四年）」『経営史学』三六巻三号、二〇〇一年を参照。

（9）Cadbury, *Experiments in industrial organization*, pp. 5-6.

（10）*Ibid*., p. 3.

（11）*Ibid*., pp. 3-4. 第六学力水準と第七学力水準で基礎学校を卒業した女子若年従業員それぞれの三ヵ月後と半年後の出来高（賃金高）を比較した。結果、第六学力水準であった女子若年従業員は、三ヵ月後の一時間当たりの出来高は一・二四ペンス、半年後の出来高は一・五八ペンスであったが、第七学力水準であった女子若年従業員の三ヵ月後の出来高は一・三三ペンス、半年後は二・〇七ペンスであった。入職時から出来高は学力水準に比例し、その差はさらに拡大した。

（12）*Ibid*., pp. 5-6.

（13）*Ibid*., pp. 6-7.

（14）Cadbury Brothers LTD, *Industrial record 1919-1939*, pp. 61-62.

（15）Reginald Williams Ferguson, *Education in the Factory, an account of the Educational Schemes and Facilities at Cadbury Brothers LTD. Bournville Works*, Bournville, 1924. その他に Cadbury, *Experiments in industrial organization*, Ch. 2, Cadbury Brothers, *Industrial record*, Ch. 5; H. W. Bull, 'Industrial Education at Cadbury in the 1930's' *The Vocational Aspect of Education*, Vol. 36, No. 94, pp. 59-62 を参照。

（16）Cadbury, *Experiments in industrial organization*, pp. 17-22.

（17）Michael Sadler, ed., *Continuation Schools in England and Elsewhere, their place in the educational system of an industrial and commercial state*, Manchester, 1907.

（18）Cadbury, *Experiments in industrial organization*, pp.11-13.

（19）George Cadbury, 'Why we want education in industry', presidential address delivered by Alderman George Cadbury at the Annual Conference of the Association for Education in Industry and Commerce, June, 1926, (The Association for Education in Industry and Commerce, Eighth Annual Conference held in Birmingham, June 9th, 10th and 11th, 1926), p. 4; Iolo Aneurin Williams, *The firm of Cadbury 1831-1931*, London, 1931, p. 154

（20）Cadbury, 'Why we want education in industry', pp. 4-5.

（21）*Ibid.*, p. 5.

（22）Sadlar, *Continuation Schools in England and Elsewhere,* pp. xi-xx.

（23）青少年に対する昼間補習教育の推進は、一九一八教育法によって図られたが、その実施には困難が伴った。バーミンガムでは、市教育当局による昼間補習学校の義務化は実施されなかったが、一九一八年以降、複数の補習学校が設置された。

（24）Cadbury Brothers LTD, *Industrial record 1919-1939*, pp. 62-64.

（25）*Ibid.*, p. 62.

（26）Board of Education, Birmingham C.B., Report of H. M. Inspections on the Bournville Day Continuation School (Girls), for the period ending 31st July, 1924, ED 75/67, The National Archives, Kew, p. 1.

（27）E. Cater, "Ten years at the B.G.D.C.S.", *Our Link,* 1 (10), 1923, p. 80.

（28）*Ibid.*, p. 81.

（29）Birmingham, Bournville Day Continuation School, ED 75/67, The National Archives, Kew, pp. 2-7. 一九二四年二月一一日から一四日にかけて視学官が育児法とその関連科目の授業を査察し、報告書をまとめている。

（30）ジューン・パーヴィス（香川せつ子訳）『ヴィクトリア時代の女性と教育――社会階級とジェンダー』ミネルヴァ書房、一九九九年。

（31）A. E. Cater, "A day continuation school for girls", in: William Joseph Wray and Reginald William Ferguson ed, *A Day Continuation School at Work: papers by twelve contributors*, London, 1920, pp. 27-30.

（32）Birmingham Education Committee, Bournville Day Continuation School, School Report, Session 1925-26, p. 4.

（33）Ferguson, Education in the Factory, pp. 13-14.

（34）Ethel Austin, “The Beeches’ to college”, *Our Link*, 1 (2), 1920-21, pp. 3-4.

（35）Maisie Goddard (school reporter), “School Notes”, *Our Link*, 1 (3), 1921, p. 11.

（36）Dorothy Nightingale and Enid Ashton, “G.D.C.S. Old Girls’ Association”, *Our Link*, 1 (20), 1926, p. 333. 一九二六～二七年の同窓会の活動予定とダンス・パーティの活動報告が掲載されている。ボーンヴィル女子昼間補習学校の学校誌である *Our Link* には、ほぼ毎号同窓会の Old Girls’ Association の活動状況や活動予定を知らせる記事が掲載された。

（37）Board of Education, C. B. Birmingham, *Report*, pp. 1-3.

（38）Cadbury Brothers LTD, *Industrial Record 1919-1939*, pp. 64.

（39）*Ibid.*, pp. 64-65.

（40）Bournville Works Education Committee, Report of Meeting of full Committee, held on March 31st, 1919, Mondelez International Archive, 363, 002748, Education Committee 1919-1920.

（41）Reginald Williams Ferguson, “The employer’s part in continuation school work”, in: *Wray and Ferguson, A Day Continuation School at Work*, pp. 187-191.

（42）産業福祉についての研究は、労務管理や労使関係をめぐる研究のなかで取り上げられてきた。ロバート・フィッツジェラルド（山本通訳）『イギリス企業福祉論――イギリスの労務管理と企業内福利給付：一八四六―一九三九』白桃書房、二〇〇一年。平尾「キャドベリー社における産業福祉と労務管理」。武居良明「産業福祉から科学的管理法へ？――戦間期イギリスの場合」静岡産業大学経営学部『環境と経営』第三巻第二号、一九九七年。

（43）キャドベリー社の福利厚生については、前掲のフィッツジェラルド『イギリス企業福祉論』に依拠している。

（44）フィッツジェラルド『イギリス企業福祉論』二八七頁。

（45）Williams, *The Firm of Cadbury 1831-1931*, p. 184.

（46）小関隆編『世紀転換期イギリスの人びと――アソシエイションとシティズンシップ』人文書院、二〇〇〇年を参照のこと。

（47）小関隆『近代都市とアソシエイション』（世界史リブレット）、山川出版社、二〇〇八年を参照のこと。

（48）Ernest Studd, *The University of Birmingham and the W.E.A., A brief amount of the contribution of the University of Birmingham and the*

W.E.A. to Adult Education in the West Midland Area, n.d., p. 18.

（49）Bournville Works Women's Council, Welfare and recreation Committee, Tuesday, November 11th., 1919, Report No. 9; Joint Welfare and Recreation Committee, Report of Meeting in the New Committee Room, Thursday, December 4th., 1919, at 3 p.m. Mondelez International Archive, Class 301, Acc. No. 002522, B. W. W. C., Minutes Book, Dec. 19th, 1919 to Dec. 10th, 1920.

（50）Mondelez International Archive, Employment record card, 1384 Hatfield, 1453 Goulding, 752 Mewis.

（51）奨学金としてキャドベリー社から支給されたのは、本来得られた賃金分の七五%であった。

（52）ただしこのコースに参加する学生が次第に減少し、大学は一九二三～二四年に学科を停止した。

（53）Cadbury Brothers, *Bournvill Works Magazine*, March 1918, p. 72; Bournville Works School Committee, Report of Meeting of Girl's Sub-committee, held on Friday, March 30th, 1917, p. 21, Mondelez International Archive, 363, 002308, Bournville Works Education Committee 1917-1918.

（54）Cadbury, *Experiments in Industrial Organization*, pp. 59-67.

（55）Reginald Williams Ferguson, "The Initiation School", *Welfare Work*, 5 (55), 1924, pp. 138-139.

（56）Cadbury, *Experiments in Industrial Organization*, pp. 60-63.

（57）Reginald Williams Ferguson, "The Education of prospective forewomen, an account of the method of training carried out by Messrs. Cadbury Brothers Ltd", *Welfare Work*, 6 (66), 1925, pp. 82-83.

（58）大学成人教育については、Lawrence Goldman, *Dons and Workers: Oxford and Adult Education Since 1850*, Oxford, 1996を参照のこと。

（59）Cadbury, 'Why We want education in industry', pp. 8-12.

第九章

障害者の就労と「民族共同体」への道
――世界大戦期ドイツにおける戦争障害者への職業教育

北村陽子

⚜はじめに

本章において、戦争障害者（Kriegsgeschädigte/ -versehrte）とは「軍務中の負傷・疾病により身体・精神障害をもつようになり除隊したもの」（全国援護法、一九二〇年、第二条）をさす表現であり、日本語でいう傷痍軍人だけではなく、従軍看護婦など非軍人の女性や、空襲など軍事行為の被害を受けた民間人も含む。とはいえ、戦争障害者の九割は軍人の男性であった(1)。

ドイツにおいては、第二次世界大戦期の戦争障害者に対して、「先の世界戦争」と呼びならわされた第一次世界大戦期を範として、国家主導で生活再建を第一とする援護体制が構築された。なぜなら、二〇代を中心として総数一五〇万人にのぼる戦争障害者が一挙に社会に満ちあふれたためである。彼らを社会に再統合するのは、資金難にあえぐ慈善などの個別の努力では困難であった。そしてそうした国家による援護の中心理念は、戦争障害者本人が、可能であれば就労することを通じて国家経済に参画し、自立した生活を営むことにあった。この理念は、すでに第一次世界大戦中の一九一五年にドイツ身体障害者扶助連合（Deutsche Vereinigung für Krüppelfürsorge：

以下、ＤＶＫ）理事のビエザルスキ（Kanrad Biesalski 1868-1930）の提言で確立されていた国家援護の方針「労働による自立」[2]を下敷きに、戦後の一九二〇年に制定された全国援護法（Reichsversorgungsgesetz）の核をなす方針とされ、それを継承して一九三三年に政権を奪取したナチ党が示したものである。

『二〇世紀ドイツにおける障害者』のなかでポーアは、ドイツ社会における障害者一般および戦争障害者のイメージを文化史的に分析した。それによれば、ドイツでは第一次世界大戦のときに国内での戦闘がなかったため、一九二〇年代には戦争障害者が戦争あるいは敗戦をもっとも色濃く表象する存在となり、また大量の戦争障害者が一九一九年以降に復員したため、人々の目についたという。そのように人目を引く集団、なかでも一番目立つグループである身体を欠損した戦争障害者たちは、グロス（George Grosz 1893-1959）、キルヒナー（Ernst Ludwig Kirchner 1880-1938）、ディックス（Otto Dix 1891-1969）といった画家たちの題材となった[3]。それらの作品は、彼らへの哀れみや敗戦による屈辱といった負の感情を生じさせるものとみなされた。しかし戦争障害者のなかでも精神障害を発症した除隊者たちは、第一次世界大戦前から労災保険の認定をめぐって問題視されていた「年金ノイローゼ」つまり詐病の疑いがかけられた。あるいは、国家援護の許認可権をもつ医師は、精神疾患を発症した除隊者たちを、第一次世界大戦の開始期からナチ期にいたるまで、遺伝病と断定することもしばしばであった[4]。

周知のように、ナチ党およびその独裁的な統治期（一九三三～一九四五年）は、アーリア人の「民族共同体[5]」に不適格とみなした集団を、安楽死や強制断種、そして強制・絶滅収容所での殺戮などによって、大規模かつ組織的に排除することを合法化する人種主義政策と障害者差別政策をとっていた。不適格とされた代表には、ユダヤ人のほかに障害者も数えられており、前者には国外退去や強制移送、強制労働、そして「最終解決（＝絶滅収容所での殺害）」という絶滅政策が、後者の障害者に対しては、同時期にコミュニティケアが発展したイングランドとは逆に、強制断種や安楽死などいずれも社会から排除する政策がとられている[6]。

このような極端な政策を掲げるナチ党は、他方で一九二〇年以降、「戦争障害者は第一の市民である」[7]というスローガンのもと、第一次世界大戦中に傷病を負った戦争障害者を称揚していた。「戦争のために自らを捧げたがゆえの障害者」として戦争障害者をプロパガンダの客体とみなしたナチ党は、「社会に有用であること」という党是をもとに「不適格」集団を排除した一方で、戦争障害者に対しては第一次世界大戦期から続く「労働による自立」方針を採用して、労働過程への再編、そして「民族共同体」への包摂をめざしたのである。[8]

本章の課題は、第二次世界大戦期の戦争障害者たちに対して、社会生活への復帰もしくは参入を促進するものとして、第一次世界大戦期のそれをモデルに取り組まれた職業（再）教育を例に、職業教育がもつ意味と機能、どのような効果が期待されたかをさぐっていくことにある。

以下まずは、ドイツにおける戦争障害者への国家援護の特徴をつかむために、欧米における傷痍軍人支援の歴史を見ておきたい。次にナチによる戦争障害者支援のあり方を理解するために、手本とした第一次世界大戦期およびその後のヴァイマル期の援護システムを確認し、それぞれの時期における特徴、とりわけ就労支援に関する共通点や差異を確認していく。続いて、障害者差別政策を推し進めたナチ期における障害者一般と戦争障害者へのまなざしを簡単にふりかえる。最後に、第二次世界大戦期の実際の職業教育の事例をいくつか示し、戦争障害者たちが就労した様子もあわせて提示する。これらから、第二次世界大戦期の戦争障害者への職業教育が、社会のなかでどのような意味をもったかを明らかにしたい。

本章の課題を達成するために利用する史料は、ベルリンにあるドイツ連邦文書館所蔵のナチ党関連の文書に加えて、官報（Reichsgesetzblatt）掲載の国家援護法の法文および戦争障害者支援を管轄する帝国労働省の省報新シリーズ（Reichs-Arbeitsblatt Neue Folge）上で報告される法文の解釈および適用例である。またナチ党の戦争犠牲者組織「ナチ戦争犠牲者援護（Nationalsozialistische Kriegsopferversorgung：以下ＮＳＫＯＶと略）」の機関誌『ドイツ戦争犠牲者援護』[9]一巻（一九三二年）から一三巻（一九四四年）および民間慈善団体の屋上組織であるドイツ公私扶助連盟の機関誌『ドイツ扶助連盟報告』[10]一一巻（一九三三年）から二三巻（一九四二年）所収の論考などを参照した。

第一節　第一次世界大戦期までの戦争障害者支援の系譜

ガーバーによれば、欧米における傷痍軍人（disabled veterans）支援は、古代ギリシア時代には国家による支援があったが、中世には親族間の相互支援か宗教施設における慈善活動が主流となった。封建的な主従関係がくずれてくる近世には、傭兵が中心の軍隊構成のもと、稼ぐ手段を奪われた傷痍軍人を収容する施設が、一六三三年のフランス・パリ廃兵院（Hôtel des Invalides）を皮切りに、一六八五年にイギリスでチェルシー病院（Chelsea Hospital）、一七四七年にはプロイセン王国のベルリンでパリのそれにならったアンヴァリッド（Invalide）がそれぞれ整備された。

これら戦争障害者のための施設とならんで、成人男子を徴兵する「国民軍」が創設されたフランス革命以降、傷病がもとで除隊したものたちには、市民生活に戻るにあたってハンディを負ったことに対する年金が支給されるようになった。フランスでは七月革命後の一八三一年に、プロイセン王国では三月革命期の一八四九年に、アメリカ合衆国では南北戦争開始直後の一八六一年にそれぞれ戦争障害者年金を導入している。これに加えてプロイセン王国では、対デンマーク戦争後の一八六五年に戦没兵士寡婦への年金も導入された。プロイセンのこの二種の年金は、その後北ドイツ連邦（一八六六年結成）、ドイツ帝国（一八七一年創設）に引き継がれた[11]。

これらの援助金や年金は、あくまでも戦場での働きに対する報奨であり、本人たちのその後の生活を支援することは想定されていない。生活を再建するための公的支援が実際に戦争障害者支援に組み込まれるのは、日々増加しつづける戦争障害者への対応が喫緊の課題となった、第一次世界大戦期であった[12]。

以下、戦時中のドイツの戦争障害者支援を簡単に見ておこう。

短期決戦が想定された第一次世界大戦初期のドイツにおける国家支援は、一九〇六年の軍事年金法にもとづいた軍隊階級別に規定された年金支給に限定されていた。終わりの見えない戦争中、時とともに増え続ける戦争障害者の生活を支えるには、軍事年金だけでは不足しており、それを補完する目的で、自治体や民間の慈善組織が社会支援を実践した。社会支援には、治療やリハビリなどの医療支援、変化した身体機能や能力にあわせた職業教育と就労斡旋、農村への移住支援が含まれる[13]。

これらの社会支援を中心となって実践したのは、平時における障害者への扶助を一手に引き受けていたDVKである。その理事ビエザルスキは次のように述べて、軍事年金に頼らず自らで生存保障するようにという持論を展開した。

> 克服しようという鋼の意志があれば、障害などないに等しい……戦争障害者は、再就職することで社会生活に復帰すべきである。なぜなら、われわれはオルゴールまわしをする戦争障害者の不名誉な姿は二度と見たくないからである[14]。

一八七一年の普仏戦争終了後に路上に増えたオルゴールまわしを教訓とすべきというビエザルスキの主張は、国家その他の公的支援の政策に取り入れられて、「労働による自立」とでもいうべき方針が確立されていった。

戦争障害者への社会的支援は、まず医療支援の範疇には、傷病を負ったものに前線の野戦病院や銃後の軍病院・民間病院における無料の治療のほか、リハビリと義肢使用の訓練の提供が含まれる。これら傷病を負った兵士は、治療ののち、軍務能力ありと認められればふたたび前線に配備され、就労能力が認められれば、（再）就職するために、身体能力を勘案したリハビリと義肢使用の訓練、それに職業教育を受けることとなる。軍務中に失明した除隊者に関しては、一九一五年に全国組織が結成され、その組織が作業所を併設した収容施設を設立したり、ベルリンのアンヴァリッドを改築した施設を運用するなど医療面から生活全般まで面倒をみた。このほか、戦争障害者への就労斡旋は、各自治体で特別委員会を立ち上げて取り組まれる課題となった。

他方で、精神障害の認定はなかなか下されなかった。戦争開始期には、精神障害は戦争を原因とするものではない、つまり多くの患者は、戦争の影響の有無にかかわらず、いつかは発症したはずの軟弱者たちだ、と考えられた。あるいは社会保険の一つである労災保険の導入以降に議論の的となっていた、年金請求のための詐病とみなす「年金ノイローゼ」の延長にあるもの、という見方も、多くの医師の所見に影響を与えた。そのため、戦争に起因する傷病とは認められにくく、精神障害を訴えた兵士には、電気ショックを与えて「正気」に戻し、前線に復帰させることもしばしばあった。[15]電気ショックを与えても「治癒」しない場合は、銃後の大学病院か民間の精神薄弱者施設に収容されることとなった。[16]

第二節　民間支援から国家援護へ――第一次世界大戦期以降の変化

第一次世界大戦の敗北ののち、ドイツでは国家目的のために動員された一五〇万人以上の戦争障害者に戦没兵士遺族を加えて四〇〇万人を超えた戦争犠牲者への援護は、一九一九年二月八日の全国扶助令第一条にもとづいて、「各州、自治体および民間団体の協力のもと、国が引き受けること」[17]とされた。

この法令制定後、ヴァイマル共和国の初期には具体的な援護法が議論されていくが、プロイセン州においては、同時並行で戦争障害者を含めたクリュッペル（Krüppel：肢体不自由者[18]）の公的支援に関する議論もすすめられた。

ビエザルスキに賛同するシュロスマン（Althur Schloßmann 1867-1932）は、一九一九年一〇月一五日の州議会の人口問題委員会で、大量に発生した戦争障害者への対応を早急にすべきだと主張した。「とくに戦争の直接・間接の影響を受けて障害者が急増していることに鑑み、彼らへの扶助を強化する必要がある。とりわけ早期発見、治療可能な障害者への対応、彼らの能力に応じた職業教育、必要な場合の施設への収容などをすべきである」[19]。

障害者支援において就労を重視するシュロスマンの主張は、一九二〇年五月六日に制定されたプロイセン州のクリュッペル支援関連法、なかでもその第九条が次のように規定されているところに明確に表れている。「クリュッペルとは、身体の重要な部分において、先天的にあるいは後天的に骨格、筋肉、神経が痛むか欠損しているか、または使用するうえで不都合を感じるかするものであり、一般的な労働市場においてその就労能力を損なわれているもの」をさす、と[20]。この条文からは、「戦争によって負傷・疾病により身体・精神障害をもつようになったもの」であっても、労働市場における就労能力がある場合は、要支援の「障害者」とは見なさないとする立法のスタンスがよみとれる。

そして一般の障害者のうち、労働などの形で社会に貢献できないものに対しては、きびしいまなざしが向けられた。一九二〇年には医師のビンディング（Karl Binding 1841-1920）とホッヘ（Alfred Hoche 1865-1943）が『生きるに値しない命』と題した著書のなかで、能力のない障害者を社会から排除する思想を強く主張している[21]。他方で、生産過程に参与する一般の障害者には「労働による自立」が適用され、その保護を目的にした重度障害者雇用法により、就労の際に優遇された。一九二〇年四月六日に制定されたこの全国立法は、就労不能度五〇％以上の重度障害者の雇用を行政機関や企業に義務づけたものである。その施行令（一九二〇年四月二一日）第一条は、就労者数二五人以上五〇人未満の事業所には一人以上、五〇人以上の場合は二人以上の重度障害者の雇用を義務化しており[22]、就労のむずかしい人々に自立手段を確保しようというねらいが明確に出ている。

これら就労とそのための準備・支援を中核にした戦争犠牲者への援護を全国レベルで一括して規定する全国援護法が、一九二〇年五月一二日に制定された。その第二一条では、除隊者は「社会扶助」として職業（再）教育を受けられる旨規定されている。

軍務中に障害を負ったものは、職業に就くうえで、あるいは始めたばかりの職業教育を続行するうえで著しくその能力が損なわれた場合、就業能力をふたたび獲得するための、あるいは能力を高めるために無料の職業教育を受ける権利を有する。期間は一年を上限とするが、必要な場合は期間を延長することもできる。職業教育への請求権行使の妥当性を決定するのは、戦争障害者・戦没兵士遺族のためのラント中央扶助局もしくは扶助局に委託されたセンターによる。この決定に対する異議はラント中央扶助局の諮問委員会に申し立てることとする。[23]

学業を終えていない若年層に関していえば、職業教育をこのように定めることは、はじめての就労をスムーズに進めるという教育政策とも関わる施策であった。

全国援護法による戦争障害者支援のうち、軍事年金の査定が、就労不能度にもとづいて算定されるようになった点、つまり軍隊階級と関連づけられなくなった点は、戦時中から比べると大きな変化であろう。全国援護法のもとでの年金査定の基準が、障害の種類・部位に応じた「どれだけ働けないか」をはかる就労不能度とされたことは、戦争障害者の生活再建が国家にとって急務であったことの表れである。年金は、生活再建に不可欠な就労がどこまで可能かを考えて、不足分を国からの援護年金という形で補うものと認識されていたのである。

一九二〇年一〇月一二日には、ドイツ全体で重度障害者の解雇制限法によって、戦争障害者の解雇には、戦争障害者支援の監督官庁であるラント中央扶助局の同意が必要であると規定された。[24] 以上見たように、戦争障害者が「労働による自立」をまっとうし、経済生活に（再）参入できるようにする措置がとられのである。[25] そして援護のための諸措置は、各自治体が実践し、州が調整・決定し、国が最終的な責任を引き受けた。

この全国援護法とならんで、一九二一年八月四日には、同年一月一日以降に除隊したものに対する年金等を定めた軍事援護法（Wehrmachtversorgungsgesetz）が制定された。この軍事援護法が適用されるのは、戦後のヴァイマル共和国軍（ヴェルサイユ条約で陸軍一〇万人、海軍一万五〇〇〇人に縮小される）からの除隊者、つまり戦時期の軍務による負傷者に限定されていないため、年金査定は軍隊階級に応じる戦前の方針を踏襲している。[26] それ以外の社会的援護は、全国援護法にならって国家が責任をもって行なうことが規定され、職業教育に関しては第六条で次のように定められた。

［下士官以下と兵卒に関して］法定の年限［三年］以前に軍務不能として除隊するものは、除隊後一年までは職業教育コースに参加する権利を有する。[27]（［　］内は引用者による。以下同じ）

第一次世界大戦後のドイツでは、全国援護法にしろ軍事援護法にしろ、軍務中の傷病にもとづく除隊者には、再就職のための教育を原則一年まで受けられるという社会的支援が保障された。その内容に関しては、当該の戦争障害者がもつ身体機能や前職、現在の就労能力によって決まったのである。

第三節　ナチ期の国家援護

この節ではまず、ナチ党の極端な排除政策の対象となった一般の障害者に対する社会からのまなざしを確認しておきたい。

一九二〇年に結成されたナチ党は、当初から人種主義を隠してはいなかった。それを色濃く反映した雑誌『新しい民族（Neues Volk）』（一九二六年創刊）は、一九二九年の世界恐慌がドイツ経済を破綻させたなかで、劣等と見なされた生まれながらの障害者に対する否定的な論調を前面に出すようになった。一九三二年には、「社会に有用であること」を充足できない精神障害者には断種が必要であると断じるまでになっていった[28]。

この考えは、ナチ党が政権を掌握（一九三三年一月三〇日）してからほどなく法制化されている。一九三三年七月一四日制定の「遺伝病の子孫防止法[29]」は、遺伝性疾患者たる遺伝性精神薄弱者、精神分裂病者、周期的精神病者、遺伝性舞踏病、遺伝性てんかん、遺伝性盲・聾唖、遺伝性強度肢体欠損および強度のアルコール中毒者の強制断種を合法化したのである。ポーレによれば、ナチ党党首のヒトラー（Adolf Hitler 1889-1945）は、「民族共同体」への有用性という観点から精神疾患者を社会から排除する思想を、自伝『わが闘争』において展開し、一九三五年頃からこうした精神疾患者の安楽死を構想していた。そしてその構想を実行すべく戦争が間近になった一九三九年五月には、安楽死の準備を始めたという。このとき最初の対象者に選ばれたのは子どもたちで、彼らは開戦よりも一ヵ月以上も前の一九三九年七月二五日に犠牲となっている。第二次世界大戦の開戦直後の一九三九年九月下旬には、大人たちの安楽死（のちT４作戦に継承）が開始された。終戦までに犠牲となったのは、少なくとも二六万七〇〇〇人であった[30]。後述するように、一九三九年三月には戦争障害者の要件から精神疾患が外されたため、「精神障害をもつ戦争障害者」は存在しなくなる。そのため、ナチ党はそのプロパガンダで、戦争障害者には支援と名誉を約束し、生まれながらの身体障害者は労働できる限りは「民族共同体」に潜在的に有益な存在と見なして、労働による奉仕を要請した。他方で遺伝性の精神疾患者をはじめとして戦争中あるいは戦後に精神疾患者となった除隊者も含めて、労働できないものは社会に不要な存在とみなした[31]。

「遺伝病の子孫予防法」によって、第一次世界大戦の戦争障害者のうち、遺伝性疾患者の範疇に含まれた疾患をもつようになったものたちは、もはや戦争障害者に数えられなくなった。具体的には一九三四年七月三日および一九三九年三月三一日の全国援護法改正法で変更されている。以下、それぞれの規定をくわしく見ていこう。

一九三四年の改正法では、戦争障害者への手当として前線で戦闘に加わっていたものに「前線手当」が追加された反面、戦争障害者の就労不能度の要件は「直接の戦闘行為による傷害」に限定された（第一条第一項）[32]。そして一九三九年の改正法は、年金受給に関する第二四条で、戦争障害者として年金を受給できる要件を、「直接の戦闘行為により就労能力が減じたもの、あるいは身体の障害で深刻な影響を受けたもの」と明記した[33]。これらの法律によって、一九三〇年代半ばに精神障害を理由として援護取り消しが決定されたのは、ドイツ全体でおよそ一万六〇〇〇件あった。とはいえ、精神疾患は戦争に由来する障害と認定されにくかったため、すでに一九三三年以前から精神障害をもつ戦争障害者に年金が支給される例は少なくなっていた[34]。精神障害を戦争による障害から除外することは、一九三四年七月の改正法で暗示され、一九三九年三月の改正法で確定されたのである。

ヴァイマル期以降の除隊者を対象とした軍事援護法（一九二一年制定）に関しては、一九三五年三月一六日の徴兵制再導入により、軍隊の増強にともなって除隊者の増加も見込まれたことから、一九三八年八月二六日に国防軍扶助・援護法（Wehrmacht - Fürsorge - und - versorgungsgesetz）と改められた。国防軍扶助・援護法で変更された支援給付の内容は、軍務中の障害者あるいは開戦後には戦争障害者と認定されたものに、その障害の程度に応じて、軽度のⅠ類（就労不能度四〇％まで）、中度のⅡ類（同四〇〜六〇％）、重度のⅢ類（同六〇％以上）に区分されて支給される障害手当金と、あらたに導入された労働登用不能者年金からなる[35]。この労働登用不能者年金は、完全に就労不能と認定されたもののみを年金受給の対象者とする年金をさす。完全に就労不能となったもののみが受給できるとしたこの年金規定は、就労できる除隊者はどんな形であれ就労すべきとする労働至上主義ともいうべき方針を示しているといえよう。(36) 障害手当金と労働登用不能者年金の併用はまた、過去の犠牲の証である傷病の度合いではなく、労働によってどれだけ「民族共同体」に貢献できるかという有用性が、戦争障害者を「評価」する指標となったことを示している。(37)

ここで注意を要するのは、国防軍扶助・援護法では当初から「軍務中の負傷・疾病」に精神障害が含まれなかったことである。一九三四年七月および一九三九年三月の全国援護法改正法で、精神障害をもつようになった第一次世界大戦の除隊者が戦争障害者の範疇から除外されたのと同様に、一九三八年八月制定の国防軍扶助・援護法は、人種主義を奉じるナチ党の方針を反映して、精神疾患を遺伝病にすぎないと断じ、軍務中の、あるいは一九三九年七月に改正法が施行されて以降は、戦争による障害とは認定しなかったのである。

給付要件がこのように厳格化された軍事年金規定と対をなすのが、より多くの権利が認められた就労支援である。「移行期支援」と名称を変えた就労支援は、その第三二条と第三三条で次のように定められた。

第三二条　一二年の軍務を予定している下士官は、軍務中に国防軍の専門学校で民間の職業のために教育を受ける権利を有する。国防軍司令官の許可を得たものは、除隊後に一年を上限として専門学校教育に参加する権利を有する。この教育については専門学校修了証が交付される。

第三三条　法定の軍務［三年］を終えた兵卒は、民間の職業を探す場合、必要であればそれを援助される……法定の年限を務めた兵卒、あるいは軍務不能として除隊した兵卒は、就労斡旋センターによって優先的に職の斡旋を受けることができる。自由意志にもとづいて法定年限以上を務めた兵卒も優先的に職の斡旋を受けることができる。そのための証明書は除隊前に所属部隊から交付される。五年まで務めた下士官についても同様である。それ以外の下士官および将校については、国防軍入植者として新しいドイツ領［オーストリア、チェコスロヴァキアなど併合した東欧地域］

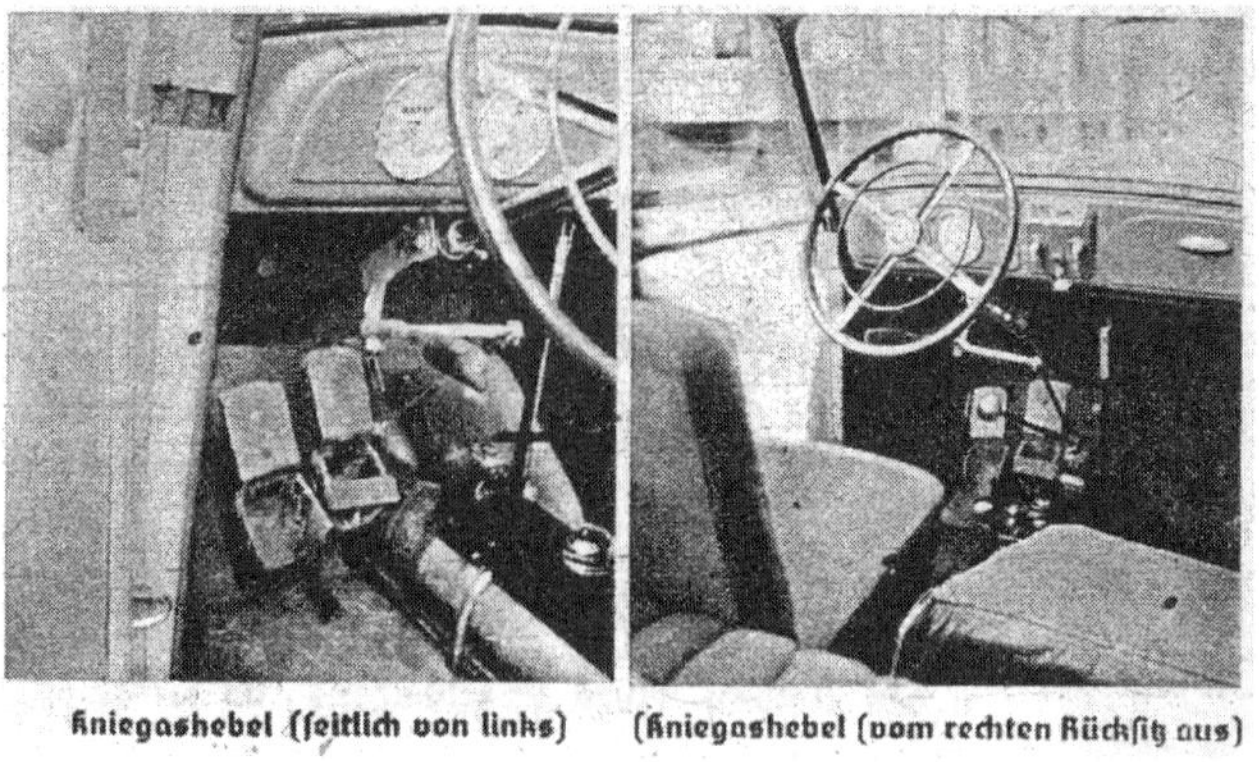

図 9-1　膝で操作するアクセルペダル（左：運転席の左側から、右：右後ろから）
出典：*DKOV*, Jg. 7, Folge 9 (1939), S. 27.

への植民を、また行政職への雇用を優先される[38]。

先に触れたように、国防軍扶助・援護法の性質上、労働可能な戦争障害者が受給できるのは障害手当金のみであり、年金は労働不能な場合に限り受給が認定されるため、障害を負って除隊したものたちの生活再建には、彼らへの（再）就職支援が重要となる[39]。

戦争障害者たちに可能な限り「労働による自立」を促すために、すでに戦間期から戦争障害者の身体機能に合わせた補助器具がいくつも開発されている。たとえば両脚を切断した戦争障害者でもすべてを手で操作して動かせる自動車を、ＢＭＷやダイムラーなどのメーカーが開発しており[40]、義手・義足をうまく使いこなす訓練をした重度の戦争障害者がこうした特別仕様車を用いて運転手として就労する道筋も確立されていた[41]。そのほか、片手あるいは片腕切断者のために、タイプライターの改行ボタンを膝で操作できる後付けの器具が開発されていた。タイプライターについては、利き手・利き腕を失ったもの、指損傷のものなどさまざまな欠損者のための教本もいくつか出され、職業教育コースで利用されていた[42]。

以上、ドイツにおける戦争障害者への国家援護の流れを見てきたが、第一次世界大戦を経験したことで、ドイツの公的支援がより広く、そして手厚くされたことが見て取れるであろう。同時にナチ期には党のイデオロギーに従って、精神障害を患うものが戦争障害者の範疇から除外されたことも、その時代の政治情勢を考えれば不可避であった。いずれにせよ、戦争障害者の身体機能を補うさまざまな器具の開発がすすめられ、第二次世界大戦がはじまるまでに戦争障害者が選択できる職種がわずかに広がったといえる。

第四節　第二次世界大戦期の職業（再）教育

第二次世界大戦が勃発した一九三九年九月一日以降、国防軍扶助・援護法の適用を受ける戦争障害者は、軍務不能のために除隊したのち、まずはラント中央扶助局、あるいは大都市ではその下部組織である自治体の扶助局で、職業（再）教育が必要かどうか、の判断が下された。

障害手当鐘の支給分類でいえば、軽度のⅠ類に関しては、すぐにも就労可能と判断され、自治体の労働局で職の斡旋をうけることとされた。中度のⅡ類および重度のⅢ類に関しては、ラント中央扶助局あるいは自治体の扶助局で職業（再）教育の適性や機関などを考慮した判断が下され、出身地での訓練コースに参加することとなる。なかでもⅢ類は、一九二〇年制定の重度障害者雇用法にもとづいて、行政官吏として斡旋を受けるなど、いくらか優遇された[43]。

では職業教育にはどのようなものがあったか、具体的に事例をあげて見ていこう。

まず、戦争障害者がどのような訓練コースを受講するか（あるいは受講可能か）を決めるために、たとえばフランクフルト・アム・マイン市（以下、フランクフルト）ではヴィースバーデン市にあるラント中央扶助局の管轄下で、市行政内部に委員会を立ち上げて審議することとなった。この担当部署は援護委員会と命名され、軍医、国防軍の扶助担当将校、それに市労働局・市扶助局・市教育委員会の各代表から構成された。この委員会は、戦争障害者の一人一人と面談して、前職および身体能力を考慮したうえで、就労の斡旋か職業教育を受講するのであればどのコースにするか、その期間などが決められた。このフランクフルト援護委員会で、第二次世界大戦開始後から一九四二年八月七日までのおよそ三年間に再就職のための面談をした六二〇人のうち、前職に戻ったものは六一・四五%、前職に関連した職に再就職したものは二二・二六%、あらたな職に就いたものは七・五六%であった。(44)

前職に復帰できない戦争障害者たちへの職業教育の内容を、同じくフランクフルトの例から具体的に見てみると、参加者全員が共通で受講する一般教育（左手［利き手でない方の手］での書き方、タイプライター、ドイツ語、算術、代数学など）およびナチ党のドイツ労働戦線（Deutsche Arbeitsfron：以下、ＤＡＦと略）［一九三三年にナチ党が国内の労働組合を解体し、その組合員を組織し直した団体］教育、そして戦争障害者の適性にもとづいて決められる専門教育からなっていた。専門教育は、機械組立、電機技術、工芸、建築、食品・服飾、商業の六つのうちから一つを選択できた。(45)一九三九年一一月に設置されたこれらのコースは、はじめは六ヵ月で習得することを想定していたが、一九四〇年四月より四ヵ月で修了するようあらためられた。

専門教育は、陸軍病院でのリハビリと並行して受講することもでき、フランクフルト市内の病院では、上記六つの専門教育のうち技術と商業が選択できたという。一九四二年四月から一一月の期間には、一九三名が技術職および商業コースに参加した。

六つの専門教育のうち、商業コースについて立ち入って見てみよう。受講者数は一九四〇年九月九日から一九四一年一月三〇日までに十二名、一九四三年末までの総数は一三〇名を数えた。商業コースのカリキュラムは、ドイツ語での速記（三五時間）、タイプライター（二〇時間）、商業算術（二五時間）、簿記（二二時間）、経営学（二〇時間）、営業文書の書き方（一〇時間）、産業史・社会保険（二六時間）、スペイン語（一〇時間）、となっている。修得期間終了時に各科目で筆記試験と口頭試問に合格できれば修了証を授与される。一九四三年末時点では一二二名が試験に合格して修了証を受け取った[46]。

ドイツ全体に目を転じてみると、視覚障害者については、すでに一九三四年には全国立法によって、ラント中央扶助局が職業（再）教育のための施設に斡旋することが規定されていた。開戦後の一九三九年秋には、視覚障害者用の陸軍病院も設置され、治療およびリハビリと並行して職業（再）教育を受けられるようになった。コースには、身体機能を高めるスポーツコースや点字あるいはタイプライターの訓練をするものもあった。点字・タイプライターに関しては、六〜八週間の訓練ののち、習熟度を講師が、身体機能を医師が確認してから、あらためて就労相談をして、各人の出身地で職業教育を継続できる、あるいは適性がないと判断された際には異なるコースに変えることとなった。視覚障害を負った戦争障害者のうち、ベルリンでは一九四二年までにタイピストとして五〇〇名が就労している。そのほか、電話交換手、マッサージ師、官吏として就労するものもあった。また高等教育を受けたい場合には、マールブルクにある視覚障害者用の高等教育機関で学ぶ道もあった[47]。

農業労働者だった戦争障害者には、除隊後三週間は農具を身体機能的に扱うことができるか、耕作作業ができるかなどの基礎的な訓練を行なって作業可能かどうかを見きわめ、可能と判断されれば一四日間にわたって義肢などを用いた農具操作法を学ぶことになる。操作法習得が難しい戦争障害者のために、大型の農作機械の操作コース（六週間）や農場経営を学ぶコース（一二〜二六週間）も設置された。これらすべてに適性が認められなければ、最長一年まで、農業以外の職種で適合する職業教育を受けることができた[48]。身体機能上の問題で農具の使用が難しい場合は、農場の管理人、農場の収支を管理する簿記を身につけるほか、作付けの手伝いや開墾の補助、造園師、森林管理員、木こりなどのさまざまな農業に関連する職があったため、入隊前に農業に従事していた戦争障害者たちは、農業に関わる労働に就くことも少なくなかった[49]。

一九四三年になると、特に若年層（二〇歳未満）の戦争障害者のなかで特定の分野で秀でたものには、特別の職業教育コースを設置することが、ＤＡＦと帝国青年指導部とのあいだで合意された。一九四三年四月一三日付の回覧によれば、特定の分野とは金属加工業、建築、服飾、商業、経営などのことで、帝国の施設で九日間にわたって適性を検査することと、各コース三五～五〇名ほどとすることが、各ラント中央扶助センターに通知された。この一環で、一九四三年六月一日付の回覧では、党組織であるナチ福祉団（Nationalsozialistische Volkswohlfahrt：以下、ＮＳＶと略）に、より重度の障害を負った戦争障害者のために、軽度の戦争障害者を福祉ヘルパーとして養成するコースも設置された。講習を受ける前の見きわめで適性なしと判断されたものは、エンジニアや工芸専門学校など別の職業教育のコースが紹介された[50]。

しかしこうした職業教育と就業斡旋の努力は、第一次世界大戦期と同様に、実際に（再）就職するという「成果」にはそれほど結びつかなかった。一九四〇年三月三一日の国勢調査では、職に就いていた戦争障害者は三三万五〇七六人であり、全就労者一四三八万二〇〇〇人の二・三％程度であった。雇用が優先されていた重度障害者に限ってみても、就労者数は二万人程度である[51]。就労率がそれほど上がらなかったのは、戦争障害者に斡旋されるポストが、第一次世界大戦期からは増えたとはいえ種類が限定されていた上に、数もそれほど多くなかったためである。それゆえ、就労しない（できない）戦争障害者は、家族の世話になるしかなかった。

第五節　社会からのまなざしと当事者の思い

一九三九年の第二次世界大戦勃発によって、戦争障害者が日々増え続ける事態にたいして、陸軍衛生局上級医師リューエ（Ernst Rühe 生没年不明）は、「労働能力のある、障害を負った兵士はすべて労働に就くべきである[52]」と述べている。なぜなら「国防軍扶助・援護法のねらいは、年金による補償ではなく、除隊した兵士を市民的な生活に戻すことにある」[53]からである。あるいは国家による援護政策の議論において指導的な役割を担ったヴトケ（Max Josef Wuttke 生没年不明）は、「第一次世界大戦期から、きちんとした労働は重度の戦争障害者にとっても治療の役割を果たすといわれている……現下は労働力不足であるため、それを補う意味でも戦争障害者が就労することが望ましい……適切な労働ポストを得た戦争障害者は、労働の喜びと経済的な成果という意味での賃金を得る」[54]と述べて、戦争障害者本人にとっても国民経済にとっても戦争障害者が就労することの必要性を強く主張した。いずれの主張からも、第一次世界大戦中にビエザルスキが唱えた「労働による自立」方針が、第二次世界大戦期にはいっそう明白な形で継承されたことが見て取れる。

その際に注意すべきは、一九四三年三月一八日付の帝国労働省回覧で各ラント中央扶助局に伝達されているように、戦争障害者には十分に面談して就労斡旋は慎重に判断する必要があった点である。いわく「職の斡旋が早すぎるのは当事者にとってはむしろ悪であり、労働の喜びを感じられるように適切な職を斡旋する必要があり、重度のⅢ類相当の戦争障害者も、適切な職に（再）就職できるようにするためには早期から適切に職業教育をする必要がある」と[55]。また一九四三年一〇月一三日付の党機関紙『攻撃』でも、同様に「すべての戦争障害者が、職業・経済生活で立場を確立できるようにする」[56]ことが早急に求められている。また社会事業に携わるものたちの目には、「戦争障害者自身も、同情されたくない思いをもち、自らを労災で障害を負うようになったものと同列視して、職場に参入する強い意欲をもっていた」[57]ように映ったのである。

当事者たちは実際に就労することに対してどのように考えていたのか。いくつかの事例を、ＮＳＫＯＶの機関誌『ドイツ戦争犠牲者援護』から取り上げてみよう。

第一次世界大戦期の戦争障害者ヴァース（Adolf Waas 生没年不明）は、人々が戦争に疲弊しつつあった一九四四年に、「われわれ戦争障害者が特殊な存在にはなりたくない、というのは本質的な考えである。そして戦争障害者のために「特別な仕事」枠をもうけるのは、善意にもとづくものであろうが、本人たちにとって見たら、望ましいものではない[58]」と特別扱いをよしとしない当事者の立場を明確に示した。彼はさらに続けて、戦争障害者としてあるべき姿を次のように提案した。「戦争障害者は、生まれながらの障害者に比べて、入隊前に就労していたものも多くいるであろう……彼らの今後の生活には、この経験が不可欠である。なぜならわれわれ戦争障害者は、何もしないで周りに甘やかされるのは望まないからである。ただ周囲の人々は、戦争障害者が自分でできる喜びを見守ることの必要性を理解していても、実行するのは難しいのが現状である……しかし強調したいのは、戦争障害者は彼に適した労働があれば普通に生活できるということである。現下の戦争による戦争障害者たちも、戦争障害者として特別な存在になることは望まないであろう[59]」と。

ここで、「現下の戦争」の戦争障害者となったある若者の例をあげておこう。もとは林務官をめざしていたヴェツィヒ（Hellmuth Wetzig 生没年不明）は、前線で手榴弾の爆発に巻き込まれて一八歳と半年で左足を膝上で切断せざるをえなくなった。林務官になる夢がかなわなくなり、たいへんなショックを受けたが、少し方向を変えて、自然に関わる職業を探した結果、農業を学ぶことにした。職業教育のうちに三ヵ月ほど農業簿記も学んだ彼は、職業教育コース修了後、一年半は各地の農家を回り、その後一年半、農場管理者として働いて経験を積んだ。こうしたいわばインターン期間には、切断した左足につけた義足に慣れるのにまず時間がかかり、また義足をつけて作業する大変さも感じた。これらの経験ののち、ある農場で管理者として一六〇モルゲン（一モルゲンは三〇アール）の農地の面倒をみるまでになった。さらに学びたいと考えた彼は、その後、大学にも四年通っている。そんな彼は、自分と同じように足を切断した戦争障害者たちに向けて、まだ自分のできる可能性に気づいていない、自分でいろいろ試してできることを探すべきである、と語っている。

彼自身は、仕事のかたわら障害者スポーツの試験も受けている。それは三〇〇メートルの水泳、五キロの行進、一キロの速歩、砲丸投げ、高跳びである。彼は最後に戦争障害者として生活を充足させる、七つの心構えを挙げている。それは、「一、まだ完全な健康体であると考える、二、義足を付けて速く走ることに早めに慣れる、三、「上手に」走れるように心がける、四、注意深く手足の切断面をケアする、五、歩ける時間を長くするように努力する、六、体を動かして贅肉がつかないようにする、七、ほどほどの生活を心がけて健全な心を保つ、である」[60]と。

このほか、入隊前に習得していたのであれば、木材加工の職人として義手・義腕を用いることで復職できた戦争障害者もいる[61]。戦争障害者への職業教育や就労斡旋、およびそのための補助器具の開発・製造などは、「生まれながらの、あるいは労災による障害者」を労働登用する際にも適用することが、ナチ期に社会事業にたずさわった人々からも重視された。それによって、「ドイツ民族の就労能力喪失を最低限にすること」が社会事業の目標とされたのである[62]。

こうしたある種の成功例は、戦争障害者全体からしたらごくわずかである。多くはヴトケがいうように、「除隊した後の戦争障害者は、現実とこれまでやってきた経験をふまえた職の希望との間のギャップに苦しんでいる。とくに重度障害者は、これまでできたことができなくなると、劣等感をもつようになる」。しかし社会からのまなざしは、「労働不能年金をもらうだけで満足するのはよくないことであり、生きる意欲と労働する意志をもつこと」[63]を戦争障害者たちに強要した。

では戦争障害者の家族は障害者となって戻ってきた夫や兄弟などに対してどのような感情をもったのであろうか。

パウラ・Lの夫は、召集前にすでにドレスデン銀行で働いていた。一九四三年に東部戦線で凍傷を負ったために両足を膝下で切断された夫は、内地の陸軍

図 9-2　フライス加工（右手が義手）
出典：*DKOV* Jg. 13, Folge 1/2 (1944), S. 8.

病院に入院していたが、週末ごとに帰宅する際、義足のないときには看護婦に車いすで連れてこられ、月曜日に迎えに来てもらっていた。週末の滞在中に空襲警報が鳴ったときは、地下の防空壕までパウラが夫を背負って降りていき、また部屋に戻ってくるという重労働をしなければならなかった。夫がもとの職場に復帰すると、通勤の便を考えて夫本人は叔父の家に部屋を借りていた。週末にパウラたち家族のもとに戻ってくるときは、近所の農夫に頼んで五キロほど先の駅まで荷馬車を出してもらって電車を待たなくてはならなかった。パウラは、この一日がかりの仕事は義母と子どもを抱えた身にはたいへんな負担だった、と述懐している(64)。

戦時中に前線で精神疾患を発症した兵士の家族の思いはさらに複雑なものであった。彼らの家族は、その「恥」と強制断種されることへの恐れから、できる限り精神疾患を隠そうとした。たとえば一九二〇年生まれのアンネ・Eは、ボランティアで赤十字の補助員として駅に到着した傷病兵を手助けしていた。それら傷病兵のうち神経虚脱と思われる除隊者たちは、到着後すみやかに全員が隠ぺいされたという。その彼女の兄もフランスで戦時中に奇行が目立ち、神経虚脱と診断されて除隊した。家に戻ってきたとき、家族は強制断種される可能性を考慮し、彼を家に閉じ込めた(65)。

戦争障害者の家族は、彼らが戻ってきてよかったという反面、日々の生活のなかでは、家事・育児そして空襲という戦時の行動に加えて、戦争障害者の介護が増えるため、重荷に感じることもしばしばであった。パウラ・Lのように、夫が就労していても、彼を移動させるのに多大な労力が必要となるため、負担感が強かった。そしてアンネ・Eの兄のように、帰還しても労働不能の場合、妻やほかの家族が就労して生活を支える必要があったため、負担感がなおさら増した例もあった。

⚜おわりに

ドイツにおいて戦争障害者は、第一次世界大戦期以降、国家援護の対象であったが、ただ国家からの年金で面倒を見られる客体としてではなく、「労働による自立」方針にもとづいて（再）就職することが求められた。それぞれの戦争障害者の就労不能な部分を相殺する年金は、心身の障害度合いに応じて決められたが、精神障害については、第一次世界大戦中からあまり認定されてこなかった。ナチ期に入って、「遺伝病の子孫予防法」により、生まれながらの精神疾患者の断種が合法化されたことは、全国援護法（一九二〇年制定）の一九三四年と一九三九年の改正法に見られるように、第一次世界大戦期の戦争障害者を認定する要件から精神疾患者を除外することとなった。この流れで、軍事援護法（一九二一年制定）を引き継いで一九三八年に制定された国防軍扶助・援護法は、当初から精神障害を戦争障害者の就労不能度査定の対象に数えてはいない。労働するものを「民族共同体」に包摂するナチのイデオロギーは、戦争障害者の認定範囲にも強い影響を及ぼしたのである。

さらに、国防軍扶助・援護法で規定された金銭給付である障害手当鐘と労働不能年金のうち、後者は完全な労働不能であった場合のみに支給されるものである。したがって第二次世界大戦期の戦争障害者は、第一次世界大戦のときの戦争障害者に比べて、金銭給付額が少ないケースが多かった。第二次世界大戦期の戦争障害者たちは、よりいっそう「労働による自立」を実現する必要に迫られたのである。たしかに戦争障害者向けにさまざまな就労支援が用意されてはいた。しかし実際に（再）就職することは容易ではなく、戦争障害者たちは、「民族共同体」の一員でありつづけるための条件である就労が十分に果たせず、自らの希望と現実とのギャップに苦しみ、失意のうちにくすぶるものも多かった。

［付記］本研究の一部は、日本学術振興会科学研究費助成事業基盤研究（C）（研究課題番号二六三七〇八八一）『二〇世紀前半ドイツにおける戦争と社会国家――ナチ期の家族政策を手がかりに』（研究代表者　北村陽子）の助成によるものである。

注

（1）*Statistisches Jahrbuch für die Bundesrepublik Deutschland*, Berlin 1953, S. 83; 北村陽子「「傷ついた父親」は家族の扶養者たるか——第二次世界大戦後西ドイツの戦争障害者」辻英史・川越修編『歴史のなかの社会国家——二〇世紀ドイツの経験』山川出版社、二〇一六年、八三～一〇七頁、ここでは八四頁。

（2）労働による自立については、北村陽子「社会のなかの「戦争障害者」——第一次世界大戦の傷跡」川越修・辻英史編著『社会国家を生きる——二〇世紀ドイツにおける国家・共同性・個人』法政大学出版会、二〇〇八年、一三九～一七〇頁、特に一四四および一五七頁を参照。

（3）Carol Poore, *Disability in Twentieth-Century German Culture*, Ann Arbor: The University of Michigan Press, 2007, pp. 20-24.

（4）Stephanie Neuner, *Politik und Psychiatrie: Die staatliche Versorgung psychisch Kriegsbeschädigter in Deutschland 1920-1939*, Göttingen: Vandenhoeck & Ruprecht 2011, S. 14-15, 323.

（5）近年、「民族共同体」概念はナチ時代の現実ではなくナチ党が結党（一九一九年）以降示してきた理想・将来の約束であり、その実現のためにナチ党は排除政策を実行したこと、またヴァイマル期には社会民主党など左派も、「全国民」の意味でこの用語を使っていたことが明らかにされている。さしあたっては、Martina Steber / Bernhard Gotto, *Volksgemeinschaft* im NS-Regime: Wandlungen, Wirkungen und Aneignungen eines Zukunftsversprechens, in: *Vierteljahrshefte für Zeitgeschichte*, Jg. 62, Heft 3, 2014, S. 433-455を参照。

（6）Poore, *Disability in Twentieth-Century German Culture*, p. 68.

（7）Nils Löffelbein, *Ehrenbürger der Nation. Die Kriegsbeschädigten des Ersten Weltkriegs in Politik und Propaganda des Nationalsozialismus*, Essen: Klartext 2013, S. 277-278; 石田勇治『ヒトラーとナチ・ドイツ』講談社現代新書、二〇一五年、一〇二頁。

（8）Poore, *Disability in Twentieth-Century German Culture*, pp. 67, 71.

（9）*Deutsche Kriegsopferversorgung (DKOV)*.

（10）*Nachrichtendienst des Deutschen Vereins für öffentliche und private Fürsorge (Nashrichtendienst)*.

（11）David A. Gerber, Introduction: Finding Disabled Veterans in History, in: David A. Gerber ed., *Disabled Veterans in History*, Ann Arbor: University of Michigan Press, 2000, pp. 1-3, 17.

(12) Deborah Cohen, *The War Come Home. Disabled Veterans in Britain and Germany, 1914-1939*, Berkeley/ Los Angeles/ London: University of California Press, 2001, pp. 9-10.

(13) 加来祥男「第一次世界大戦期ドイツの戦傷者・軍人遺族扶助（一）」『経済学研究所（九州大学）』六九巻一・二合併号、二〇〇二年、一～二五頁、ここでは四頁。

(14) Konrad Biesalski, *Kriegskrüppelfürsorge, ein Aufklärungsort zum Trosten und zur Mahnung*, Leipzig/ Hamburg: Voss 1915, S. 138-139; 北村「社会のなかの「戦争障害者」」一四四頁。

(15) 上尾真道「こころの動員――包摂装置としての戦争精神医学」山室信一ほか編『現代の起点　第一次世界大戦　第二巻　総力戦』一八五～二〇九頁、ここでは一八九頁、一九八～二〇二頁。

(16) 北村「社会のなかの「戦争障害者」」一四六頁。

(17) *Reichsgesetzblatt (RGBl)*, 1919, S. 187.

(18)「肢体不自由者 Krüppel」の定義と社会における位置づけについては、中野智世「社会事業と肢体不自由児――近代ドイツにおける『クリュッペル』保護事業」山下麻衣編著『歴史のなかの障害者』法政大学出版局二〇一四年、二一七～二六三頁を参照。

(19) Arthur Schloßmann, *Die öffentliche Krüppelfürsorge. Das Preußische Gesetz vom 6. Mai 1920 nebst den Ausführungsbestimmungen*, Berlin: Heymann 1920, S. 1.

(20) Ebenda, S. 10-11.

(21) Karl Binding/ Alfred Hoche, *Die Freigabe der Vernichtung lebensunwerten Lebens. Ihr Maß und ihre Form*, Leipzig Meiner 1920［カール・ビンディング／アルフレート・ホッヘ（森下直貫・佐野誠訳著）『「生きるに値しない命」とは誰のことか――ナチス安楽死思想の原典を読む』窓社、二〇〇一年所収］.

(22) *RGBl*, 1920, S. 591-592, hier S. 591.

(23) *RGBl*, 1920, S. 995.

(24) *RGBl*, 1920, S. 1787.

(25) 北村「社会のなかの「戦争障害者」」一五五頁。

(26) James M. Diehl, *The Thanks of the Fatherland: German Veterans after the Second World War*, Chapel Hill: The University of North Carolina Press 1993, p. 43.

（27）*RGBl* 1921, S. 993-1020, hier S. 995.
（28）Poore, *Disability in Twentieth-Century German Culture*, p. 101.
（29）*RGBl* 1933, Teil I, S. 529-531.
（30）Poore, *Disability in Twentieth-Century German Culture*, pp. 86-89.
（31）*Ibid.*, p. 68.
（32）*RGBl* 1934, Teil I, S. 541-544, hier S. 541.
（33）*RGBl* 1939, Teil I, S. 661-680, hier S. 667; Diehl, 1993, pp. 39, 257; 北村陽子「戦間期ドイツにおける戦争障害者の社会的位置」同志社大学人文科学研究所『社会科学』第四巻第一号、二〇一〇年、五五〜七五頁、ここでは五九頁を参照。
（34）Neuner, *Politik und Psychiatrie*, S. 38-39.
（35）Max Wenzel, Die Entwicklung der Kriegsopferversorgung, in: *Zentralblatt für Reichsversicherung und Reichsversorgung*, 1941, S. 211-215, 230-237, hier S. 231.
（36）北村「戦間期ドイツにおける戦争障害者の社会的位置」六二頁。
（37）Diehl, *The Thanks of the Fatherland*, p. 45.
（38）*RGBl* 1938, Teil I, S. 1077-1124, hier S. 1085-1086, 1097-1098.
（39）*Die Deutsche Sozialpolitik*, Jg. 54/54 (1944/45), S. 74.
（40）Hauptmann a.D. Drausnick, Die Autoindustire und die Motorisierung der Schwerkriegsbeschädigten, in: *DKOV*, Jg. 6, Folge 9 (Juni 1938), S. 18-22.
（41）Hauptmann a.D. Drausnick, Schwerkriegsbeschädigte Kraftfahrer haben das Wort, in: *DKOV*, Jg. 6, Folge 7 (April 1938), S. 18-19, Jg. 6, Folge 8 (Mai 1938), S. 18-20.
（42）Dr. Hans Papke, Maschinenschreiben für Einhänder, in: *DKOV*, Jg. 12, Folge 7/8 (April/ Mai 1944, S. 9-11.
（43）Wenzel, Die Entwicklung der Kriegsopferversorgung, hier S. 231-232.
（44）*Institut für Stadtgeschichte Frankfurt am Main (IfS)*, Akten des Schulamtes 7270.
（45）北村陽子「両次世界大戦期ドイツの戦争障害者をめぐる保護と教育」橋本伸也・沢山美果子編『保護と遺棄の子ども史』昭和堂二〇一四年、二六九〜二七五頁、ここでは二七二頁。
（46）*IfS*, Akten des Schulamtes 7270.

(47) Soziale Fürsorge für Kriegsblinde, in: *Nachrichtendienst*, Jg. 23 (1942), S. 152-155.

(48) Die Betreuung der aus der Landwirtschaft stammenden versehrten, wehrdienst - und einsatzschädigten Soldaten, in: *Nashrichtendienst*, Jg. 23 (1942), S. 52-54, hier S. 52-53.

(49) Dr. W. Thonke, Kriegsbeschädigte und Landwirtschaft, in: *DKOV*, Jg. 12, Folge 1/2 (Oktober/ November 1943), S. 8-10, hier S. 8-9.

(50) *Bundsarchiv Berlin (BArch Berlin)*, NS 37, Nr. 1011; Die Betreuung der aus der Landwirtschaft stammenden versehrten, wehrdienst- und einsatzschädigten Soldaten, in: *Nashrichtendienst*, Jg. 23 (1942), S. 52-54, hier S. 52-53.

(51) *Statistisches Jahrbuch für das deutsche Reich 1941/42*, Berlin 1942, S. 410, 629.

(52) Die Wehrmachtfürsorge und - versorgung (Fortsetzung), in: *Nachrichtendienst,* Jg. 22, 1941, S. 228-231, hier S. 228.

(53) Die Wehrmachtfürsorge und - versorgung, in: *Nachrichtendienst*, Jg. 22 (1941), S. 209-212, hier S. 209.

(54) Max Wuttke, Gesteigerte Berufsfürsorge, in: *DKOV*, Jg. 10, Folge 3/4 (Dezember 1941/ Januar 1942), S. 8-9.

(55) *IfS*, Akten des Wohlfahrtsamtes 1755.

(56) *BArch Berlin*, NS 5 - VI, Nr. 1154.

(57) *Die Deutsche Sozialpolitik*, Jg. 53 (1944), S. 91.

(58) Adolf Waas, Kriegsbeschädigrte, in: *DKOV*, Jg. 13, Folge 1/2 (Oktober/ November 1944), S. 3-5, hier S. 5.

(59) Ebenda, S. 3-5.

(60) Dr. Hellmuth Wetzig, Trotz Beinamputation die Landwirtschaft erlernt, in: *DKOV*, Jg. 12, Folge 9/10 (Juni/ Juli 1944), S. 11-12.

(61) Erhard Dobberstein, Hand - und armbeschädigte Holzwerker bleiben im gelernten Beruf, in: *DKOV*, Jg. 13, Folge 1/2 (Oktober/ November 1944), S. 7-8.

(62) *Die Deutsche Sozialpolitik*, Jg. 53/54 (1944/45), S. 74.

(63) Max Wuttke, Zur Psychologie des Kriegsbeschädigten, in: *DKOV*, Jg. 12, Folge 3/4 (Dezember 1943/ Januar 1944), S. 6-8.

(64) Margarete Dörr, *Wer die Zeit nicht miterlebt. Frauenerfahrungen im Zweiten Weltkrieg und in den Jahren danach. Bd. 2: Kriegsalltag*, Frankfurt am Main/ New York 2007 (2. Aufl.) S. 206-207.

(65) Ebenda, S. 207.

COLUMN 4

障害児の就労支援

ドイツ・クリュッペルハイムの職業教育

中野智世

ドイツにおいて、肢体不自由児に対する職業教育が始まったのは一九世紀末のことである。当時、肢体不自由者は「クリュッペル」と称され、主にキリスト教系慈善団体が設立した施設「クリュッペルハイム」が、「クリュッペルの子どもたち」を集めて、キリスト教的訓育と外科的治療、そして職業訓練を三本柱とする療育事業を展開した。施設の子どもたちは、治療を施されながら施設内学級で初等教育を受け、一定の年齢になると職業訓練を受けて「自らの手で日々のパンを稼ぐ」ことをめざした。

当時、こうした子どもたち――特に男児――にふさわしい職業とされていたのは手工業職人である。自分のペースで仕事をすすめることができ、その成果がはっきり目に見えること、また、コツコツ努力することが評価され、腕さえよければ健常者との競争にも負けないことがその理由であった。大規模なハイムには自前の工房が設けられ、さまざまな職種の親方が指導にあたった。下肢に障害があっても上肢が健常であれば靴職人、仕立て屋や家具職人、より重い障害の場合にはブラシ製造や籠細工、植字工など、障害の程度・特性にあわせて手に職をつけ、最終的には独立自営の親方になることがその目標であった。

もっとも、すべての子どもがこの目標を達成できたわけではない。障害によっては、「熟練の技」の習得自体が高いハードルであり、検定試験に合格して親方になれる子はわずかであった。そこで、従来の職人養成だけでなく、工場労働を想定した職業訓練コースも次第に設けられるようになっていく。職人こそがクリュッペルの理想の職業であ

ベテスダ・クリュッペルハイムの靴製造工房

出典：Klaus-Dieter Thomann, *Das behinderte Kind; „Krüppelfürsorge" und Orthopädie in Deutschland 1886-1920*, Stuttgart /Jena/N.Y. 1995, S. 115.

るとの意見は根強かったが、ネジを締めるだけといった単純労働や簡単な機械の操作であれば、障害の重い子どもでも習得可能であること、また、職人に比べて育成がはるかに短期間で済むことなどがそうした流れを後押しした。一九二〇年代になると、教会の聖具や高価な装飾品の製作など、高度な技術を要する熟練職人の育成や、非熟練の工場労働者をめざす短期の職業訓練など、職業教育の内容も多様化していくことになる。

さて、こうして何らかの技能を習得した後、クリュッペルの子どもたちは実際に「日々のパンを稼ぐ」ことができたのであろうか。世界恐慌下の一九二九年、あるクリュッペルハイムで行われた卒業生へのアンケートをみると、親方あるいは熟練工として十分な収入を得、結婚して家族を持つものがいる一方で、苦しい生活ぶりを訴える回答も少なくない。工業製品の普及によって職人仕事の需要が低下するなか、ハイムで学んだことは「ほとんど役に立たず」、「さあ、ついに自分で食べていけるぞと思ってから二年間、何の仕事も稼ぎもありませんでした」と嘆く靴職人、あるいは、「他の職人と同じだけ働いているのに、明らかに少ない賃金しかもらっていません。……親方は一番腕のよい職人を選べるのです。クリュッペルが来ても、仕事はもらえないか、安く使われるかです」と差別的待遇への不満を訴える回答もある。ハイムの職業教育が独立自営の親方を理想としたのは、まさにこのように、「人に使われ」、「雇用される」立場では、障害のある子どもが不利になることを危惧したためであった。しかし、現実の労働市場の論理のなかで、クリュッペルの子どもたちが自活できる職を手にすることは容易ではなかったといえよう。

参考文献

中野智世「社会事業と肢体不自由児——近代ドイツにおける『クリュッペル』保護事業」山下麻衣編著『歴史のなかの障害者』法政大学出版局、二〇一四年、二一七～二六三頁。

Marum Olga, „Ueber berufliche Verhältnisse früherer Krüppel-Lehrlinge", in: *Krüppel und Beruf. Ausbildung und Erziehung des Krüppels zum Beruf*, Bigge-Ruhr 1930, S. 150-170.

終　章

教育支援研究のゆくえ／おわりに

三時眞貴子

⚜はじめに

本書は、「福祉と教育」の接点となる領域に関心を持つ研究者による共同研究の成果である。構想から八年、本格的に共通の課題を設定して共同研究を開始してから三年という長きにわたる議論と研究をまとめたものである。序章における問題設定はもちろん、個々の論考においても、単独では難しかったと思われる論点の提示や議論の展開が盛り込まれている(はずである)。とはいうものの、われわれの共同研究の成果がどのようなものであったのかについて、すべて読んでいただいた読者の判断に丸投げするというのはいささか心もとない。そこで蛇足になるかもしれないが、本書を閉じるにあたって、序章で示された課題と九本の論文、それを補足する四本のコラムが示してきた教育支援をめぐる「歴史的事実」を踏まえて、本書が示すことのできた論点と残された課題について整理したい。ここでは個々の論考の個別的な論点（序章では個々の論文の研究史上の意義が明快に整理されている）には触れない。さらにわれわれ（とりわけ本章を担当する三時）が見落としている重要な論点や課題もあるだろう。それらについては今後の課題として読者の方に引き取っていただければ幸いである。

第一節　共同研究の成果と課題

❖選抜基準の引き直しと社会への包摂

本書の作成過程において、われわれを最も悩ませたのは、結局、それぞれの活動は何を支援したのか、という問題であった。序章で明示されたように、本書が対象としたのは家族・労働・福祉の問題が複合的に重なり合う教育支援の現場であり、その様相を明らかにしようとすればどれか一つを取り出して検討することのできない領域であった。そのため、その目的も複合的で「支援者側の意図」としても明示することは難しかった。結果として各研究において支援の目的として主として何が問われたかに基づき、第Ⅰ部では「生命（命と生活可能性を問題にする支援）」、第Ⅱ部では「生活（生活の質を問題にする支援）」、第Ⅲ部では「生計（労働市場との関係が問題とされた支援）」という言葉でそれをあらわした。それらはいずれも「人が生きること」すなわち「生存」の問題と結びついている。本書のサブタイトルにもなっているこの「生存」という言葉は、大門らの主張する「「生存」の歴史学」から学んだ言葉である。[1] 大門は「生存」を、「人々が生きることを仕組み（歴史的諸条件）とかかわらせて議論しようとするもの」と定義している。[2] 本書では序章で展開したように、「生存」を人々が「主体」となって生きようとする姿とその人間的な要求を承認し共に生きようとする他者とのつながりから捉えている。われわれが教育支援の現場を分析することで問うたのは、まさに「生きることの仕組み」としての教育の役割であり、仕組みを構築する過程あるいは仕組みの中でもがきながら生きようとする人々の姿であった。

本書ではこれらの目的に関わる活動の中のとくに教育に関係すると捉えた支援に焦点を当てた。おそらく第Ⅱ部の就学支援や第Ⅲ部の職業教育／企業による教育の提供は「教育」という言葉で表すのに非常にわかりやすい活動内容であろうが、第Ⅰ部の内容を教育支援とあらわしていいかについては異論があるかもしれない。本書の作成過程においてもこの点は議論になった。結論から言えば、われわれは次の二点からこの問題もまた、教育に関わる支援だと捉えた。一つは、里子や孤児の養育はもちろん、家族生活の規範化やそうした規範への誘導もまた教育に関わる問題と捉えることができるという理解である。すなわち、第Ⅰ部でとり上げた非嫡出子あるいは家族が危機的な状況にある子どもたちの生命を守るための支援は、誰がそうした子どもたちを養育するのか、という問いを含む、子どもの養育への（さらにはその後の教育への）アクセスをめぐる問題であった。当然のことながら、そこでは家族のあり方が問題とされ、家族規範の伝達が教育による支援の一つになった。もう一つは序章で述べられたように「教育を受ける権利＝学習権」が「人権中の人権」としてあらゆる人権の中で最も重要なものの一つとみなされている状況の中で、それを成り立たせるための命の保証もまた、「教育支援」の文脈で議論すべきではないかという考えである。生命保護は福祉的な領域で、その後に展開される養育・育児は教育と福祉の領域で、学校教育は教育の領域だと捉えるのではなく、いずれも切り離せない福祉と教育にまたがる問題として検討したいという思いである。

どの活動を教育支援と捉えるかに関して、われわれが注目したのは支援者が「これらの活動は被支援者にとって支援となる」と認識したがゆえに活動が展開された点である。というのも、支援者がどんなに被支援者に必要なことだと認識していても、被支援者が同じように思うとは限らないし、また常に被支援者にとって「有益なもの」となるとは限らない。たとえ被支援者やその家族が望んでいたとしても、あるいはそこに被支援者の主体的な学習活動が含まれたとしても、展開される支援のシステム・全体はあくまでも他者からの働きかけであり、被支援者の自発的な「自己教育」とは異なる。もう一点、前提としたのは、実際の支援活動の場面ではすべての人に対して行われたのではなく、なんらかの「条件」が課され、それに合致すると判断された者だけが支援の対象となったという点である。本書ではこの二つの前提を踏まえて「支援」という言葉を使用した。

本書の内容を三部に分けて論じたからといって、各論考で取り上げた活動が、実際にこの三つのうちの一つだけをそれぞれ支援したということではない。第Ⅱ部第六章（河合隆平）が取り上げた「みのり学級」では、生活の質と関わる教育支援とともに、その前提となる生命の支援が行われていたことや、第四章（大谷誠）で取り上げた職業訓練を行う「職業センター」が、同時に重度・中度の精神薄弱者にとって家庭外でのほぼ唯一の学びの場所であり、ケアを受ける場所であったという点からもわかるように、複合的な意味を持つ教育支援の中で、各論考の執筆者が最も注目したい問題という点から、「緩やかに」三部に分けた。さらに何を支援「し得たのか」については、個々の活動によって全く異なっていたし、誰にとっての支援か、ということですら一概には言えなかった。「何を支援したのか」という問いの複雑さを実感しつつも、各論考の中で強く意識されたのは、選別の基準がなんども引き直される中で、誰にとっての何を支援しようとしているかという目的もまた、捉え直されるという実態を示すことであった。序章で示したように、「支援に値する者」と「値しない者」という選別とその結果生まれる排除の構造が支援活動に組み込まれていたことは、これまでの先行研究でも提示され、われわれもそれを前提としていたが、しかし実際には、「教育への支援と教育からの排除」という単純な文脈には収まらない実態を示すこととなった。すなわち、たとえ「救済に値する者」として被支援者が支援を受けたとしても、支援の過程において被支援者と社会とをつなぐ道筋にはいくつもの断絶と乗り越えるべき壁があり、被支援者と支援者はその度に、新しい選別過程に直面したのである。

たとえば第一章（江口布由子）で示されたように、「子ども引き取り所」に預けられた子どもたちは、「感染症」の有無をチェックされた後、医師と心理学者による観察によって適切な処遇を決められるという、選別システムによって分類されたが、しかし処遇が決定してもなお、スムーズに社会に受け入れられたわけではなかった。「秩序」志向の「ブルジョワ家族モデル」を受け入れているとみなされた里親との暮らしの中で、里親によっても選別され、養育が困難だと判断されれば、頻繁に「返却」されたからである。社会への包摂を目指して導入された「福祉を通じた教育」は、結果的には子どもの養育環境の不安定化を招いていた」（四五頁）という江口の指摘は、「排除の機能」が支援を受けられるかどうかの入り口だけではなく、折に触れて何度でも行われ続けたこと、そして支援の提供がすなわち社会への包摂を意味するのではないという実情を明らかにした。

第七章（三時眞貴子）では、マンチェスタ認定インダストリアル・スクールにおいて、職業技術の習得に加えて、あるいはそれ以上に、労働者としての意識や習慣、勤勉さを身につけることが重視されたことが示されたが、それはとどのつまり、学校を出た後も子どもたちが働き続けるためのものであった。規定で決まっていたとはいえ、職業教育を提供するだけではなく、就職先が決定してから社会に送り出し、その後も就職先での子どもたちの状況を丹念に訪問調査するという方法は、「教育を受けた」だけでは、労働市場に送り出したことにならないという、ある意味当たり前の事実を突きつけている。親からネグレクトされ、貧困に喘いでいた多くの浮浪児が、インダストリアル・スクールへと送られることで、命をつなぎ、基礎教育と職業教育を受けることとなったが、しかしインダストリアル・スクールで教育を受けただけでは、貧困から脱する手段を身につけたとは言えなかった。彼らが自ら生計を立てて生きていくためには、労働市場との接合が決定的に重要であり、教育と就労とを結びつけるという次の段階を経なければならなかった。こうした一見繋がっているように見える教育と就労との断絶は、第九章（北村陽子）でもコラム3（岡部造史）でもコラム4（中野智世）でも同様に明らかにされている。就労が「自立的」な社会への包摂の重要な要件ともなっていると捉えるならば、職業教育を労働市場と切り離された教育機関の中に落とし込んできた歴史的展開の意味について、就労という観点から改めて問う必要があるだろう。

支援が被支援者と社会をつなぐ媒介になるとは限らないことを最も明確に、そして残酷に示しているのが第二章（岩下誠）である。カトリック信仰の強いアイルランドにおいて未婚の母が生き続けようと思うなら、「どのような手段であれ、実の子どもとの関係を完全に断ち切ることによってはじめて保障された」（七一頁）という指摘は、追い詰められた状況の中で個々人が命に優先順位をつけながら生き抜いてきた実態を突きつけている。政策決定を行う国家や強い影響力を持った教会以上にコミュニティの持つ社会的通念や差別意識が、個人の選択に決定的な力を有していたこと、その結果、子どもの命や生活が脅かされ犠牲にされた状況は、児童虐待や中絶の問題を取り上げるとき、あるいは「こうのとりのゆりかご」や児童養護施設の子ども達の進学問題について議論されるときに、常に立ち現れてくる現代的な課題でもある。支援を提供する国家や民間組織の意図とは異なっていたとしても、現実的には親（母親の場合が多いが父親やその他の家族も含めて）を救うのか、子どもを救うのか、という二者択一にならざるを得ない状況は、誰かにとっての支援が誰かの社会で生きる道を奪い去る可能性を示唆している。支援に付随する選別が入り口だけではなく、支援をする過程、あるいはその後において何度も行われ、その基準が引き直されるという状況のなかでは、支援が被支援者を社会へと包摂する機能を持っていたと単純にとらえることはできない。すなわち教育支援を受けたことで教育機会が保証され、ひいては社会への包摂が実現するという単純な構造とは異なる現実がそこにあった。

だからといって、教育支援が何もなし得なかったというとそうではない。むしろ被支援者と社会との間にある断絶と壁をいかにして乗り越えるのか、という試行錯誤や葛藤が行われたからこそ、何度も選別基準が引き直されたとも言える。それを行ったのは支援の担い手たる「媒介者」であり、直接的に被支援者と関わった人々であった。本書が明らかにしたように、彼らが常に被支援者に寄り添っていたという楽観的な見方をすることはできない。しかしながら常に支援のための選別者として被支援者の前に立ちはだかる壁であったわけでもなかった。とりわけ第六章で示された「花明・木の花学園」の職員、「みのり学級」の教師たちの姿は、行政によって「教育に値しない」と選別された重症心身障害児を社会・地域へと繋げていこうとする奮闘の姿であった。彼らは本校である亀岡小学校・中学校の教師たちの「みのり学級」への参加や本校の保護者たちに対する授業参観、本校の生徒たちとの交流を通して、「媒介者」を増やし、本人たちの学びの充実と地域への包摂を可能にした。第五章（倉石一郎）が明らかにした高知県の福祉教員の活動やそれを支持する人々の言説からも、第八章（土井貴子）が示したキャドベリー社の社長、ジョージ・キャドベリー・ジュニアの「広い意味での教育の欠落」によって無知と疑念が沸き起こり、労働者と経営者の対立が起きるのだという理解からも、またコラム２（内山由理）で示された二〇世紀初頭の就学督促官の「仕事ぶり」からも、学びの世界から遠ざけられていた人々に学びへのアクセスをいかにして提供するのか、という社会への道筋の再構築が「媒介者」によって行われていたことがみてとれる。このことは「選別基準の引き直し」を排除という点からだけではなく、社会への包摂という視点からも捉えることの重要性を示唆している。

✤「教育の複合体」内部の力学・関係性

本書は国家や地方自治体、教会だけではなく、慈善組織や企業、個人による活動もその対象としているが、それぞれの活動を国家や行政との関係の中で位置付けることも同時に意識した。結果として、ほとんどの論考で、序章で整理されたように多様なアクターが並存し、時に相互補完的にも関係性を結んでいた「教育の複合体」とも呼べる様相を示すこととなった。と同時に（複合的に教育支援を行っていたからこそ、と強調したほうがいいかもしれないが）国家の論理あるいは特定のイデオロギーや特定宗派の理念によってだけではなく、「市民社会や任意団体もまた独自の排除の構造を持つこと」も確認された。この点は序章でも論じられた通り、先行研究に対する批判的論点として重要なものであろう。その一方で誤解を恐れずにいえば、各論考で取り上げられた活動を「教育の複合体」としてとらえるならば、公的機関による支援と任意団体や個人による支援とを区別して論じる必要性は見当たらない。もちろんそれぞれのアクターの役割や関係性について検討することは非常に重要であり、その解釈に公的権力か否かという点は少なからず作用するだろう。また「複合体」の中で公的権力がどのように位置付くかについて論じることも必要なことだと思われる。しかしながら公的機関であろうとなかろうと、ある問題に対処するためにどのような活動を行ったのかの具体を明らかにする際に重要なのは、各アクターが活動した場・空間を一つのものとして捉える視点であろう。こうした考え方に基づいて、各論考では出来うる限り、一つの問題に対して複数のアクターが同時に関わっていたという多様性にとどまらず、それぞれのアクター間の関係や関わり方の違いあるいは共通性を示すことを試みた。第五章が先鋭的に明らかにしたのは、長欠児対策において、主として部落において行われた福祉教員による就学支援とそれ以外の地域で諸エージジェントが担っていた対策や就学支援との間に「ぬぐいがたい温度差」があったことである。さらにまた第三章（姉川雄大）で示された「道徳性」を重視した「生産的支援」が福祉の主体としての国家に独占されるものではなく、宗派的民間組織においても同様だったという指摘、第七章で描かれた国家全体に適用される法律の制定によって、実際には地方の慈善組織、行政、地域がそれぞれの役割を果たしながら共に浮浪児の処遇と教育に携わっていた実態、あるいは第八章が端的に示した企業による公教育システムの利用は、複合的であったという指摘だけでは見えてこない、多様な「複合体のあり方」を示すと同時に、実際の現場で働いた力学や論理を明らかにすることの重要性を示唆している。

「教育の複合体」内部の関係性や営みに着目すると、そこに立ち現れてくるのはシステムというよりはむしろ人々の集合体としての姿であった。公的権力によるものであれ、任意団体によるものであれ、被支援者と直接関わる人々がおり、彼らこそが「支援に値する」か否かの判断や処遇の内容・結果に大きな影響を与えた。たとえば選抜基準が特定の家族規範（第一章）やカトリックという特定宗派（第二章）であったとしても、最終的な判断基準はきわめて恣意的なものとなったし、多くの場合、「家庭環境」（第五章・第七章）や「困難」さ（第一章）、あるいは「信頼できるか、できないか」（第三章）など、判断する個人の認識にかなりの部分を負っていたのである。

たとえば第三章では、ハンガリーの全国民家族保護基金による家族に対する「貸与支援」の実態が明らかにされたが、その際に支援を求める家族は、「支援に値する」とみなされるために返済能力があることを示す必要があった。返済能力とは一定の収入や抵当となる所有物のみならず「健康、勤勉、努力家、仕事好き、きちんとした」（九一頁）人物であり、「道徳的」に問題ないことを意味した。支援可否の判断は、対象家族を直接訪問したソーシャルワーカーによって行われた。すなわちソーシャルワーカーが「信頼できる」と判断すれば「支援に値する」とされたのである。さらに第八章で指摘された基礎学校での成績の持つ「信頼性」はこの点においても非常に示唆的である。キャドベリー社では従業員の選考においては基礎学校での成績が重要な選考基準の一つであったが、それは単に「成績がよい」ということの確認ではなく、それが家庭環境を判断する基準にもなっていた。すなわち「高い学力水準を獲得している子どもは、学校の出席率も高い。学校の成績は、子どもを毎日学校に送り出すことができる良好な家庭の子である証だとの判断があった」（二三七頁）のであった。この点は学校の成績という一見、子ども本人の個人的能力を問題にしているように見える「数値化された基準」を採用しつつ、実際には「良き家庭」に育ち、「学校で規律や従順さをしっかり身につけている」という数値化できない側面を選考の基準にしていたことを意味している。さらに、「家庭の状況（とりわけ経済的状況）が子どもの学力に影響を与える」という、現代では批判的に語られる現象が、キャドベリー社では、自明のこととして捉えられ、逆に「良き家庭」で育ったことを個人の利点であるとして、積極的に採用時に活用していた点は非常に興味深い。

もちろん被支援者が「媒介者」から一方的に判断を下されたわけではなかった。第三章の例では「信頼できる」

と判断してもらうために、訪問時に家族はいろいろな戦略を練っただろうし、第四章で描かれたように、活動方針に同意できない場合は、自ら支援を断る家族もいた。また第二章の救済組織から距離を置いて自分と家族の力で問題に対処した未婚の母の事例は、「媒介者」のみならず「当事者」も支援を受けるかどうかを決める過程にさまざまな形で参加したことを意味している。この点において被支援者のみならず、家族もまた、選別過程の中に取り込まれていたという点は改めて指摘しておくべきだろう。第四章が暴き出したように、精神福祉中央協会が親の「協力性」を障害児の支援を有効なものにする必須の条件とみなし、ロンドン州参事会が自分たちに「協力的」でない親を批判し、結果として、障害児が支援の対象から外れていく様子は、まさにこの点を明らかにしている。

教育支援において、家族をどのように位置づけるのかという点は何度も議論されるほど、非常に個別具体的な文脈を必要とする論点であった。家族を対象とした支援ではもちろんのこと、家族支援ではないにもかかわらず、家族が選別の基準になるという事例は、第五章でも第七章でも述べられている点であり、二〇世紀前半のイングランドでは「家族によるケアこそが最も安価な社会福祉であった」（一二八頁）と認識されていたという第四章の指摘からも、「労働による自立」を謳われたドイツの戦争障害者の生活が、結局は家族によって担われていたという第九章の指摘からも、「家族」なしの教育支援は成り立たなかったようにみえる。第六章が真正面から描いたように、教師、保護者、地域の人々がともに関わることを通して、共通理解を図っていく姿は、家族の位置付けとして非常に「理想的」であるように思われる。だからといってそれは簡単に成し得たことではないし、軽々しく三者の協力が重要だと「説く」ことなどできない現実があったことも事実である。この「理想的なあり方」が保護者の筆舌に尽くしがたいほどの苦悩と苦闘のうえにこそ成り立ち得たこと、医療支援と教育支援の違いを根気強く医療関係者に伝え続ける教師たちの気の遠くなるような「日常」があって作られていったことを忘れてはいけない。その一方で、第一章、第二章、第七章が示したように、家族がいない、あるいは養育能力がない家族のもとに育つ子どもたちを、国家や慈善組織、地域社会が家族・親に代わって社会に送り出すための支援を行おうとする活動において、親権や親・保護者の関与のあり方が全く異なる文脈で捉えられている状況もまた、それぞれの時代、社会固有の文脈で、社会へと人々を包摂するために「家族」に期待された社会的役割や家族と社会との関係性を問うことの重要性をあらためて示している。

⚜科学的選別基準／戦争・総力戦の影響

本書の制作過程において当初から重要だと意識された共通課題は、科学的な知識・学問領域およびテクノロジーが支援に及ぼした影響と「戦争」が支援自体や被支援者に対するまなざしに与えた影響である。第一章や第四章、第七章、第九章で指摘されたように、何度も選別基準が引き直され「支援の再定義」が行われる中で、「支援に値する」かどうかの判断には医療専門職や心理学者などによる「科学的」証明を必要とした。イデオロギーや宗教に加えて「科学」的知見が選別基準にどのような影響を与えたのかを問うことは非常に重要なことである。とりわけヘンドリックが指摘するように、一八八〇年代から世界的に「子ども研究運動」とも言えるような観察や分類を用いて子どもに関する知見が蓄積されていく状況の中で[3]、第四章で整理されたような「精神薄弱」の定義の模索や、とりわけ第一章で詳述されたように、「孤児」「浮浪児」「犯罪少年」「非行少年」「障害児」「長欠児」「不就学児」「怠学児」など、本書が取り上げた教育支援の対象となった子どもたちが「科学」によって分類、整理され、処遇されていく様は、支援の持つ意味を「科学」的観点から検討することの重要性を示唆している。本書では、こうした重要性を念頭に置きつつ、個々の論文で「科学」的知見やその専門家達と支援や選別との関わりを示すことを試みた。第三章で展開された「地域社会が担っていた慈善・福祉の諸活動の生産的社会政策による再編成は、在地社会のパターナリスティックな権力関係を損なうものとならず、むしろそれはそのまま「科学性」による新たな正統性を付与されて働き続けるものとなった」（九七頁）という主張は「科学」が単に選別する基準であっただけではなく、公共活動の正統性の担保として利用されるようになっていたことを示している。この点に関わってザーラが強く主張するように、第一次世界大戦から第二次世界大戦に至る間に行われた、国際的な子ども救済活動における子どもの精神面のケアというまなざしが、子どもに対する観察からもたらされた「科学」的知見に基づいており、それがナショナリズムや宗教上のイデオロギーと結びついて「利用」されていたという点は非常に示唆的である。[4] 同時期は精神衛生学や優生学が子ども達の生命や教育に強く影響を及ぼした時期でもある。こうした点を踏まえた各国個別の事象の検討とともに、国際的な枠組み・学問的な展開の中での分析も今後の課題である。

　本書で対象とされた時期は一九世紀末から二〇世紀後半にかけてである。その中で両大戦期を対象とした論文は六本、コラムは二本ある。多くの論考で強調されたのは、総力戦体制の中で、「労働能力」あるいは「生産性」、社会にとって「役に立つ」、「社会にとって有用であること」が重視された点である。たとえば第九章が明快に述べるように、「戦争のために自らを捧げたがゆえの障害者」である戦争障害者は、戦争を鼓舞するプロパガンダの中で「第一の市民」として位置づけられ、労働市場への再編が国家によって目指される。すなわち「戦争障害者」が実際の「生産性」だけではなく、戦争遂行にとっての「有用性」といった観点から政策の対象になったことを意味する。一方、同論文で述べられたようにドイツにおいて精神障害は、戦争に関係なく発症している「軟弱者」とみなされ、身体に障害を負った戦争障害者とは全く異なる対応、すなわち電気ショックを与えて「正気」に戻して前線に復帰させたり、それでも治癒しない場合に病院や施設に収容されるという処遇を受けた。対照的に、第四章が論じたように、イギリスにおいて精神障害は、「科学」的知見に基づいて国家による政策の対象と位置付けられ、重度・中度の精神薄弱児に対しても教育支援が行われた。しかしながら「戦争」を契機としてその状況は一変する。「総力戦体制下で、白痴者や痴愚者はその知能の欠陥から最も役に立たないとみなされ、そのうえ、その病が正常な状態へ回復する見込みがないと認識されたために、彼らへの対策の緊急性が低いと判断されていた」（二二七頁）とする指摘は非常に重要な論点を提示する。すなわち、「科学」的知見によって「支援に値する」とみなされた障害者を、仮に「役に立たない」とみなす人がいたとしても、平時であれば公的な正当性を持たなかったのだが、「戦争」によってその理解に正当性が与えられ、個人的な意識ではなく国家的な利益のためには当然の論理として公的な活動に適応されていったと捉えることができる。

「戦争」による教育支援に対する影響について各論考で個別に論じられた一方で、課題も残る。先の第四章の指摘や第三章が示唆しているように、「科学性」と「戦争」は非常に密接な関係を持っている。この両者を絡めた議論がほとんどできなかった。さらにまた紙幅の関係もあるが、本書全体として「戦争」の影響について議論することがなかなかできなかった。本研究の年度当初からの共通課題の一つは、当該支援と国家との関係性、あるいは国内の多様な教育支援体制における当該支援の位置づけについて整理することであったが、さらにその枠組みに「戦争」という時代性を加えるとどのような姿が描けるか、この点を本書において真正面から議論できなかったことは非常に残念である。コラム1（中村勝美）が述べるように、政府が一貫して戦争による「一般の犠牲」の中に原爆被害者を組み込もうとし続けた結果、「戦争の犠牲者」として注目された原爆孤児もまた、国家による支援からは排除されたことや、「家族も住む家も、地域のつながりも一瞬にして失った子どもたちが、その後の人生をどのように生きぬいたのか、戦後の繁栄と平和さえ過去のものになりつつある現在、忘れずに語り継いでいくことは難しい」（一〇六〜一〇七頁）という指摘は、国家の安全保障に関する政策が断行されていく現在の日本において、改めて「戦争」と教育支援との関係を問うことの重要性を投げかけている。

第二節　共通の問題意識と時代性――「おわりに」に代えて

本研究の出発点は先述の通り、八年前に遡ることができる。比較教育社会史研究会の若手部会として立ち上げた「福祉と教育部会」がそれである。本書の編者でもある三時と岩下の連名で出した「福祉と教育」部会の設立趣意書には、以下のような問題関心が記載されている。

この［福祉と教育の］区分された領域の関係を実証的に考察することで、福祉的、教育的役割の構造を明らかにし、「教育すること」の意味を問い直してみたいというのが本部会の出発点である。その際、問題としたいのは、「福祉」か「教育」か、あるいは慈善的な活動か国家による政策かという二項対立的な動きではない。養育や教育に関わる人・機構・システムが、それぞれの公共性概念を持ちながら、多様な目的で、多彩な活動を行っていた実態を明らかにしながら、それぞれが負っていた（あるいは負わされていた）責任が何であったのか、そしてそれをどのように実行したのかということである。（［　］内は引用者による。）

おそらくこうした問題意識を共有したのには、私たち三〇代後半から四〇代前半の研究者が経験した研究状況にある。それはわれわれが教育学・教育史の研究に触れた時にはすでに「近代教育批判」が研究史の中に強い影響力を持って位置付いていたことである。われわれの一部は教育系の学部と大学院を終えた者であり、それ以外の人々も「教育」に関する研究をする中で、イリイチの『脱学校論』でなされた議論や、ブルデューらが指摘した学校が特定の文化を持つ人々を再生産するという文化的再生産論、フーコーが論じた学校の規律・管理システテムと権力論は必ず学ぶ「先行研究」であり、インパクトを持ってというよりもむしろ、当然の批判として理解した(5)。こうして近代教育システムは、批判の対象として眼前に示され、もはや諸手を上げて「善きもの」としては語れないというのは自明のことであった。

その一方で、教育について学び始めるとすぐに、教育現場から発せられる「綺麗な言葉で語られる教育論」や教育現場に対して投げかけられる「不信と依存」に満ちた言説も聞くことになった。「綺麗な言葉で語られる教育論」の中には、欺瞞や建前ではないのかと退けられない説得力を持った迫力ある言葉もあったし、過剰な期待を寄せるからこその「不信」的な言葉を見て取ることもあった。こうした状況に、私（三時）は研究上ではすでに批判するのが自明となっている近代教育システムについて、「善きもの」として語る、あるいはそう見なしているように思われる言葉が向けられる「違和感」を常に感じていた。とりわけ「権力」や「暴力性」を持つ教育に対して、献身的なケアと善意による福祉という構図が出されるたびに、「違和感」が強まった。両者はそんなに違うのか、何を持って違うとするのか、管轄の違いや担い手の違い、ということではなくて、もっと本質的に教育と福祉を分かつ何かを探したい、「教育と福祉」部会を立ち上げた当初はそのような思いを抱いていた。

しかしながら部会での議論を重ねる中で、教育と福祉は切り離せないものであり、行政システムや教師とソーシャルワーカーといった資格を持つ人々の違いではなく、目的や具体的な活動から教育と福祉の違いを問うこと自体がそれぞれに付けられた社会的イメージに引きずられているのではないかと考えるようになった。というのも、研究会での各報告では、教育の現場には常に生存に関わる福祉的な活動があり、福祉の領域でも常に人として過ごすための学びがあったからである。研究会での議論を通して、この理解は共有され、それぞれのどこまでが教育でどこからが福祉と捉えるのかということを検討するのではなく、教育と福祉が織りなす磁場を「教育支援」という視点から研究することを共通の課題とすることになった。そして、最終的には、教育によって何を支援しようとしたかという点から「生存」を補助線とし、「生存」をめぐって展開された教育支援の現場を検討することになったが、それは教育と福祉が重なり合う磁場として捉えられるだけではなく、常に家族や労働が問題化される領域でもあった。

それでもまだもう一つの「違和感」は残されていた。教育をどのように捉えるか、と言う問題である。この点ははっきりと共通認識を持っているわけではない。ただし、共有されていることは、教育の社会的機能を明らかにすることと同時に、重要なことは、教育には何らかの「力」があると信じた人たちが何をしてきたのか、という実態を掘り起こそうという点である。「一方で当事者たちの主体性や切実さに寄り添いながら、他方でそれが果たした機能を歴史的に検証するという、両面的で慎重な作業が必要である」(二一頁)という序章で示された問題意識がそれである。教育を機能だけで語れば、それは結果や影響から捉えることになってしまう。しかしながら、一方で、現場からもたらされる実践に裏打ちされた自信に満ちた言葉や期待を裏切られたくないとする鋭い批判には、当事者の想いが込められており、これが教育の世界を動かす動因となってきたこともまた事実であろう。そうならば、それらの言葉や活動は個人的なものであると同時に社会的なものでもある。当事者の言葉や活動が持つ「社会的」意味を問うことは、機能に還元されない人々が期待する教育の「力」を捉えることにもなるだろう。

教育には可能性と限界がある、これもまた教育学の中ではよく語られることである。実際その通りだろう。無限の可能性ではないけれども、なんらかの可能性はあり、全く役に立たないと思えることにもなんらかの意味は見出せるかもしれない。その一方で、私たち「教育史家」は、教育に携わる人々がどこに可能性を見出し、何に限界を感じたのか、人々の日常の中で教育が「権力」を帯びて、ある種の規律化をしたのだとしても、それを人々がどのように見なしたのか、あるいはそのような状況の中で「学ぶ喜び」をどこに見出したのか、それを描き出すことで、教育が「尊厳や相互承認に対してどのように寄与してきたのか」を示すことができるだろう。本書の多くの論考が示したように、他者に受け入れられないと命でさえ保障されないという現実や他者から認められることの難しさ、すなわち幾度も選別され続けるという実態があった一方で、第六章に代表されるように、葛藤しながらも人々が教育支援に主体的に関わる姿や教育への希求が被支援者だけではなく、家族や支援する側の中に生まれていた状況もまた論考のあちこちでみられた。第九章の中で引用された「自分でできる喜び」の重要性を意識し、「適した労働があれば普通に生活でき」「戦争障害者として特別な存在になることは望まない」（二七八頁）という戦争障害者の言葉は、自己の「尊厳」や他者からの、そして自らの「承認」に教育支援が果たし得た役割があったことを示唆している。われわれが目指したのはまさにそうした「人が生きること」に教育がどのように関わってきたのかという「生存と教育の社会史」を描き出すことであった。すなわち生命保護だけではなく生活の質をも問題とし、人々がお互いに認め合って初めて成り立ちうる「社会の中で自分は生きていていいのだ」、あるいは「自分は生きていくのだ」という自己認識・尊厳を家族や「媒介者」、地域社会がどのように支えたのか、あるいは潰してしまったのかという「生存」の問題として教育支援の現場を検討することである。それが成功したかどうかは、読者の皆様の判断に委ねるしかないが、教育にかけられてきた期待とそれをめぐる葛藤がある種の説得性を持って示されていることを願っている。

本書は直接的には平成二三年から二五年まで科学研究費補助金を受けて行った共同研究（研究課題「教育支援とその「排除性」に関する比較史研究」研究代表者：三時眞貴子、課題番号：二三五二一〇〇〇）の成果である。中間報告書および最終報告書は広島大学レポジトリに掲載している。(6) 本書の執筆者に加えて筑波大学の森直人さん、日本福祉大学の塩崎美穂さんが研究分担者・協力者として議論の過程に参加している。お二人は執筆こそしていないが、共同研究の当初から本書の中で展開された論点を議論しあったコアメンバーである。その他、科研の研究会および比較教育社会史研究会での報告と議論には多くの研究者の方々から貴重なご意見、ご質問を頂いた。とりわけ関西学院大学の橋本伸也先生にはたいへんお世話になった。改めてお礼を申し上げたい。

われわれは親学問を異にするまさに「学際的」な研究グループであった。当初は、それぞれの知って当然の「専門用語」や「先行研究」の共有化を図るのに時間がかかり、瑣末な事でも概念の違い、たとえば東欧と西洋の「保守派」と「革新派」の意味の違いに戸惑ったりと、他領域・多分野の人々とともに研究する事の難しさも感じた。その一方で、研究会やメールでの議論・意見交換では驚きと発見の連続であった。こんな見方があるのか、そんな事を研究している人がいるのかと毎回、真っ赤になる程たくさんのメモをとった。現在、この共同研究の中から新たなプロジェクトがいくつか立ち上がりかけており、今後はおそらくコアメンバーが入れ替わりながら、緩やかな研究集団を拡大しつつ研究が広がってゆくだろうと予想している。

最後になるが本書が無事出版にこぎつけたのは、昭和堂の編集者大石泉さんの後押しと神戸真理子さんの丁寧な編集作業と助言のおかげである。この場を借りてお礼申し上げる。

今後も各人がそれぞれの領域で個人的にあるいは共同で研究を進めつつ、縁あって繋がったこの緩やかな研究集団を中心に、他領域の人々との共同研究に刺激されながら、これまでにない「教育史」の姿を示していけたらと願っている。

注

（1）大門正克「序説　「生存」の歴史学――「一九三〇～六〇年代の日本」と現在との往還を通じて」『歴史学研究』第八四六号、二〇〇八年、大門「「生活」「いのち」「生存」をめぐる運動」安田常雄編『社会を問う人々――運動のなかの個と共同性（シリー

ズ　戦後日本社会の歴史　三）』、岩波書店、二〇一二年、大門ほか編『「生存」の東北史――歴史から問う三・一一』大月書店、二〇一三年、高岡裕之「「生存」をめぐる国家と社会――二〇世紀日本を中心として」『日本史研究』第五九四号、二〇一二年。

（2）大門『「生存」の東北史』二八二頁。

（3）Harry Hendrick, *Child welfare: Historical dimensions, contemporary debate*, Bristol: The Policy Press, 2003, pp. 21-23.

（4）Tara Zahra, *The lost children: Reconstructing Europe's families after World War II*, Cambridge, Massachusetts, London: Harvard University Press, 2011.

（5）広田照之・橋本伸也・岩下誠編『福祉国家と教育――比較教育社会史の新たな展開に向けて』昭和堂、二〇一三年、一一～一二頁、広田照之『教育』（シリーズ　思考のフロンティア）、岩波書店、二〇〇四年、一〇一～一一〇頁には基本文献案内が掲載されているが、そこではイリッチとフーコーの著作がフィリップ・アリエスの『〈子供の誕生〉――アンシァン・レジーム期の子供と家族生活』とともに、「今さらという気もするが」と前置きされた上で紹介され、「それらは学校という社会装置の抑圧性、教育が持つ本来的な権力性、子供や青年の表象の歴史的性格などをわれわれに厳しく問いかけ、教育をどうみるかについての議論が根本的に転換せざるを得ない契機になった」と解説されている。

（6）中間報告書は http://ir.lib.hiroshima-u.ac.jp/00032671、最終報告書は http://ir.lib.hiroshima-u.ac.jp/00035438 に掲載されている。

ま

や・ら

な

は

さ

た

索　引

土井貴子（どい・たかこ）　**第八章**
生年：1975 年、広島県生まれ
所属：比治山大学短期大学部講師
主な業績：『教師教育講座〈第 2 巻〉教育の歴史・理念・思想』（共著、協同出版、2014 年）。「アルバート・マンスブリッジの大学成人教育実践――労働者教育協会の設立を中心に」（『比治山大学短期大学部紀要』第 48 号、2013 年）。『進歩主義教育の終焉――イングランドの教師はいかに授業づくりの自由を失ったか』（分担訳、知泉書館、2013 年）。

中村勝美（なかむら・かつみ）　**コラム 1**
生年：1971 年、広島県生まれ
所属：広島女学院大学人間生活学部教授。
主な業績：『子ども学のすすめ』（共著、佐賀新聞社、2012 年）。『保護と遺棄の子ども史』（共著、昭和堂、2014 年）。

内山由理（うちやま・ゆり）　**コラム 2**
生年：1979 年、東京都生まれ
所属：首都大学東京大学院博士課程
主な業績：「20 世紀初頭ロンドンにおける教育福祉サービスに関する研究――1906 年から 1914 年児童保護委員会を中心に」（『社会事業史研究』第 43 号、2013 年）。『福祉国家と教育』（共著、昭和堂、2013 年）。

岡部造史（おかべ・ひろし）　**コラム 3**
生年: 1968 年、埼玉県生まれ
所属: 熊本学園大学社会福祉学部准教授
主な業績: 『保護と遺棄の子ども史』（共著、昭和堂、2014 年）。『近代ヨーロッパの探究 15　福祉』（共著、ミネルヴァ書房、2012 年）。

中野智世（なかの・ともよ）　**コラム 4**
生年：1965 年、横浜市生まれ
所属：成城大学文芸学部准教授
主な業績：『保護と遺棄の子ども史』（共著、昭和堂、2014 年）。『近代ヨーロッパの探求 15　福祉』（共編著、ミネルヴァ書房、2012 年）。

北村陽子（きたむら・ようこ）　第九章

生年：1973 年、愛知県生まれ

所属：愛知工業大学基礎教育センター准教授

主な業績：『歴史のなかの社会国家――20 世紀ドイツの経験』（共著、山川出版社、2016 年）。「20 世紀前半ドイツにおける戦争障害者――2 つの世界大戦と生活支援の変遷」（『社会事業史研究』第 48 号、2015 年）。『保護と遺棄の子ども史』（共著、昭和堂、2014 年）。

執筆者紹介

姉川雄大（あねがわ・ゆうだい）　第三章

生年：1974 年、千葉県生まれ

所属：千葉大学アカデミック・リンク・センター特任助教

主な業績：『福祉国家と教育――比較教育社会史の新たな展開に向けて』（共著、昭和堂、2013 年）。『ハプスブルク史研究入門』（共著、昭和堂、2013 年）。「二重君主国期ハンガリーにおける体育と自由主義ナショナリズム――育てるべき市民の道徳と軍事化」（『東欧史研究』33 号、2011 年）。

大谷　誠（おおたに・まこと）　第四章

生年：1967 年、京都府生まれ

所属：同志社大学文学部嘱託講師

主な業績：『異端者たちのイギリス』（共著、共和国、2016 年）。『歴史のなかの障害者』（共著、法政大学出版局、2014 年）。『分別される生命――20 世紀社会の医療戦略』（共著、法政大学出版局、2008 年）。

倉石一郎（くらいし・いちろう）　第五章

生年：1970 年、兵庫県生まれ

所属：京都大学大学院人間・環境学研究科准教授

主な業績：『アメリカ教育福祉社会史序説――ビジティング・ティーチャーとその時代』（春風社、2014 年）。『包摂と排除の教育学――戦後日本社会とマイノリティへの視座』（生活書院、2009 年）。『差別と日常の経験社会学――解読する〈私〉の研究誌』（生活書院、2007 年）。

編者紹介

三時眞貴子（さんとき・まきこ）　**第七章・終章**

生年：1974 年、福岡県生まれ

所属：広島大学大学院教育学研究科准教授

主な業績：『イギリス都市文化と教育——ウォリントン・アカデミーの教育社会史』（昭和堂、2012 年）。「浮浪児の処遇と教育——19 世紀後半マンチェスタを事例として」（『教育科学』第 29 号、2012 年）。'Management of and Local Networks for Educatinhg Vagrant Children: A case Study on the Manchester Certified Industrial Schools in Late Nineteenth Century' (*The East Asian Journal of British History,* vol. 5, 2016).

岩下　誠（いわした・あきら）　**序章・第二章**

生年：1979 年、栃木県生まれ

所属：青山学院大学教育人間科学部准教授

主な業績：『福祉国家と教育——比較教育社会史の新たな展開に向けて』（共編著、昭和堂、2013 年）。『西洋教育思想史』（共著、慶應義塾大学出版会、2016 年）。『子どもの世紀——表現された子どもと家族像』（共著、ミネルヴァ書房、2013 年）。

江口布由子（えぐち・ふゆこ）　**第一章**

生年：1974 年、東京都生まれ

所属：高知工業高等専門学校総合科学科准教授

主な業績：『ハプスブルク史研究入門』（共著、昭和堂、2013 年）。『圏外に立つ法／理論——法の領分[おしごと]を考える』（共著、ナカニシヤ出版、2012 年）。『グローバル秩序という視点——規範・歴史・地域』（共著、法律文化社、2010 年）。

河合隆平（かわい・りゅうへい）　**第六章**

生年：1978 年生、福井県生まれ

所属：金沢大学人間社会研究域学校教育系准教授

主な業績：『総力戦体制と障害児保育論の形成——日本障害児保育史研究序説』（緑蔭書房、2012 年）。「発達を問うことの歴史性と発達保障論の課題」（『人間発達研究所紀要』第 26 号、2013 年）。「戦時下における小溝キツと「異常児保育」——保育記録にみる障害児保育実践の誕生」（『幼児教育史研究』第 5 号、2010 年）。

教育支援と排除の比較社会史——「生存」をめぐる家族・労働・福祉

2016年10月31日　初版第1刷発行

編　者　三時眞貴子
岩下　誠
江口布由子
河合隆平
北村陽子

発行者　杉田啓三

〒606-8224　京都市左京区北白川京大農学部前
発行所　株式会社　昭和堂
振替口座　01060-5-9347
TEL（075）706-8818／FAX（075）706-8878

印刷　亜細亜印刷
装丁［TUNE］常松靖史

ISBN978-4-8122-1555-5
＊乱丁・落丁本はお取り替えいたします。
Printed in Japan

叢書〈比較教育社会史〉全７巻

身体と医療の教育社会史
望田幸男・田村栄子 著　本体３８００円

ネイションとナショナリズムの教育社会史
望田幸男・橋本伸也 編　本体３８００円

国家、共同体、教師の戦略
教師の比較社会史
松塚俊三・安原義仁 編　本体４０００円

帝国と学校
駒込武・橋本伸也 編　本体４２００円

［二〇一六年内に電子版販売開始予定］
実業世界の教育社会史
望田幸男・広田照幸 編
女性と高等教育――機会拡張と社会的相克
香川せつ子・河村貞枝 編
識字と読書――リテラシーの比較社会史
松塚俊三・八鍬友広 編

叢書〈比較教育社会史・展開篇〉全３巻

福祉国家と教育
比較教育社会史の新たな展開に向けて
近現代の教育・学校の展開をめぐる国家と社会の関係性を、福祉国家の変容と関連づけて構造的に取り出すことを試みる。
広田照幸・橋本伸也・岩下誠 編　本体４２００円

保護と遺棄の子ども史
「保護と遺棄」という観点から、子どもの生存・成長・発達のあり方と家族・社会・国家との関係にアプローチし、歴史的変化を読み解く。
沢山美果子・橋本伸也 編　本体４２００円

近代・イスラームの教育社会史
オスマン帝国からの展望
オスマン帝国を中心に、中東・イスラーム地域における教育のありかたの探求を試みるとともに、ヨーロッパ中心史観の克服をも目指す。
秋葉淳・橋本伸也 編　本体４２００円

イギリス都市文化と教育
――ウォリントン・アカデミーの教育社会史
一八世紀イギリスの都市文化はいかに育まれたか。その当時に誕生した私立アカデミーから人的なネットワーク、都市社会・文化を描く。
三時眞貴子 著　本体５４００円

ロシア帝国の民族知識人
――大学・学知・ネットワーク
ロシア帝国期における諸民族の民族意識の形成・発展、社会変動においての彼らの役割を捉えるとともに、ロシア帝国の複合性を垣間見る。
橋本伸也 編　本体６０００円

昭和堂　〈価格税抜〉
http://www.showado-kyoto.jp